古典文獻研究輯刊

二六編

潘美月・杜潔祥 主編

第22冊

印本流布與宋詩嬗變（下）

蘇勇強 著

國家圖書館出版品預行編目資料

印本流布與宋詩嬗變（下）／蘇勇強 著 — 初版 — 新北市：
花木蘭文化事業有限公司，2018〔民 107〕
目 4+178 面；19×26 公分
（古典文獻研究輯刊 二六編；第 22 冊）
ISBN 978-986-485-366-3（精裝）
1. 版本學 2. 宋詩 3. 詩評
011.08   107001781

ISBN-978-986-485-366-3

9 789864 853663

古典文獻研究輯刊
二六編　第二二冊   ISBN：978-986-485-366-3

印本流布與宋詩嬗變（下）

作　　者　蘇勇強
主　　編　潘美月　杜潔祥
總 編 輯　杜潔祥
副總編輯　楊嘉樂
編　　輯　許郁翎、王筑　美術編輯　陳逸婷
企劃出版　北京大學文化資源研究中心
出　　版　花木蘭文化事業有限公司
發 行 人　高小娟
聯絡地址　235 新北市中和區中安街七二號十三樓
　　　　　電話：02-2923-1455／傳真：02-2923-1452
網　　址　http://www.huamulan.tw 信箱 hml810518@gmail.com
印　　刷　普羅文化出版廣告事業
初　　版　2018 年 3 月
全書字數　552926 字
定　　價　二六編 25 冊（精裝）新台幣 48,000 元

印本流布與宋詩嬗變（下）

蘇勇強　著

目

次

第五章　宋代詩學及其發展嬗變

　　談到詩學，法國批評家托多洛夫認爲，眞正的詩學就要打破在文學研究領域中已然形成的闡釋與科學的對立，不再拘泥於具體的詩歌解釋、描述，而是提出一套關於詩歌話語的結構和功能實現的理論。這樣的詩學不同於心理學、社會學等科學，它不會將詩歌投射到作品之外的某個東西上面，而是關注詩歌話語自身的結構。具體詩歌文本只是使我們可以描述詩歌特性的個案。這是一種既抽象，同時又「內在」的文學研究方法。〔註1〕然而，追溯歷史，中國「詩學」的最初含義卻是專指「詩經學」，或者　「關於《詩經》的知識」。（美）宇文所安說：「《詩經》的解釋傳統，儘管在許多方面，與詩學和文學理論互爲交叉，然而，在兩千年的發展過程中，它自有一套獨特的術語和問題，所以也就自成一個傳統。」〔註2〕這套話語到了唐宋時代，隨著科舉以詩賦取士，「詩學」的內涵也有了變化。一方面，作爲「詩經學」的含義，它仍在繼續使用；另一方面，「文選學」盛行配合科舉，作爲與詩賦考試相適應的新詩學，也變成了「關於詩歌（尤其是律詩）創作的學問」。其中，不純粹是詩歌創作的問題，還附有道德教化的要求。

　　南宋蔡夢弼稱讚杜甫，「自唐迄今，餘五百年爲詩學之宗師，家傳而人誦之」（《集千家注杜工部詩集・序》）。（明）陸容《菽園雜記》載曰：「唐以詩賦取士，故詩學之盛莫過於唐。」　這些話的深層含義是指，由於唐代以詩賦取士所導致的學詩之盛，使得當時的詩歌學習和創作成了專門的學問。這門學問，與

〔註1〕朱剛：《二十世紀西方文論》，北京大學出版社2006年版，第294頁。
〔註2〕〔美〕宇文所安：《中國文論：英譯與評論》，上海社會科學院出版社2003年版，第10頁。

以往的「詩經學」不同，它直接針對那些渴求科舉仕進的士人，爲他們提供適應科舉，與詩歌創作鑒賞有關的指導和幫助。傳統「詩經學」與「詩歌創作學問」分離的一個重要表徵，就是「文選學」在唐代的興起。對於唐人來說，詩歌的源頭固然可以遠溯《詩經》，但是詩歌發展到了唐代，無論在外形和內容都與先秦四言句式的《詩經》有了明顯的區別。因此，唐人學詩不可能拋棄六朝以來的律詩而另索他途。在此背景下，學習六朝以來的古近體詩歌自然成爲當時士人的普遍追求。唐代《文選》成爲專門之學的原因，是由於《文選》收錄了先秦至梁的詩文，更適於士人閱讀學習。而且其中的詩賦文章更切合了科舉考試的需要，所以「文選學」在唐代得到了異乎尋常的發展。而「文選學」的實質，實可視爲唐代科舉實用「文、賦學」與「詩歌學」的合成體。《文選》在當時無疑就是一部科舉考試的備考教材〔註3〕，《文選》也深刻影響了唐以後的詩人創作。

本來，唐以前的「詩經學」與唐以後的「詩學」有一脈相承的源流關係，但是由於詩歌形式的變化和律詩的出現，加上科舉考試所帶來的功利因素，導致唐以後的「詩學」逐漸擺脫「詩經學」的影響，更關注於討論當下詩歌的創作與規範。是故，（元）劉祁說：「詩學當自《三百篇》始，其次《離騷》、漢魏六朝，唐人近皆置之不論，蓋以尖慢浮雜復古體。故先王之詩，必求盡古人之所長，削去後人之所短。」〔註4〕因此，唐宋兩代所涉及的詩學，實質是精神上與《詩經》相通，延續漢代詩教傳統，利於教化，又切合當下詩歌創作、鑒賞的學問。對此，北宋黃裳的看法是「詩之所自，根於心，本於情，情有所感，志有所適，然後著於色，形於聲，乃至舞蹈而後已。」此乃詩本性情的「自然之道」。而「聖人以『思無邪』斷《詩》三百篇。所謂『無邪』者，謂其思誠耳。詩由思誠而作，則聲音舞蹈之間，特誠之所寓焉。」天道

〔註3〕 因爲這個緣故，李善當年在朝廷注《文選》甚詳，才得到「賜絹一百匹」的賞賜，其《文選注》一書則獲得「詔藏秘閣」的待遇（《舊唐書》卷189）。此後，即便在李善失勢後流落民間，其居留汴、鄭之間仍可以「教授諸生」《文選》爲業，而他教授《文選》所取得的效果居然是「四遠至傳其業，號『文選學』」（《新唐書》卷202）。由此例證，我們可以看到「文選學」在唐代巨大的影響力。對此，聞一多也有評價說：「《文選》與《漢書》在李善眼裏，恐怕眞是同樣性質、具有同樣功用的對象，都是給文學家供驅使的材料。他這態度可以代表那整個時代。」詳見聞一多：《唐詩雜論》，中華書局2003年版，第2頁。

〔註4〕 （元）劉祁：《歸潛志》卷3，《文淵閣四庫全書》，子部，第1040冊，第240頁。

有規律，所以早已達到「至誠」的境界。人之道要通過「思誠」的克己自律，才能達到天道「至誠」的境界。所以，詩歌從本質上是人發自內心，誠心誠意的表達。詩歌、舞蹈只是表現形式，誠意才是根本。無論是「詩經學」，還是科舉的「詩學」，詩歌的技法並不重要，重要的是詩人切勿「內蔽於徇己」、「外蔽於玩物」，以致失掉詩之理、詩之志（《樂府詩集序》）。

　　北宋年間，社會朝野無論是在政治、道德、倫理、宗教等方面，仍然延襲著傳統「二元對立」的思維方式，在正（忠）—邪（奸），善—惡，君子—朋黨，陽—陰，主—客之間，以及政教與寓樂、理智與情感的思維裏生存，而且前一項總對後一項占統治地位。〔註 5〕已然「正大光明」，再有質疑或增補別的成份，總覺得不妥。這樣的對立並不形成健全的結構，因爲對於「陰」的存在，「陽」的一面少有通融、溝通，不給對方留下任何存在的餘地。綜觀「陰陽」二元，「陰」的那面反而能容納更複雜的思想與情感，「陽」的一面則顯得單調乏趣。至於「陽」的那面，總幻想誕生包青天、聖人、超人那樣的人物來解決現實問題，這其實是一種懶人的幼稚思維。雖然適合文人自詡「清高盡美」的心思，卻與生活現實不侔，且極易塑造虛幻，甚至是虛僞的人格追求。在傳統的社會氛圍裏，在官方的臆造與政治號召之外，詩學觀念也因時附勢而成，與傳統社會思維同時呈現出二元結構。

　　除了漢代以來的詩教傳統，在創作領域，宋人依然對詩歌寄予很高的期望。然而，只要詩歌與科舉結合，它便不可避免地離情遠居，走上實用、形式的歧路。兼有唐詩在前，宋人對於詩歌創作及鑒賞的探索，被賦予更高的審美期待。於是，宋代詩學一方面不忘記強調「載道」的功用；另一方面在詩歌創作中，因爲有了更多的經史、詩集的閱讀，學會了打劫的宋人，又多了類似影視「蒙太奇」的語詞裝配手段，並且有意識將這樣的技巧統一到符合時代的詩風之中，使之呈現出不同於唐詩的美學色彩。以黃庭堅爲代表的「江西派詩學」，其實就是宋詩「拼塊技藝」最具代表性的踐行者。

　　一旦，我們將這些特徵加以分析，宋代詩話、筆記等這類碎片式的詩學語錄，更有從微觀視角探究詩歌結構的特點。歐陽修、蘇軾等人的詩話、筆記已經對詩歌創作、欣賞和價值判斷提出了一些標準或見諦。由於在宏觀層面，宋代詩學依然受到政治、宗教等意識形態的影響。所以，在這一領域，宋代詩學從歐梅「平淡」至「江西詩學」的發展脈絡，更具有詩歌創作、鑒

〔註 5〕朱剛：《二十世紀西方文論》，北京大學出版社 2006 年版，第 302 頁。

賞理念成形的特質。因此，除去詩歌話語的特性不提，宋代詩學最需要回答的共性問題就是——詩歌的緣起和功用。

第一節　宋代詩學：詩歌緣起與功用

凡文學研究，必不能迴避「文學是什麼」、「文學有什麼用」這類元問題。自漢立五經，國家便從政權層面強化了詩教對於社會道德的影響。故《詩大序》載曰：「治世之音安以樂，其政和；亂世之音怨以怒，其政乖；亡國之音哀以思，其民困。故正得失，動天地，感鬼神，莫近於詩。先王以是經夫婦，成孝敬，厚人倫，美教化，移風俗」，又載：「發乎情，民之性也；止乎禮義，先王之澤也。」先王是否真的用詩歌經營了國家，我們不得而知，或許只是漢儒的想像。由此可見，久遠的歷史已然模糊了詩歌的緣起和功用。

對於詩歌的模糊認識，除了歷史原因，還有意識形態的影響。由於自漢以來一直強調教化作用，文學始終沒有找準自己的位置。在許多文學作品，因為意識形態的宣傳總是太過明顯，甚至拙劣，更加扭曲了人們對於文學的認識，所以才模糊了文學與其他文體的界限。《論語》曰：「興於詩、立於禮、成於樂」。「興於詩」可以理解為教育要從「詩三百」開始，懂得禮儀到社會上才立得住，才能夠在社會上生活。然而，何謂「成於樂」呢？曾鞏說：「蓋樂者，所以感人之心，而使之化，故曰『成於樂』」。既然「樂」能感動內心，心必然已被感化，故程頤說「興於詩，立於禮」要花費氣力，而「成於樂」卻無所用力，因為快樂足以使然（《二程集·遺書》卷第1）。足見，「感化」是一種給人愉悅的審美教化，文學因為兼有審美與教化的功能，故稱「成於樂」——意謂心悅即誠服。王安石說：「《詩》上通乎道德，下止乎禮義。考其言之文，君子以興焉。循其道之序，聖人以成焉」（《詩義序》）。這種說法，幾乎是將詩歌當成了道德教化，成就個人至善的工具。然而教化的內容呈現好了，其實也可以變成一種美的內容。此二者，在美的形式上並無本質的衝突。

一、詩歌緣起

詩歌的所謂緣起，其實可以轉成功用。從來處看它是緣起，生成詩歌後，引發緣起的某些元素便有可能化為具體的功用。

詩歌的緣起，非起一說。從賈湖遺址刻符骨笛、龜甲的考古發現，可以知道祭祀作爲詩歌的起緣之一，上帝或祖先諸神需要通過詩樂與儀式配合，才能與活人進行溝通。所以，詩樂與禮儀便有了神聖的威儀。而那些刻符文字，無論是祭司念誦，或是「過化存神」地焚燒，都具有神秘的「符籙」力量。這些自然也對貴族階層的心智產生極大的震懾和教育作用。

人們推測部落時代的詩歌，原是因爲情感宣洩，或是祭祀需要，奉獻給鬼神的告白。這樣的緣起，符合當時人們最眞實的表達。木心先生曾說詩歌源於戰爭的勝利，因爲「打敗敵人，求生存，得延續，必有唱跳歡樂。久而久之，眾聲中和諧者，易牢記，易傳播，久而久之，詩出」〔註6〕。然而，我們同樣也可以說詩歌源於失敗的戰爭。因爲戰敗了，部族彌漫著悲傷的情緒，所以要低吟歌唱。史前人類在洞穴繪製岩壁畫，先民載歌載舞也有可能是因爲打獵、採集收穫的喜悅所致。此外，詩樂的特殊呈現，也以受眾樂於接受的方式，凝聚、協調著人們的情感與行爲。於是，「『邪許』扛木頭」（《淮南子·道應訓》）的說法雀起。

不管是《淮南子·道應訓》，或是翟煎對梁惠王的說辭〔註7〕，祭祀、勞動與戰爭一樣，都是詩歌緣起的外因，而非內因根本。《禮記·檀弓》載曰：「人喜則斯陶，陶斯詠，詠斯猶，猶斯舞。」所謂「陶」，清人孫希旦解釋說：「喜心鼓蕩於內而欲發也。」而「猶」，鄭玄箋注：「當爲『搖』，聲之誤也。搖，謂身動搖也」。如《淮南子·道應訓》所說的集體扛木頭，呼喊的勞動號子。以人類群居的社會性特質，只有自己玩嗨了，投入了情緒，他人聽了這樣的歌唱才會感動。由此說明，詩歌產生的內因是人們觸物有感，昇華而有情感宣洩的需求，外因惟有通過內因才能起作用。此外，更深層的解釋，人生而有感，所謂視覺、聽覺、味覺、嗅覺、觸覺，既有物質實在的對象給予，又與主腦處置相關。然而隨著年齡的增長，吃喝的愉悅，已經不能完全滿足我們的感覺，而「見慣不怪」、「充耳不聞」則是視覺、聽覺的麻木，所以不斷尋求感覺滿足，實現感覺的超越，就是人生召喚的意義。「春有百花秋有月，夏有涼風冬有雪。若無閒事掛心頭，便是人間好時節」（南宋慧開禪師《春歌》）。

〔註6〕　木心：《文學回憶錄》，陳丹青筆錄，廣西師範大學出版社 2012 年版，第 006 頁。

〔註7〕　（宋）楊延齡《楊公筆錄》載：「役夫舉貌呼『邪許』，比相和唱，自古如此。昔翟煎謂梁惠王曰：『夫舉大木者，前呼邪許，後亦應之，此舉重勤力之歌也。』」

幾句簡單的詩偈，伴著敲打的木魚，以觸覺、視覺、聽覺喚醒人們對於人間的留戀。從這個意義上看，詩歌實則是人類獲得美感的傳統途徑之一。

自從人類有了語言，詩歌這種聽覺—心理審美樣式就出現了。文字的出現，使詩歌有了視覺審美及時空傳播的可能。當「蕃社」、「部落」這類社會結構形成以後，真實的詩歌表達便要考慮人與人之間的關係，考慮部落的集體利益，詩歌就有了所謂「善」的因素。凡是不利於部落，不利於人群關係的詩歌，情感即便真實，也要適當節制。與此同時，規範言行的「道德」也就形成了，詩歌勢必要兼顧「善」和「美」的問題。隨著社會道德秩序的完善，詩歌有了維護秩序的教化功能，卻逐漸忽略了其最初的感覺之源。因為有社會他人的存在，自詡高雅的我們甚至羞愧地否認生理、欲望對於某些詩歌「情思」的觸發。所以，「詩言志」其實是「個人符合社會輿論的確切表達」。其內容既可涉及情感，也可是思想哲理。一旦，表達不符合社會要求，就會招致「淫靡」、「粗俗鄙陋」的輿論批評。故《堯典》「詩言志，歌永言，聲依永，律和聲」，與其說是詩歌緣起，不如說是指出了詩歌的功用走向。鄭玄注曰：「詩所以言人之志意也。永，長也，歌又所以長言詩之意。聲之曲折，又長言而為之。聲中律乃為和。」〔註8〕東漢許慎《說文》以及近代的楊樹達《釋詩》、聞一多《歌與詩》，都從甲骨卜辭「志」的字形，得出結論「志」與「詩」是同一個字。聞一多說：「志有三個意義：一，記憶；二，記錄；三，懷抱。」到戰國時，「詩以言志」，已經指「懷抱」示於他人了。

宋人繼承了傳統說法。張載說：「詩只是言志，歌只是永其言而已」（《張子全書》卷5）。所謂「歌永言」，就是把說話的聲音拉長，就成了歌唱。「永其言」也有歌唱動人，廣泛長久流傳的意思。故《樂記》載曰：「歌之為言也，長言也。說之，故言之；言之不足，故長言之；長言之不足，故嗟歎之；嗟歎之不足，故手之舞之，足之蹈之也。」 以「歌」來「永言」，說明「歌」是一種良好的傳播形式，極易深入民心，下里巴人樂於接受這樣的影響。若顧頡剛考證《堯典》成書於戰國的說法成立，那麼從漢代起，「詩言志」的記載就開始通過竹帛、紙張傳播於後世。故歐陽修才說：「自漢已來，收拾亡遺，發明遺義而正其訛繆，得以粗備，傳於今者豈一人之力哉！後之學者，因跡前世之所傳，而較其得失，或有之矣」（《詩譜補亡後序》）。因有傳播之力，宋人在引用文字時，大都能注明典籍出處。張載說：「詩只是言志，歌只是永其言

〔註8〕孔穎達《毛詩正義詩譜序》「然則詩之道放於此乎」句下引。

而已」(《張子全書》卷 5)。李昉引用《尚書》、摯虞《文章流別論》的觀點，認爲「詩雖以情志爲本，而以聲成爲節」(《太平御覽‧文部二‧詩》)；王禹偁認爲「詩言志，歌詠言」與「嗟歎之不足則詠歌之」(《答張知白書》)，皆是詩歌緣起(《小畜集》卷 18)。

通常情況下，沉浸社會倫理的宋人糾結於「宣心言志」，依然未明詩歌緣起與功用之別，更遑論辨析「緣情」詩歌可用於娛情，「言志」的詩歌也可經由「志向」而發生。王安石雖說「作詩者，其志各有所主」(《王文公文集》卷 7《答韓求仁書》)。然《詩義序》也說：「《詩》上通乎道德，下止乎禮義。考其言之文，君子以興焉。循其道之序，聖人以成焉」(《王文公文集》卷 36)。范仲淹以重臣立朝，更願從政教立場詮釋詩歌緣起。他認爲詩歌原是「人之心也，發而爲聲；聲之出也，形而爲言。聲成文而音宣，言成文而詩作」。所以，「詩依樂以宣心。感於人神，穆乎風俗，昭昭六義，賦實在焉」(《賦林衡鑒序》)。然而，自《堯典》，舜歌而下，詩歌文章時有偏頗，舍本逐末(《尹師魯河南集序》)。故「觀虞夏之書，足以明帝王之道；覽南朝之文，足以知衰靡之化」(《奏上時務書》)。同樣的文獻，各人的見諦也有差異。徐鉉重複「詩者，志之所之」老調，卻又認爲詩歌緣起的具體原因是「君子有志於道，無位於時，不得伸於事業，乃發而爲詩詠」(《全宋文》卷 20《鄧生詩序》)。因爲事業不得實現，君子情緒鬱積於胸，不禁發聲爲詩。說到底，徐鉉還是認可情感生詩，君子不得志，乃借詩表達（言志）——心情鬱結，自然就牽涉情感。只是這種情感既屬個人，又與社會相關。

歐陽修深究「詩經」學問，撰有《時世論》、《本末論》，以及《幽問》、《魯問》、《序問》等考證文章，自然也認可「詩言志，歌詠言」的說法，以爲「《毛詩》諸序與孟子說《詩》多合。故吾於《詩》，常以《序》爲證也」(《序問》)。閱讀韓愈詩歌，歐陽修評價其詩「資談笑，助諧謔，敘人情，狀物態，一寓於詩而曲盡其妙」(《六一詩話》)。通過閱讀文獻典籍，歐陽修也找到了詩歌「言志」與「緣情」之間的紐帶，只可惜未能觸及詩人的「感覺」。

首先，歐陽修繼承「情動於中而形於言」(《詩大序》)的觀點，認爲「世所傳詩者，多出於古窮人之辭」，而「聖俞亦自以其不得志者，樂於詩而發之」(《梅聖俞詩集序》)。宋人持有同樣觀點的，非止歐公。劉摯《文瑩師集序》也贊同「詩待窮而後工」(《忠肅集》卷 10)。這些觀點也與徐鉉「鬱積爲詩」的說法類似，其中梅聖俞「志不得伸」也隱含有「情緒鬱積」而發聲爲詩詠的見解。

　　古人曾將情緒分爲「喜、怒、哀、樂、愛、惡、懼」，而現代心理學將之整理成「快樂」、「憤怒」、「悲哀」、「恐懼」四種類別。所謂「情緒鬱積」，只是「窮」的表現之一，乃是持久低沉的情緒狀態，令人凝成某種特定的心境，此種心境又使得周圍物事籠上同樣的情緒色彩。情緒是人感覺外界引發的心理反應。因爲誘發悲歡的對象通過視覺、聽覺、觸覺，甚至嗅覺，傳導至感覺神經，形成引發人們哀樂的綜合感覺，這樣的感覺又刺激淚腺、心肺、面部肌肉神經。於是，人們就會產生悲傷或快樂的情緒。詩歌詠唱便有可能在這樣的情境下發生。所以，才有「哀樂之心感，而歌詠之聲發」（《尚書·堯典》）、有所謂「人喜則斯陶，陶斯詠，詠斯猶，猶斯舞」（《禮記·檀弓》）。

　　作爲歐陽修詩歌革新的同道，蘇舜欽對於詩歌緣起的見識更進一步。他認爲「詩之作，與人生偕者也。人函愉樂悲鬱之氣，必舒於言，能者財之傳於律，故其流行無窮，可以播而交鬼神也。古之有天下者，欲知風教之感，氣俗之變，乃設官探掇而監聽之，由是馳張其務，以足其所思，故能長久長久，弊亂無由而生。厥後官廢，詩不傳在上者，不復知民志之所向，故政化煩悖，治道亡矣」（《石曼卿詩集序》）。按這段文字記載，蘇舜欽的主要觀點如下：（1）詩與人伴生，人不能無詩；（2）人們悲喜都會用言語舒暢心情，言語配樂，可與鬼神交流，成爲傳世的詩歌；（3）古代君王看中詩歌傳情達意的功能，設采詩之官，觀風俗知厚薄；（4）採詩制度廢棄後，詩歌不傳於朝堂，君王不審民志，故政教錯亂。

　　上述觀點的（1）（2）部份是詩之緣起，（3）（4）則是詩之功用。按李澤厚的說法，有外在自然的人化與內在自然的人化。成長過程中，個人逐漸由自我感性、直接的情感轉向了社會理性，緣情之詩就逐漸轉向了言志之詩。因爲我們的感情只有符合社會的要求，符合理性的要求，才能得到社會大眾的認可。因爲詩歌脫離了自我的小圈子，需要對社會大眾產生影響，就有了「美善言志」的要求。憑此用度，凡是不利於社會，不利人們之間關係的詩歌，即便眞實可感，也要適當節制，進而社會道德的東西也就形成了，詩歌就要兼顧到「善」和「美」的問題——即所謂「怨而不怒，哀而不傷，樂而不淫」。最終，才形成「溫柔敦厚」的「詩教」要求。所以，個人的社會化，詩歌面對社會才是「詩言志」觀念成形的客觀原因。

　　其次，詩歌緣起融合「言志」、「緣情」的觀點，徐鉉、張詠、邵雍等人皆有論述，歐陽修、蘇舜欽，乃至蘇軾等人更有集成的特點。宋人這些見解的得來，主要與群體性閱讀接受習慣有關。

　　按照美國學者喬納森・卡勒的觀點，每個讀者閱讀時都具有一定的「先入之見」，即閱讀能力。這種「先入之見」往往呈現出某個社會群體的文學接受習慣。這個習慣，既與相關的書籍傳播有關，更與閱讀理解此類書籍的接受習慣有關係。當然，它還與人類大腦對於外在自然與社會環境的適應性和可塑性有關。當社會環境持續對大腦釋放相同的信息，人們就會適應這樣信息，並且認可其天經地義或理所當然。對於詩歌而言，宋人繼承的習慣就是按詩教的傳統來理解詩歌。如唐代柳公權有「殿閣生微涼」詩句，「東坡罪其有美而無箴」，呂希哲則認爲「『公權之詩，已含規諷。』蓋謂文宗居廣廈之下，而不知有暍死也」。於是，金代王若虛感歎「此亦強勉而無謂」，「規諷雖臣之美事，然燕閒無事，從容談笑之暫，容得順適於一時，何必盡以此而繩之哉」（《滹南詩話》卷1）。

　　宋初，徐鉉秉承《詩大序》「情動於中而形於言」的見識，認爲「人之所以靈者情也，情之所以通者言也。其或情之深，思之遠，鬱積乎中，不可以言盡者，則發爲詩，詩之貴於時久矣」（《全宋文》卷19《蕭庶子詩序》）。因爲有情感才有靈氣，人不僅有情，而且彼此還會用語言傳遞情感。一旦，情感蘊積，思慮深遠，積鬱內心，無法盡訴，就發爲詩。《文獻太子詩集序》又說：「鼓天下之動者在乎風，通天下之情者存乎言。形於風，可以言者，其惟詩乎。」邵雍雖也引用「在心爲志，發言爲詩」，卻又說：「是知懷其時則謂之志，感其物則謂之情，發其志則謂之言，揚其情則謂之聲，言成章則謂之詩，聲成文則謂之音」（《伊川擊壤集序》）。在這句話中，邵雍仔細分辨了「情志」、「言、聲、詩、音」，認爲「懷抱在心」的是志，感物引發的是情感，將懷抱說出來就是言語，一般性地宣洩情感就發出聲音，言語成了律章就是詩，聲音有了節奏旋律變化就是音樂。這些說法等同於蘇舜欽「人函愉樂悲鬱之氣，必舒於言，能者財之傳於律」。

　　張詠繼承詩教傳統，同樣認爲「文章之興，惟深於詩，古所難哉！以其不沿行事之跡，酌行事之得失，疏通物理，宣導下情，直而婉，微而顯，一聯一句，感悟人心，使仁者勸而不仁者懼，彰是救過，抑又何多，可謂擅造化之心目，發典籍之英華者也。洎詩人失正，采詩官廢，淫詞曼唱，半成謔

談。後世作者雖欲立言存教，直以業成無用，故留意者鮮」《許昌詩集序》。張
詠調和詩歌緣起與用途的說法，與歐陽修、蘇舜欽的觀點極為類似。

　　實際上，音樂的魔性之一在於其節奏與弦律構成可以調節人的思緒，將
其引入一個預設的孔徑或情境之中，令原先不甚清晰的情緒得以凝聚、釋放，
並逐漸導向穩定的狀態。詩歌作為可以言唱的情感性語言，其實是用音樂與
歌詞的配合，構造一個虛擬的情境。歌者只是用歌聲來描繪這一情境故事。
悅耳的音樂誘惑受眾進入，歌詞則負責營構影像情境。這類虛擬的情境構建，
或是塞客衣單，或是嬌閨淚盡，目的只是要誘惑受眾進入設定的情境並釋放
那被喚起的情感。在感覺、情緒轉成情感的過程中，通常會有以下情況：一
是情緒轉為清晰的、穩定的情感內容；二是情緒構成模糊的情感觸發點。若
得到進一步引誘或刺激，情緒便轉成某種清晰的情感；三是情緒對應不上具
體的情感內容，只是某種情緒持續彌漫泛化。無論什麼情況，在感覺、情緒
轉成情感的進程中，詩樂共同構成的審美魅力，始終起著牽引、歸攏的作用。
這種配樂的語詞，通過視聽感覺，經過複雜的心理過程，達到心理愉悅的效
果。最終，起到張詠所謂「疏通物理，宣導下情」的作用。即如德國學者菲
德勒所說：「甚至最簡單的感覺印象，看來純屬供心靈操作使用的原材料，實
際也已經是一種心理事實，我們所謂的外部世界實際是一個複雜的心理學過
程的產物」〔註9〕。

　　相比於歐陽修、蘇舜欽，蘇軾對於詩歌緣起的見解以「人情」為主，比
起傳統詩教接受習慣更為宏闊通達。蘇軾《詩論》說：「夫六經之道，惟其近
於人情，是以久傳而不廢。……而況《詩》者，天下之人，匹夫匹婦羈臣賤
隸悲憂愉佚之所為作也。夫天下之人，自傷其貧賤困苦之憂，而自述其豐美
盛大之樂，上及於君臣、父子，天下興亡、治亂之跡，而下及於飲食、床笫、
昆蟲、草木之類，蓋其中無所不具，而尚何以繩墨法度區區而求諸其間哉！
此亦足以見其志之無不通矣。夫聖人之於《詩》，以為其終要入於仁義，而不
責其一言之無當，是以其意可觀，而其言可通也」《蘇軾文集》卷2。此言一出，
儘管詩歌緣起有外因種種，然內因終是人情需要，感覺的回饋。情感、志向
本無悖逆，詩人之志可以體現在生活的各個方面。聖人教化，將之歸入仁義，
乃是狹隘了詩的緣起。

〔註 9〕　〔英〕E.H.貢布里希：《藝術與錯覺：圖畫再現的心理學研究》，楊成凱、李本
　　　　正、范景中譯，廣西美術出版社 2012 年版，第 13 頁。

　　總體上看，對於詩歌的緣起，宋人於傳統「言志、緣情」二元架構之外，尚無其他突破，沒能深入到細微、本源的感官需求。只因書籍傳播有序，宋人見識廣博，其詩學觀念才有集成的條件與可能。卡勒說：「文學作品具有結構和意義，其原因在於人們用一種特定的方式來閱讀它，在於這種可能的特性，隱藏在對象自身之中，被運用於閱讀活動中的敘述原則所現實化」〔註10〕。相關作品意義的潛在可能性，需要依靠閱讀實現，也需要讀者擁有一定的「文學能力」。這種能力是群體性接受習慣系統中的養成，個人的「文學能力」需要在這個歷史系統裏學習掌握。

　　客觀地講，宋人遍覽典籍，恪守詩經以來的傳統，唯獨沒有認真審視自身的感情發源。由此，隨著《詩經》及其箋注在宋代的傳布，相關印本普及只是強化了「詩經學」的傳播效果。自端拱元年，太宗皇帝令孔維、李覽等校正孔穎達《五經正義》，國子監鏤版印行。淳化五年，國子監李至又以「二傳、二禮、孝經、論語、爾雅七經疏義未備」，建議朝廷擴大儒典的校勘刻印。至真宗咸平四年，國子監才最終完成《七經正義》的刻印。由於「熙寧以前，以詩賦取士，學者無不先遍讀《五經》」（《石林燕語》卷 8），必然會有更多的宋人通過抄、印本閱讀到孔穎達的《毛詩正義》。由此，按照《毛詩大序》「在心為志，發言為詩」、《論語》所謂「思無邪」，以及「樂而不淫，哀而不傷」的原則讀解，漢儒的詩歌傳統經由抄本、印本，早已成為宋代文人認識詩歌的前提。張戒閱讀《論語》、《毛詩正義》，「觀古今詩人，然後知斯言良有以也」，得到的結論是「思無邪者，惟陶淵明杜子美耳，餘皆不免落邪思也。六朝顏鮑徐庾，唐李義山，國朝黃魯直，乃邪思之尤者。……魯直專學子美，然子美詩讀之，使人凜然興起，肅然生敬，《詩序》所謂『經夫婦，成孝敬，厚人倫，美教化，移風俗』者也，豈可與魯直詩同年而語耶？」（《歲寒堂詩話》卷上）。故德國學者伽達默爾認為，任何特殊的視域都經歷過一些誤以為獨立自在的視域的融合過程，它們往往從屬於歷史傳統沉澱後的一個大視域（傳統）。〔註11〕由此構成的「理解前見」，對於遵從儒家典籍和傳統的宋人來說，其實是很難挑戰突破的。只有當某些儒學大家在這一領域有了突破，或者這

〔註10〕　〔美〕喬納森・卡勒：《文學能力》。轉引自朱立元《當代西方文藝理論》，華東師範大學出版社 2005 年版，第 276 頁。
〔註11〕　〔德〕伽達默爾：《真理與方法》上卷，上海譯文出版社 1992 年版，第 393頁。

種「詩經」的學問得到宋代朝野的普遍認同之後，關於詩歌的基礎性認識才會有根本的改變。所以，宋人只能在漢儒解經的前提下另尋突破。

通過以上表述，我們發現徐鉉、張詠、歐陽修、蘇舜欽、蘇軾等人，都是在「言志」與「緣情」的「二元對立」之間找到了折中合理的解釋。如同古羅馬賀拉斯提倡「甜蜜有益」的文學用途，認定既有教益又令人愉悅才是最好的作品。〔註12〕不同的是，宋人堅信教化不僅限於博學的讀者，對於任何人都有益。只是詩歌的確需要給人以審美愉悅。總結而言，從詩歌發生而言，歐陽修、蘇舜欽認為有人生必有詩，詩本緣情而發。事業受挫，志向不得伸張，與「勞動」、「戰爭」只是觸發情緒，形成詩歌的外因。因「志不得伸」，詩人「心情鬱積」，情緒需要宣洩，感覺需要滿足，才是詩歌產生的直接原因。而法國作家普魯斯特也始終相信，文學創作與社會生活和作家的個人生活並無多大聯繫，而是取決於作家內心的意識活動。〔註13〕在情感激蕩之下，活躍的意識更易於激發出作者的詩性思維。

二、詩歌的功用

通常情況，詩歌的緣起與功用相互關聯，對詩歌緣起的解釋不同，功用的解釋也會產生相應變化。如蘇格拉底臨死前作詩緣起於夢，便以為抒寫想像性主題的詩歌有純潔良心的功用（《斐多篇》）。〔註14〕而盧卡契則認為，藝術在本質上是為了滿足人類自我認識的需要而產生的。詩歌創造出一個詩性世界，也是為了在這樣的世界裏更好地觀照自己的存在。比照伽達默爾的觀點，

〔註12〕 〔美〕查爾斯・E・布萊勒斯：《文學批評》，中國人民大學出版社 2015 年版，第 31 頁。按：賀拉斯認為，詩人必須瞭解他們的受眾。那種博學的讀者或許想受到教育，而其他人可能只想從閱讀中得到娛樂。詩人的任務是在同一文學作品中將教受和愉悅結合在一起。所以，歐陽修等人的詩文革新的終極任務，其實就是達到賀拉斯的「甜蜜而有益」。

〔註13〕 法國作家普魯斯特認為，「隨著年華流逝，一切物質的東西都要被時間銷蝕，最終灰飛煙滅，只有感覺到了的、經歷過的東西才是真正的存在。雖然那種由人的心靈感受到了的東西，可能沉睡在意識的底層，或者被現在的其他感受所覆蓋，但它們不會在歷史長河中消失，有朝一日，在某種外界感受的激發下，會從心靈深處浮現，上升到意識的表層。此刻，昔日復活，時光重現。而藝術創作正是使這一復活固定並為人所瞭解的唯一途徑。」轉引自朱維之等主編：《外國文學史》（歐美卷第 3 版），南開大學出版社 2004 年版，第 571 頁。

〔註14〕 王曉朝：《柏拉圖全集》第 1 卷，人民出版社 2002 年版，第 56 頁。

詩之所以是詩，主要是被審美閱讀成爲詩，因爲其本質功能被當成那種稱爲「詩」（持人性情）的藝術作品來理解。〔註15〕因緣巧合，對於詩的功用除了承襲傳統詩教、美刺的認識，有些宋人更看到詩歌有「宣導情緒」（對人），「疏通物理」（對物）的作用。詩人只需將原始情感引導昇華，形成審美雅致的文字，進而形成具有普遍審美意義的詩歌作品。如杜詩「重露成涓滴，稀星乍有無」（《倦夜》），既「能窮物理之變，探造化之微」（《對床夜語》卷3），又傳達了人的情緒感受。

　　事實上，自從脫離原始歌詠狀態，關注社會世俗的古人便忽略了詩性本質功能的探究，往往將詩歌功用局限在社會交往過程中，作爲日常語言的功能實現。這種蔽於社會現實關係之中，受到各種功利目的和主觀興趣影響的詩歌功用理解，恰好符合伽達默爾有關看不到文本眞義的「僞前見」的觀點。〔註16〕而所謂「詩言志」的見解，正是緣於漢人對於「詩三百」在現實倫理關係中的功能性認識。《漢書‧藝文志》載：「古諸侯卿大夫交鄰國之微言相感，當揖讓之時，必稱詩以喻其志。蓋以別賢不肖而觀盛衰也。」朱自清《詩言志辨》更以「獻詩陳志、賦詩言志、教詩明志、作詩言志」論述，說明春秋至漢朝詩歌用途的歷史變化。〔註17〕因爲春秋諸侯往來有「賦詩言志」的習慣，所以漢儒便認爲「詩言志」、「不學詩無以言」、「別賢不肖」、「觀盛衰」等，才是詩歌存在的理由。通過閱讀傳統文獻，北宋王令認爲，詩歌衰敝是因爲人們不知道古詩之主是禮義政治。古時的禮義政治可以使「君臣之道正，家國之道順，天下之爲父子夫婦之道定」。如今禮義丟失了，所以詩歌「興、觀、群、怨」等輔助「政治」的作用幾絕矣，僅限於用審美的方式表現鳥獸草木等物象而已（《廣陵集》卷25《上孫莘老書》）。

　　范仲淹、王安石繼承傳統「成見」，從國家理政的角度，堅持詩歌的道德教化，以及鑒別政之得失，是實現「美刺」的重要手段。趙湘認爲詩是文之精氣，「聖人持之攝天下邪心」，「天惜其氣，不與常人」。君子「溫而正，峭而容，淡而味，貞而潤，美而不淫，刺而不怒」，天賦精氣給君子，故惟有君

〔註15〕　伽達默爾認爲，「藝術作品之所以爲藝術作品取決於它的本質功能得到實現的過程。一把斧頭只有在用它來劈東西時，它才作爲斧頭而存在，……同樣，一部藝術作品只有在審美閱讀的理解中它才作爲藝術作品而存在」。引自朱立元：《當代西方文藝理論》，華東師範大學出版社2005年版，第279頁。

〔註16〕　朱立元：《當代西方文藝理論》，華東師範大學出版社2005版，第279頁。

〔註17〕　朱自清：《朱自清說詩》，上海古籍出版社1998年版，第6～46頁。

子才能教化天下（《王象支使甬上詩集序》）。而范仲淹也說詩如出入萬物的氣，可以教化君主萬民，感動鬼神（《唐異詩序》）。所以，政治「得失之鑒存乎《詩》」（《上時相議制舉書》）。由是，詩歌的教化作用和鏡子作用，不容小覷。至於「美刺」的用途，王安石說：「凡《序》言刺某者，一人之事也，言刺時者，非一人之事也。……亂在上則刺其上，亂在下則閔其上，是以知其如此也。……言刺亂、刺褊、刺奢、刺荒，序其所刺之事也。言刺時者，明非一人之事爾，非謂其不亂也」（《王文公文集》卷 7《答韓求仁書》）。按王安石的理解，「詩三百」的美刺以時事批評勸諫為主，其類型包括刺亂、刺褊、刺奢、刺荒等。然而，這樣的認識終究不過是在重複漢朝以來對於「詩經」的定位。對於當下詩歌僅用於「科舉取士」，宋人的態度更貼近於否定。程頤認為，「窮經，將以致用也。如『誦《詩》三百，授之以政不達，使於四方，不能專對，雖多奚以為？』今世之號為窮經者，果能達於政事專對之問乎？則其所謂窮經者，章句之末耳，此學者之大患也」（《二程集·遺書》卷第 4）。按詩歌用於政事的傳統標準，那些專力於詞句工巧，偏於艱深、怪異，如賈島、孟郊，晚唐體詩人之類，都偏離了詩歌在社會中的主流用途，無益社會民生。

　　法國學者薩特將詩歌與散文比較，認為散文的本質是對現實的「介入」，人們得意忘言（詞），只關注散文傳達的意思。詩卻是用文字製造虛境釋放人的情感，它只是強化了人們對於詩中語詞及其構成虛擬境界的關注〔註 18〕，並不直接「介入」現實。當年，柏拉圖認為詩人依靠靈感這類非理性的直覺創作，斷言詩歌不可能獲得真理，當然更不能成為道德和倫理的典範教化民眾，所以要將詩人趕走。同樣是道德教化，中國人對於詩歌的關注重點是內容，而西方則更關注詩歌創作的方式。然而，詩歌作為文字的意識虛構，只要對人的心靈有影響，實際上就已「介入」了生活。只不過相比於散文，詩歌隱喻、象徵的特性，決定了其「介入」的方式與官方意識形態保持著一定距離，是一種隱形、間接、審美的介入。〔註 19〕類似這樣的詩歌「介入」，其實現更有賴於歷代讀者的重新闡釋。

　　無論古今，詩歌作為文藝的一種，若局限於私人唱和，不向外傳播，則不需考慮「取悅」他人。然而，「人總是在一定群體中生活，共同體生活是人

〔註18〕詩歌用文字構建一個虛境，以審美陶醉的方式影響了讀者的思想或看世界的方式，通過讀者的行為舉止表現出其影響力。

〔註19〕朱立元：《當代西方文藝理論》，華東師範大學 2005 年版，第 154 頁。

類的結構特徵」〔註20〕。既然不可能離群索居，詩歌在社會流布，便會有仁義道德的要求。一旦，人們有了等級區別、名利誘惑，詩歌向上傳布，「取悅」就極易轉向「取媚」。即使在當今社會，利益供體的誘惑，取悅「市場」的情形也同樣存在。實際上，從漢朝以來，「取悅」官方的詩歌即如領受了「維穩護國」聖旨的顧命大臣，將自己的用途自覺局限在道德、美刺的範疇。於是，即使是娛樂性較強的賡歌唱和，宋人也認爲「爭獻諛辭，褒日月而諛天地」，殊爲不妥。同時，也感慨「古者賡載相戒之風，於是掃地」（《觀林詩話》），尤爲可惜。至於其他的功用，則要從屬於這一主流用途。更何況，在傳統寓教的文學類型中，如小說《三言》、戲劇《琵琶記》，審美感動之餘，確實也有擺脫蒙昧、淨化靈魂的功用，令癡醉的看客從思想感情導向行爲舉止，自覺向社會體系化的道德靠攏。詩歌作爲文學的類型之一，其實也有這樣的功效，只是象徵、隱喻寓託的詩歌更需要閱讀環境和讀者的道德闡釋予以呈現。一旦換了閱讀環境，換了讀者，譬如中國閱讀變成了西方閱讀，相比傳統小說和戲劇，美刺教化的詩歌更有可能會解讀出另外一種截然不同的風格或滋味。所以，海外漢學家常能給予中國古典詩歌顛覆性的解讀。

　　顯然，詩歌一旦承襲美刺、教化的派生功能，其中便有玄妙。首先，美刺、教化的要求最終會讓詩歌失去獨立自足的存在，極易成爲政教的附庸。響應號召的詩人既要積極配合了君主的治政需求，在言語上還要兼顧民眾需求。君臣共同認定這就是穩定社會，引導大眾積極向上，所謂「至善」的詩歌主流；其次，在篤信美刺、教化的詩歌傳統之外，也有不得其中

圖 25

要領，阿諛服從的順勢之人。因爲每個人的心裏都明白「順昌逆亡」的道理，若矜持不附和，於個人的名利有害無益。因此，堅持此種主流用途的人，通常都會以國家、民族大義相標榜，情緒激動時亦會義憤填膺或痛苦流涕，情感混合至物我無間。按照英國學者科林伍德的觀點，巫術藝術總是將激發起的情感用於實用目的，而娛樂藝術則將情感釋放於虛擬的情境。無論是桃花

〔註20〕　張汝倫：《現代西方哲學十五講》，北京大學出版社 2003 年版，第 124 頁。

人面，還是牆裏秋韆，多情惱無情，並不干涉實際生活。故那些宣傳「忠君愛國」以及帶有教化用途的詩歌都屬於廣義巫術的範疇〔註21〕，其目的顯然是要維護現有的社會架構與意識形態。

北宋的科舉改革，多次發生詩賦、策論的爭論。客觀上看，這相當於宋代朝野對詩歌功用的重新思考。慶曆三年，范仲淹任參知政事，建議將省試「先策、次論，次詩賦」分三場，「通考爲去取，而罷帖經、墨義」。四年，宋祁等人編定《貢舉新制》踐行范仲淹「精貢舉」的主張，「策論」成爲首輪篩選門檻，而詩賦成績優劣最終確定考生名次。這次革新因爲策論完全取決考官的判斷，不如詩賦考核標準客觀而被否決。直至王安石執政，「罷詩賦，專以經義取士」才成爲現實。此後詩賦在科舉中命運既有哲宗時期的糾結反覆，又有徽宗時期的徹底廢棄。在這段歷史中，宋代諸臣對於詩賦的作用各持見解，總體表現出對詩賦現實作用的懷疑。

在這些爭論中，以司馬光、蘇軾的意見最具代表性。蘇軾雖然認爲「自文章而言之，則策論爲有用，詩賦爲無益，自政事言之，則詩賦、策論均爲無用」，但是又認爲「自唐至今，以詩賦爲名臣者，不可勝數」，並且詩賦非常利於考試，具有衡量考生水平的客觀標準。策論反而因爲「無規矩準繩，故學之易成」，「無聲病對偶，故考之難精」〔註22〕。錢鍾書說：「律詩之有對仗，乃撮合語言，配成眷屬。愈能使不類爲類，愈見詩人心手之妙。」〔註23〕因爲既可以從詩句的組合，「推敲」評判詩歌，又可從韻律平仄中釐出詩歌優劣，所以詩賦的評判有相對客觀的標準。據《梅磵詩話》（卷中）記載，宋代王景文有詩云：「直翁未了平生事，不了山陰陸務觀」，「放翁見詩，笑云：『我字務觀乃去聲，如何作平聲押了。』」詩歌顯然更有可以言說的衡量標準。

與蘇軾相比，司馬光並不反對經義策論取士，反而贊成取消詩賦。司馬光主張「取士之道，當先德行，後文學；就文學言之，經術又當先於詞采。神宗專用經義、論策取士，此乃復先王令典，百王不易之法。」司馬光只是

〔註21〕 科林伍德說：「再現總是達到一定目的手段，這個目的在於重新喚起某些情感。重新喚起情感如果是爲了它們的實用價值，再現就稱爲巫術；如果是爲了它們自身，再現就稱爲娛樂。」詳見〔英〕科林伍德：《藝術原理》，中國社會科學出版社1985年版，第58頁。

〔註22〕 （宋）蘇軾：《蘇軾文集》卷25《議學校貢舉狀》，中華書局1986年版，第724頁。

〔註23〕 錢鍾書：《談藝錄》，生活‧讀書‧新知‧三聯書店2007年版，第477頁。

堅決反對王安石以自己的《三經義》作為考試內容和取捨標準，認為王安石是「以一家私學，令天下學官講解」(《宋史》卷155)。蘇軾與司馬光嚴格區分了詩賦對於政教與生活的不同需求。雖然他們對策論的看法不盡相同，但都認為詩賦對於現實的用途不大，於政事、文章均無用。

在政教層面上，蘇軾有關詩賦「便於考試操作」的見解，得到了劉摯的贊同。劉摯《論取士並乞復賢良科疏》認為，無論詩賦，還是經義，作為人才選拔手段，並無本質區別，都是「取人以言」，都無法鑒出人的實際才能，對於道德提升也無明顯幫助。只不過，詩賦作為考試內容，一是「聲律法度」、「是非工拙」，標準便於掌握；二是詩賦選擇題目，可從經史典籍中出題，鮮有重複，而「經義之題出於所治一經，一經之中可為題者，舉子皆能類集，裒括其類，豫為義說，左右逢之。才十餘年，數榜之間，所在命題，往往相犯」。事實上，治國與治學、創作詩歌是兩碼事。治國理政就如同高空跳傘，躍出機艙前那一刻的動作要領：不要過度思考，只須做出正確的反應。過度思考只會造成畏首畏尾，恐懼不前。而治學、寫詩卻恰恰相反，它需要浮想聯翩，需要深度、反覆的思考。

我認為，詩歌的某些功用，與所處社會時代密切相關，遺留下不可變更的美刺、教化傳統，其實是保守僵化，「未與時變」的結果。《漢書‧藝文志》曰：「哀樂之心感，而歌詠之聲發。誦其言謂之詩，詠其聲謂之歌。古有采詩之官，王者所以觀風」。「采詩觀風」是特定時代的產物，然而人們卻未理解「哀樂心感」的詩歌本源涵義。檢討周朝的社會歷史環境，「采詩觀風」的前提是：

（1）當時文字有限，青銅、簡牘沉重，文字簡短的詩歌傳播、反饋信息，較為經濟。所謂「書不盡言，言不盡意」、「聖人立象以盡意」(《易‧繫辭上》)的說法。其實是當時的文字有限，賈湖、殷墟的文字不能完全顯示語言，語言不能完全表達思想，於是聖人用象形文字、卦象符號來表達思想。

按照維柯《新科學》(第2卷) 的說法，原始人類沒有抽象思維能力，往往用形象來代替概念，維柯將之稱為「詩性智慧」。早期人類沒有「勇猛」、「精明」這類抽象概念，他們便想像創造出阿喀琉斯，奧德修斯這樣的英雄來體現這些概念。因此，希臘的神話英雄都是「想像性的類概念」——是某類人物概括起來產生的意識形象。相比於西方要創造英雄來表達抽象概念，中國的象形文字更具有形象表意的優勢，但是象形文字同樣也很難表達抽象的概念，所以才會出現「書不盡意，言不盡意」的情況。

　　根據伏羲發明八卦的傳說，八卦可能是另一種與甲骨文同時或更早的符號系統。這種符號系統就是維柯所說的「想像性的類概念」。每一卦並不專門對應一個詞或一個概念，而是對應「勇猛」、「智慧」那樣的類概念。譬如，八卦中的「乾卦」，同時可以表示天、陽、男、君等類概念，並不專指某一個具體概念。原始人很難表達「忍耐」這樣抽象的概念，八卦卻可以通過「乾卦，初九」表達出「潛龍勿用」的意思——即是「忍耐」的具象化。因此，才有「聖人立象以盡意」的說法。

　　（2）**等級制度的存在，導致詩歌「美刺」表達個人心志，更有順應等級，婉曲表達的效果。然而，周朝「美刺」、「觀風」的詩歌用途到了宋代，已經失去客觀上必須存在的理由。**

　　通常，集權的強化與「美刺」的弱化往往同步，而「觀風」已不是宋代高層瞭解下情的唯一途徑。因為委婉曲折的詩歌畢竟不是準確傳播信息的最好形式，而宋代所建立的諫言監察制度已足以將民情反饋。此外，抄本、印本的傳播方式已經能夠承載各種民情、政情信息的反饋轉達。雖然宋代繼承唐代新樂府傳統，也有《河北民》、《感流亡》、《田家語》等歌詩，但是這些詩歌基本是詩人的義憤之作。在此前後，文臣早有諫言奏書上呈朝廷。宋朝早有不殺文人的祖宗之法，像寇準、王禹偁這樣的士大夫在朝堂上直接批評政事，已無所畏懼。由此，自商周以來，「采詩諷諫」、「陳詩獻志」實現「治者觀風」的傳統功能，已經失去了存在的基礎，只餘下文臣繼承傳統的儒雅體面。

　　細究起來，詩歌在唐宋社會的存在，除了娛情審美之外，剩下的用途就是教育與考試。同樣，詩歌在宋代，也有「科舉之詩」與「日常之詩」的分別。因此，除了傳統的美刺、觀風、教化等符合傳統的觀念之外，宋人還有其他抽離現實的認識。張詠、歐陽修、蘇舜欽等人基於「緣情」的理由，將詩歌抽離於現實之外，認為詩歌還有「宣導情緒」，「疏通物理」的作用。這裡所說的「物理」，乃事物之理，即某事物之所以是該事物的內在規定性。所謂「疏通物理」，即為疏通事物之理。淺層地說，用詩的語言描繪自然物象，辨析了各種事物；深層地說，就是世間物象帶給詩人的哲理性思考，並且以詩的語言表述出來。當然，宋人說的「疏通物理」也可以是理解萬物之理。這與薄伽丘、錫德尼認為某些創造性詩歌可以喚起讀者的情感，揭示出世間

真理的說法相仿。〔註24〕譬如蘇軾詩句「橫看成嶺側成峰，遠近高低各不同。不識廬山真面目，只緣身在此山中」(《題西林壁》)，可謂既疏通了物理，也於人生有了更深的感悟。這兩個層次所能達到理想的效果，就是我們常說的「情景交融」、「情理（景理）交織」。詩歌的這類作用，更強調對於個人身心的良性影響，或審美愉悅，或者哲理認識，從而切近藝術功能的本質。

　　歐陽修、蘇軾之後，黃庭堅雖也認同「詩者，人之情性也」，但是認為詩歌「非強諫爭於庭，怨忿詬於道，怒鄰罵坐之為也」(《書王知載朐山雜詠後》)。為此，他認真梳理了情緒控制、謹守忠信與詩歌緣起之間的關係。其簡要如下：

　　（1）恪守忠信之人，常與時代不侔，久仰人下而不得聞，遇物悲喜，引發情感上的不堪。於是，借助言語呻吟調笑，釋放情感，使聽聞者得到勸勉。故詩歌之美就是有道之人釋放情感、鼓勵他人的語言。

　　（2）詩歌若不加控制直泄情緒，發出訕謗陵辱之辭，「以快一朝之忿者」，這是詩歌的禍害。

　　（3）因為詩歌蘊涵作者品行，即便時過千年，地距萬里，猶可知人論世，以意逆志，從詩中看出其處世為人(《書王知載朐山雜詠後》)。

　　上述的關係，梳理出這樣的結論：忠信、博學之人，儘管情緒深受世俗壓抑影響，卻始終能夠遵循疏導個人情感、教化民眾的宗旨，成就詩歌之美善。約束情感，顧及他人的感受，本身就具有「儒學」風範。同樣，它也十分符合「大學之道，在明明德，在親民，在止於至善」(《大學》)的主旨內涵——即「自我明德」，然後「革新民眾以至善」的儒學宗旨。其實，詩教並非全是不好，滯後的意識形態與人性總有重合的部份。當詩歌教化的內容符合人性和情感，就能讓我們的種族更文明，更進步，讓孩子更懂得人倫情感。這樣的道德教化就與人類共同的情感、人性結合成了一體，勿須刻意拒絕。儘管詩歌的教化作用顯而易見，然而即如王小波所說「積極向上雖然是為人的準則，也不該時時刻刻掛在嘴上」〔註25〕。用少數人的「政權守護意識」左右大眾的喜怒哀樂，終歸不是人性的未來方向。王安石批評李白詩歌「多說婦人，識見污下」(《歲寒堂詩話》卷上)，實則狹隘了「詩言志」的範疇，居高臨下地對人性「緣情」施行了道德綁架。

〔註24〕〔美〕查爾斯‧E‧布萊斯勒：《文學批評：理論與實踐導論》，中國人民大學出版社 2015 年，第 37、38 頁。

〔註25〕王小波：《王小波全集》第 4 卷，譯林出版社 2012 年版，第 360 頁。

詩歌既有功用的甄別，就有功用延續的疑問。徐鉉說：「人之所以靈者情也，情之所以通者言也。其或情之深，思之遠，鬱積乎中，不可以言盡者，則發爲詩，詩之貴於時久矣。」（《全宋文》卷19《蕭庶子詩序》）其實，詩歌流傳的時間長短，即爲詩歌功用的持久程度。按照徐鉉的觀點，詩歌因情感鬱積深厚，乃有發生。而詩歌最可貴的卻是長久對人產生作用。時代更替，社會人群不復以往，詩歌如何對不同時代的人群持續產生影響呢？

拋開詩樂、美辭等因素姑且不論，就情緒感覺而言，詩歌所反映的情緒感覺越是爲廣大讀者所領會、理解，這樣的詩歌就越能廣泛流傳。通常，詩歌傳遞的情感大致可分三類：第一類是人類的基本情感，那些超越時空的「生離死別、愛情慾望」，爲全人類所擁有、感受的共性情感。第二類則是特定歷史時期的情感，即人生特定階段培養形成的情感，如同學、朋友之間的情感。第三類是某些偏於個性化的情感，如某些人對於事物、帝王、領袖有特殊好感形成的情感。若詩歌作品反映的是人類共有情感，其流傳範圍及其時間自然就長久恒定。相反，其他類型的情感則局限了傳播範圍與時間長短。

三、詩歌緣起理論辯證

「言志」、「緣情」，是傳統詩學需要直面的問題，然從漢唐以來的文獻中，這些問題直到宋代並沒有得到清晰的梳理，長期存在以下弊端：一則是沒有嚴格區分詩歌緣起與致用的區別，將「言志」（致用）與「緣情」（緣起）混淆討論；二則由於沒有將「情」、「志」、「意」、「知」等概念加以區分，致使「詩言志」與「詩緣情」沒有得到理性的解構分析；三、詩歌作爲藝術審美的本質功能從未得到歷史傳統的明晰確認，長期糾結於詩教功能，卻不懂善加利用詩歌的審美、娛樂功用，充分發揮其教育作用。

科學證明，心理過程是心理活動的一種動態過程，是人腦對客觀現實的反映過程。它包括「認識過程、情緒和情感過程、意志過程」等三個方面。〔註26〕由此，西方學者將人的心理結構分爲「知」、「情」、「意」，由此形成不同的學科。詩歌作爲人們對於外界現實反映的形式之一，其創作同樣經歷「知」、「情」、「意」三個過程。

〔註26〕林正範：《大學心理學》，浙江大學出版社2000年版，第4頁。

　　首先，從感覺——情緒——情感，「情」指情緒、情感，是人類對客觀事物的感受和評價，表現爲積極肯定的愉快、喜愛、嚮往、滿意或消極否定的憎恨、憤怒、厭惡等，即康德所謂「快」與「不快」。這種感受與「求知」不一樣，它體現爲人對外物的官能性感受。「知」不直接觸動那些敏銳感受的官能，即蘇格拉底所謂理性才能認識，感覺所無法認知者。與「情感」不同，它是人類對世界的知性和理性的追求。其內涵與認識是一致的，使用科學性的言語指事稱物，傳達眞實的信息，說的話可以和客觀事實對應。〔註27〕儘管在求知過程中，也會有愉悅或痛苦的感覺，但是它遵循邏輯思維，通過概念、判斷、推理、論證來理解和區分客觀世界，求知的喜悅或折磨只是伴生的附庸。「求知」既有人生致用的目的，也有本質力量對象化的愉悅。

　　其次，意志過程是指人在自己的活動中設置一定的目標，按計劃不斷地克服內部和外部困難並力求實現目標的心理過程。它是人的意識能動性的體現，即人不僅能認識客觀事物，還能根據對客觀事物及其規律的認識自覺地改造世界。學者李春青認爲，「『意』是認知性的心理因素，而『情性』是非認知性的心理因素。前者包括人們對外在世界與內心世界的認識、理解、判斷、評價等等，……；後者包括個性氣質、情緒情感等，其中必然有大量無意識的心理內容。也可以說，『情性』是未經邏輯思維梳理，沒有抽象概念侵入的那種混沌一片的心理狀態」〔註28〕，或者它們處在某種簡化的形式裏，僅是一種內蘊語言存在，尙不能清楚地傳達給別人。〔註29〕

　　雖然中國詩學中也有「以意逆志」、「言志言意」的解釋，但是詩歌所說「意」與「意志」並不一致。由於《經籍纂詁》（卷63）、《禮記·禮運》的相關注解〔註30〕，還有「志，意也」的混淆情況，故聞一多認爲「意」和「志」是同一個詞。而西方卻認爲「意志」是人們自覺實現目標，克服困難，努力

〔註27〕　張隆溪說：「理查茲從語義研究出發，把語言的使用分爲『科學性的』和『情感性的』，前者的功用是指事稱物，傳達眞實的信息，說的話可以和客觀事實一一對應，後者的功用是激發人的情感和想像，說的話並不一定和客觀事實完全對應；前者是眞實的陳述，是科學的眞，後者是所謂『僞陳述』，是藝術的眞。」詳見《二十世紀西方文論述評》，三聯書店1986年版，第37頁。
〔註28〕　李春青：《在文本與歷史之間——中國古代詩學意義生成模式探微》，北京大學出版社2005年版，第182～185頁。
〔註29〕　〔意〕克羅齊：《美學原理》，朱光潛譯，人民文學出版社1983年版，第27頁。
〔註30〕　《經籍纂詁》釋志曰：「志，意也」；釋意曰：「意，心之所之謂意。」《禮記·禮運》載：「非意之也」。注：「意，志也」。

實現目標的意志力。這種爲達目標的意志力，與中國詩歌所說的「意」是完全不同的概念。這種意志力，在國人看來就是「至善」的力量，人類總是擁有努力向善的意志力。而作爲研究人意志中的善，就形成了西方的倫理學。

若以意志控制而言，詩歌之意自然包含著詩人的意志在內，因爲它畢竟是詩人有意識、有控制的語詞斟酌與表達。因此，相比之下，詩歌之「志」既與情感有關，又需要「知識」的積累和輔助，以及「意志」的貫注。「詩言志」，乃人類理性得以發展後的形成。根據考古資料及少數民族的歌謠，可以發現早期人類或個體的青少年階段，所創作的詩歌多緣於情感，而非理性的志向。然而，當我們討論「詩緣情」這樣的問題，其本源的自然會牽涉感覺，但是詩歌最直接面對的還是人的情緒。

通常，感覺產生情緒的原因在於人類只愛自己。因爲愛自己，弗洛伊德認爲人類便有了「生命本能」和「死亡本能」。所謂「生命本能」〔註31〕，即生命延續的性本能和確認自我的本能。自從降生，人就希望一直活下去，並不斷確認自己的存在。其實，永生是不可能，但是我們依然持有這樣的奢望。這便是生命本能。

除了生命本能，弗洛伊德談到人類有一種死亡本能。死亡本能是一種攻擊性本能，其目的在於破壞。〔註32〕如果說生命本能包括饑渴、性欲等，事關人的自我保存及種族繁衍。死亡本能與生命本能剛好相反，是使有生命退回到無機物狀態。它不僅是一種求死的欲望，更多表現爲對於生命的破壞和攻擊。弗洛伊德以原始人爲例，認爲他們「**較之動物更殘酷、更兇惡，他喜歡殺人，視殺人爲理所當然。在其他動物身上存在著抑制同類間自相殘殺、相互吞噬的本能，這種本能在原始人身上卻找不到**」(《目前對戰爭與死亡的看法》)。弗洛伊德企圖以此說明，人的攻擊性與生俱來。當然，這也有可能與人類的宗教崇拜有關。臺灣泰雅族人以祖靈的名義，形成了「出草」(獵頭) 的習俗——即砍掉別人的頭顱，增強自己靈魂跨越彩虹橋的能力，目的是靈魂進入祖靈永生。〔註33〕當然這種傷害不單針對人類，也同樣針對世間他物。純

〔註31〕 王先霈、王又平：《文學理論批評術語匯釋》，高等教育出版社 2006 年版，第534頁。

〔註32〕 〔奧〕弗洛伊德：《精神分析引論新編》，高覺敷譯，商務印書館 2011 年版，第 82 頁。

〔註33〕 根據泰雅族的「彩虹橋」傳說，欲到達部族的祖靈之地，需要經過兇險彩虹橋。惟有「出草」紋面多的男子才能得到加持，砍頭紋面愈多，預示著愈有

屬「自私」的目的，某些人不惜傷害他人。只要欲望需要，他們可以毀滅一切。其中原因又回到了生命本身，死亡本能其實源於生命本能。因爲「生命本能」強大，才導致「死亡本能」的強大。

生命本能讓每個人都愛自己，先天就構成了「愛自己」的心理機制。法國啓蒙思想家霍爾巴赫說：「人在他所愛的對象中，只愛他自己；人對於和自己同類的其他存在物的依戀只是基於對自己的愛」，「人在他自己的一生中一刻也不能脫離開自己，因爲他不能不顧自己。」〔註34〕人總是從自身感受和需求出發，來要求對象。即使愛別人，也是基於愛自己的理由。「人爲了自身的利益必須要愛別人，因爲別人是他自身幸福所必須的」〔註35〕。所以，這種「愛自己」的心理機制與儒家「仁者，愛人」進行嫁接，自然就衍生成「推己及人」的「憐憫和同情」。因爲有了推己及人的「感同身受」，就會形成「老吾老，以及人之老；幼吾幼，以及人之幼」的「博愛」。這類對於他人的「同情」，以及對萬物的「感同身受」，根源都是「愛自己」。杜甫說「安得廣廈千萬間，大庇天下寒士俱歡顏」，乃是因爲自己的茅屋爲秋風所破。宋人黃徹因此評價杜甫是「推身利以利人」（《䂬溪詩話》卷9）——因爲自己想有房子，所以希望天下寒士都有房子。

正是由於人類本能形成「愛自己」的心理，從而導致兩種不同的表現：一是因爲愛自己，就會在意自己的感覺，進而產生各種保護性或宣洩性的情緒；二是爲保護自己而攻擊他人。因此，除開攻擊性的本能反應，詩歌緣起直接與人類保護性或宣洩性（歸根結底仍是保護性的）情緒有關，間接源於人類「愛自己」的心理。感覺與情緒彷彿擁有同一個父親的男女兩人，它們或如漢代畫磚雕刻的伏羲與女媧那樣的雌雄同體，彼此關注對方，並適時地給予對方刺激。伏羲和女媧極具象徵意義，一方面他們代表著人類的生殖永續，另一方面他們又可以代表男女（類似於感覺與情緒的關係）的互相聯結與需要。兩者之間不僅互相牽制連動，而且他們還擁有共同的父親，可以稱之爲「主腦」或「上帝」。

能力渡過彩虹橋，最終進入祖靈，與祖先永遠在一起。彩虹橋與愛因斯坦所謂的「羅森橋」（即「蟲洞」）的功能有所類似，彩虹之於天地，蟲洞之於不同時空，它們都是溝通兩個世界的唯一通道。只不過，泰雅族人以更神秘無解的方式，成爲番族人的信仰。

〔註34〕馬克思、恩格斯：《神聖家族》，人民文學出版社1982年版，第169～170頁。
〔註35〕馬克思、恩格斯：《神聖家族》，人民文學出版社1982年版，第169～170頁。

因為愛自己，人類不得不關注自己的各種感受。當感覺傳導疼痛、炙熱、苦澀、香甜等神經刺激時，人們便會產生憤怒、喜悅等情緒變化。如果傳來的感覺並不那麼強烈，出於對感覺的反應（也可稱為「重視」），或出於在意自己感覺的緣故，人們的身心也會產生某種反應。譬如「厭惡」這種情緒就很奇怪，它不像痛苦和喜悅那樣感覺強烈，它純粹只是因為我們愛自己，在意自己的感覺才會「厭惡」。與「厭惡」類似的情緒，如「傷感」、「愁悵」情緒的生成，更多是那些文人情懷的敏感所致。

最後，雖然詩歌源於感覺形成的情緒，只是基於現實生活，人必然要走向理智，將理想、情感與現實進行平衡考量，反思自己的言行，這便有了「思想」或「哲理」的內容。只有對世界有了理性認識，並具有實現理想的精神控制力，人們才能將自己的情感、理想，以及行為舉止與現實進行理性分析，以判斷自己是否擁有符合現實的志向抱負。此外，那些原發的，未經邏輯思維梳理的感覺、情緒等等，需要確定情思，構成詩歌的意象，也需要理智（知識和意志）的雙重控制與引導。

唐代孔穎達《詩大序・正義》載曰：「詩者，人志意之所之適也。雖有所適，猶未發口，蘊藏於心，謂之為志。發見於言，乃名為詩。言作詩者，所以舒心志憤懣，而卒成於歌詩」。這句話以流為源，模糊了詩歌的真正源頭，只是強調「在心為志，發言為詩」的內外之別。在憤懣情緒與理性之間，陳規陋俗對於詩人的束縛難以忍受。故基於理性認知和人生閱歷，「誤落塵網中」既是理智的表達，又是接受自然景物影響的審美表達。陶淵明和李白部份關閉了與世俗社會的精神聯繫，一致將自己的理想定位為——「且放白鹿青崖間，須行即騎訪名山。安能摧眉折腰事權貴，使我不得開心顏！」。有鑑於此，「詩言志」可以用一句話描述——即符合社會大眾的確切表達。這樣的表達既可涉及情感的內容，也可涉及思想。一旦詩歌表達不符合社會的要求，就會招致淫蕩、淫靡、粗俗、低級等社會輿論的批評。總結起來，傳統詩歌「情、志、意」三者關係，可做以下辨析：

首先，詩人的「主旨」（認知性心理因素）在成詩以前，可稱為「志」。志之所之，乃貫穿全詩表達的主線。故「詩言志」，乃「詩人心中之志」。這種「志」與「情」並不矛盾。情緒、感覺是詩歌的源點，「志」是情緒或情感經由邏輯梳理，逐漸明晰化的思想表達。作為思想或情感的理性表達，「志」是感覺、情緒、意志、知識充分混合、蘊釀與昇華的結果。

　　波蘭學者英伽登認為人類的情感本身是中性的，惟有和其他具有審美價值的特性結合時，才會出現某種審美價值。譬如，日常生活中因某種慘重傷害而引起的悲傷（情感），只有與某段音樂（審美特性）刺激聯繫起來，這種情感才會呈現出審美價值──具化為審美對象並轉化為審美體驗的過程實現。這樣的情形體現在詩歌創作中，就是詩人醞釀情感，輔以知識、意志，以區別於其他文學（或藝術）樣式的一般語言組織的中性骨架為基礎，最終形成具有審美價值的詩歌作品。〔註 36〕因此，就詩歌創作而言，僅有情感是不夠的，還需要上升為審美的詩意，以及將詩意呈現為文字的詩藝能力。這種「志」與「意」結合，使得原本混亂或失控的情感得到更恰當的釋放。

　　其次，詩歌既已寫成，詩人的「思維主旨」化成詩歌的「題意主旨」後，其可稱為詩歌的「意」──詩人對於情感、語詞恰當選擇後的主旨表達。古人稱之為「詩」。劉勰《文心雕龍·明詩》載曰：「詩者，持也，持人情性」；又曰：「舒文載實，其在茲乎？」所謂「持人」者，重點在於「控制、引導」，意思是運用詩歌「文辭」審美地表達「情志」，這就是詩歌的意義所在。故「情」、「志」、「意」的關係應內、外兩分。

　　（1）成詩以前，詩人內心的「情志」，可表示為：「性」與外物相摩產生「情」（感覺與情緒）；「志」乃詩人內心需要言說之抱負或認知性心理，需要與現實生活參照衡量確認，尋求不違背社會禮俗的恰當表達。而從人類意識發生順序來說，「性情」（感受──情緒）產生要先於「志」（有條理思維結果）的成形。

　　（2）詩成之後，詩人原發的感覺與情緒，已轉化為詩歌的「情感」。因為詩歌畢竟需要體面、確切的情感表達。情緒與情感最大的不同，在於情感需有明確的原因與指向，不能過於縹緲含糊，而情緒卻難以明確其來源與走向（或不便說出來源）。理智引導感覺、情緒，形成詩歌含蓄、奔放的語言呈現。此時，「詩人之志」化為「詩歌之意」，詩人「性情」亦化為詩歌「情志」，而欲觀詩人「性情」與「志趣」，需以「詩意」逆之。

　　（3）「情」若只是人的感覺與情緒，那麼「志」和「意」則屬於人類思想和語言的成品，而且還帶有社會意識成分。「志」和「意」不能任憑情緒失去控制，感覺無限放大，而是積極對其進行引導、改造，或是偽裝，使之符合社會的道德倫理。中國古人對於「志」和「意」的作用，始終沒有準確區分，需要引入西方關於「意志」、「認知與識別」的概念，將「志」規定為有

──────────

〔註36〕　朱立元：《當代西方文藝理論》，華東師範大學出版社 2005 年版，第 141 頁。

意識的「主旨表達」，而非「情慾的直接表達」，又將「意」定為對這些主旨表達的控制與引導的「有意識」——即「有意識地驅動」。

從表面上看，詩歌的「志」、「意」對於「情」、「感」的控制，類似弗洛伊德「自我」對於「本我」的監督與審查，又或是社會道德準則在夢中所形成抗力，即「夢的稽查」。按我的理解，「抗力」在生理層面，首先是大腦意識（部份意識仍然清醒，負責稽查）對肌肉和生理功能的控制力。它是外物刺激與反射後，大腦指揮身體做出的反應。除此以外，大腦意識形成的條件反射，在睡眠狀態下依然保持適度的警戒，對於無意識產生適度的控制。譬如，在睡眠時內急，夢中總想要找廁所，不敢在夢裏「隨地大小便」。

最後總結，意志的「抗力」是人類進化以來的必然，在生理層面它與其他動物一樣，屬於控制身體的條件反射。然而，上升到意識領域，它就有了超越動物的控制，譬如在人類社會中養成的「倫理道德」的那部份控制。即使在夢中，某些清醒的意識也會提醒自己，不能像動物那樣隨地大小便，要考慮社會大眾的目光。那麼，這樣的「抗力」在詩歌創作中，就表現為「志的表達」與「意的控制」的協調配合。

通常，人類通過視覺、聽覺、觸覺、味覺和嗅覺吸收信息。大腦則用不同部位處理不同類型的感覺信息，獲得相應的感覺。這也提醒我們，美感其實可以分為「視覺美感」、「聽覺美感」、「味覺美感」、「嗅覺美感」、「觸覺美感」等類別。每一種類別的美感形成機理並不相同，但是它們都能給予人心理上的「愉悅感」和「滿足感」。實際上，感覺只是將一些生理信息傳遞給大腦的緩衝器（或者叫處理器），大腦則根據這些感覺信息做出一連串的綜合組合，做出「知、情、意」的心理反應。因此，感覺往往會導向情緒與情感的變化，譬如炎熱的感覺。由生理灼熱導致心理難奈和煩燥，進而感到自己被傷害，出於「愛自己」的理由，則會生氣，乃至於憤怒，更極端的就是攻擊對方。每一類別的感覺形成機理雖不相同，但所有感覺都源於實在的對象（還包括人體自身，譬如病痛），以及「愛自己」的心理機制。它們既包括愉悅和滿足的感覺，也包括不悅和不滿足的感覺。作為遭遇現實獲得感覺的人來說，他們的審美能力充分表現為通過文學、音樂、美術等手段，將對象給予的感覺逆轉、昇華成精神上的「愉悅感」和「滿足感」。

總體上看，味覺、觸覺更加貼近肉身和欲望，其生理生成的愉悅感覺，由於生理上的局限，不能無限地吃喝，所以更容易排斥在心理美感之外。視

覺、聽覺、嗅覺與對象較有距離，這種與對象天然的「距離感」，本身就被現代美學視爲產生美感的原因。然而，正如羅馬學者普林尼所說：「心靈是視力和觀察的眞正工具，而眼睛則充當一種容器，接收和傳遞意識的可見部份」〔註37〕。因此，視覺和聽覺形成的愉悅感，即所謂的心理和精神愉悅感，更容易讓人認可爲「美感」。人類自從有了語言和文字，這種審美樣式就出現了。因此，客觀上講，詩歌是人們選擇某種適當的語言將自己的感覺、情緒或情感、思想、欲望予以優雅釋放的方式。這種釋放在音樂與語詞的幫助下，能夠使得詩人與受眾情緒或情感都得到宣導，收穫愉悅或暢快。其運作程序如下：**詩歌意象組合→→形象+情感**（複雜多義的審美內涵）**→→讀者產生酸、甜、酥、麻、癢、暈、脹等審美感覺→→刺激形成並宣洩喜、怒、哀、樂等情緒→→通過節奏、弦律、語詞及想像，令人類情緒在某種穩定的場域**（文字象徵）**中得到釋放。**

　　同樣，儒家「禮儀」既是對於人的行爲規範，也是對人的情感和欲望進行審美約束的方式。只不過，禮是通過行爲舉止對人進行必要的約束，使之符合美雅和善良的要求。儘管從審美功能上看，詩歌足以讓詞語擺脫羈絆，獲得了解放，其「閃爍出無限自由的光輝，隨時向四面散射而指向一千種靈活而可能的聯繫」〔註38〕。但是以傳統社會功能衡量，詩歌在審美「控制」情感這一點上和「禮」有了連結。古代詩歌作爲宣導情感的文學方式，更需要在嚴整的格律中對於情感、欲望表達進行美雅、良善的言語控制。如徐積所言，「《詩》之風、雅、頌，所美所刺，未嘗不婉順而歸之於正」（《節孝語錄》）。而有控制的詩歌語言則要「直而婉，微而顯，一聯一句，感悟人心」（《許昌詩集序》）。由此，在理智約束下，傳統詩歌從整體上認可其社會現實功能，並非任由情感釋放。這種微婉的情感釋放，也給予受眾適當的感覺綿延。

　　最後，當我們超越時空，需要說明的是，詩歌既是人類所創造，必然要照顧到人的生與死。其生之所用，除了宴飲、應酬、唱和，還要顧及愛欲、情感。因爲每個生命逝去後並沒有差別，死亡也不能確認是否有閻羅判決，六道輪迴，然後依生前所爲，或升仙，或投胎，或變畜生、下地獄，以此區

〔註37〕　〔英〕E.H.貢布里希：《藝術與錯覺：圖畫再現的心理學研究》，楊成凱、李本正、范景中譯，廣西美術出版社2012年版，第12頁。
〔註38〕　〔法〕羅蘭・巴爾特：《寫作的零度》，李幼蒸譯，中國人民大學出版社2008年版，第37頁。

分彼此死後的等級。所以，詩歌對於死之所用，當然還是給活著的人感受的。於是，這就涉及輓歌、喪歌、悼亡，以及祭祀宗廟之歌。無論詩歌緣起及生死所用，人類的情感或如酒神、如斯坦尼斯拉夫斯基那般地的深層涉入，或如日神、如布萊希特那般淺嘗輒止。詩歌這種凝煉的語詞，以極具張力的結構，寄寓著人類豐富的情感和精神思維。故詩歌存在的意義，根本在於為人的多種需要服務，同時還要寄託起那些紛繁複雜的精神世界和情感世界。

第二節 宋代詩學：從詩歌「平淡」到江西詩派

宋代詩歌「平淡」的提出（宋初白體、晚唐體衰落與西崑體開啟——宋詩的「陌生化」救贖）——詩學「平淡」潛藏著對詩人能力（學問、想像力、判斷力）的要求————宋詩「平淡」的創作局限（創作理想停留在審美評價層面，難以落實為具體可行的創作原則、方法等）——江西派詩學的傳播與接受（江西派詩歌創作預示更多的書籍閱讀依賴）

對於宋初詩歌的變化，劉克莊《江西詩派小序》評價說：「國初詩人，如潘閬魏野，規規晚唐格調，寸步不敢走作。楊劉則又專為崑體，故優人有尋扯義山之誚。蘇梅二子，稍變以平淡豪俊，而和之者尚寡。至六一坡公，巍然為大家數，學者宗焉」。儘管宋初詩歌三派分流，尤以西崑盛極一時，然在仁宗朝以後，當歐陽修、梅堯臣等士大夫相繼步入政壇，社會文人群體對於舊詩已有膩心，詩歌變革的力量開始凝聚。

通過《六一詩話》，歐陽修分別表達了自己對於宋初三派詩歌的看法。首先，對於白體詩，歐陽修記載達官「有祿肥妻子，無恩及吏民」白體淺陋詩句，仁宗時已成坊間笑話。宋仁宗以天聖元年即位，歐陽修以天聖八年中進士第一，時年二十四歲。歐陽修記憶「白體淺陋」詩句的時間，當在天聖八年前後。

其次，對於晚唐詩，歐陽修雖然稱讚鄭谷詩歌時有佳句，但是對其低格調也有訾病。因鄭谷詩易曉，多為小兒詩歌啟蒙之用，歐陽修兒時曾背誦鄭谷《雲臺編》。然而長大後，此詩集卻已不流行於世。同書，歐陽修記安鴻漸於大街上嘲笑僧贊寧說：「鄭都官不愛之徒，時時作隊」，源於鄭谷有詩曰：「愛僧不愛紫衣僧」。贊寧機智應答曰：「秦始皇未坑之輩，往往成群」，引嬴政「焚書坑儒」之事諷之。吳僧贊寧圓寂於真宗咸平四年。由此可知，鄭谷詩句在真宗咸平四年以前依然在士大夫間流行成誦。

　　此外，北宋中期文人對晚唐詩的看法，歐陽修又記載晚唐體代表「九僧詩」的軼事。「九僧詩」給歐陽修兒時的印象與鄭谷詩相類，同樣是「余少時，聞人多稱之」，「今不復傳矣」。時有進士許洞與九僧賭詩勝負，約定不許用「山、水、風、雲、竹、石、花、草、雪、霜、星、月、禽、鳥」諸字，九僧因此擱筆。許洞乃咸平三年進士及第。由此可知，許紅霞所謂「九僧作爲北宋初年一個僧詩流派，主要活動於宋太宗、眞宗兩朝，而以太宗至道至眞宗咸平年間最爲活躍」〔註39〕的判斷是正確的。按臺灣學者吉廣興所言，《六一詩話》成書在熙寧期間（1071、1072），而司馬光重新發現《九僧詩集》卻是在元豐元年（1078）。〔註40〕從仁宗天聖至神宗熙寧四十餘年間，白體、晚唐體詩歌在北宋朝野的影響幾乎消彌殆盡。白體詩退出宋詩主流，原因正是歐陽修所言的淺陋易得。

　　至於晚唐體衰落，由許洞與九僧賭詩的故事，可知晚唐體詩的缺陷正是才思狹窄，內容單調貧乏——即用常見、熟悉的意象（有限的形象）表現狹隘的生活內容（有限的內容）。譬如，保暹《秋徑》詩曰：「杉竹清陰合，閒行意有憑。涼生初過雨，靜極忽歸僧。蟲跡穿幽穴，苔痕接斷棱。翻思深隱處，峰頂下層層。」前面數聯，皆言竹林山寺，僧人幽居的靜謐，讀者大致還能感受欣賞。只是後面兩句「翻思深隱處，峰頂下層層」，全是僧侶離群索居，追求隱居修行的心思，卻非常人所能理解。僧人一門心思只有清靜修行，「氣宇不宏而見聞不廣」（《對床夜語》卷5），勢必造成這類詩歌題材狹窄，受眾必然也不太多，傳播範圍也有諸多限制。歐陽修記載許洞與九僧賭詩，其實講述的是要不要用熟悉的形象寫詩的問題，同時也涉及詩歌傳布影響受眾的考慮。〔註41〕這也預示著宋代詩文革新首先要考慮的，就是如何將司空見慣的形象用陌生化的方式呈現出來，以便喚起讀者久違的閱讀感覺。

　　作爲詩文革新的主力，梅堯臣「一本正經地用些笨重乾燥不很像詩的詞句來寫瑣碎醜惡不大入詩的事物，例如聚餐後害霍亂、上茅房看見糞蛆、喝

〔註39〕　許紅霞：《宋初九僧叢考》，《古典文獻研究論叢》北京大學出版社1945年版，第76頁。

〔註40〕　臺灣學者吉廣興考證，認爲九僧「雖然是宗派教下的法門僧，屬於佛門僧伽，卻不以釋教名，而以詩名，是詩僧，是以詩歌爲背景的文學僧」。詳見《宋初九僧事蹟探究》，中國佛教禪宗網2008年9月5日刊發。

〔註41〕　這樣的文學性表達時，可以列出以下規律：即「習慣性（口語或文學）表達——陌生化表達（口語或語言重組，重新獲取感覺）——回歸文學審美化，建立新的平衡」。由此，重建讀者對於詩歌的感覺。

了茶肚子裏打咕嚕之類」〔註42〕，均可視爲宋代革新詩人刻意規避晚唐體缺陷，擴大詩歌題材、表現手法的種種努力。這也是藝術尋求突破的通例，「青年藝術家爲超越古典的大師入了魔，就略微有些不正常，甚至他們中間最傑出的人物也被引入古怪、複雜的實驗之路。」〔註43〕由於白體、晚唐體詩歌用日常、熟爛的語詞意象創造詩歌，詩歌創作已成爲無須太多思索的自動化過程，導致詩人與讀者都無法從作品中找到自己對於事物的感覺。若要恢復對於詩歌的感覺，西崑體的出現可以視作「陌生化」手法在北宋詩壇的異軍突起，也是宋詩自我救贖的開始。只是這樣的「救贖」門檻太高，且限於小眾，並不能普惠宋代社會的普通文士。

關於「西崑」興起的時間，有「祥符—天禧」(《竹莊詩話》)與「咸平—景德」(《宋詩紀事》引《丹陽集》)兩種說法，程千帆《兩宋文學史》較爲肯定「景德年間興起」的說法，以爲西崑體至仁宗朝達到高潮。對於西崑的評價，宋人褒貶有之。歐陽修所謂「自《西崑集》出，時人爭傚之，詩體一變」。作爲革新詩歌的創作手法，「詩裏的誇張、比喻、婉轉說法，詩中常用的古字、冷僻字、外來語、典故等等，無一不是變習見爲新知、化腐朽爲神奇的『陌生化』手法」〔註44〕，故錢鍾書先生說：「文章之革故鼎新，道無它，曰以不文爲文，以文爲詩而已。」〔註45〕西崑詩人因爲出身臺閣，學識淵博的緣故，其「陌生化」手法主要是用古字、冷僻字、典故來刺激、喚醒人們對於詩歌的感覺，其表現的「費解特性」使得讀者不得不探索詞語所表達的涵義。如俄國學者穆卡洛夫斯基所言，「詩的語言的功能在於最大限度地突出詞語……它的用處不是爲交際服務，而是爲了把表現行動即言語行動本身提到突出地位」〔註46〕。然而，由於詩歌意象多爲冷僻、陌生，西崑體詩歌對於宋初那些只作淺易詩歌，讀書不多的「老先生輩」，理解起來就太過晦澀艱難了。這類詩歌因爲語僻難曉，多有典故，當時有些老先生顯然已看不太懂了。

〔註42〕 錢鍾書：《宋詩選注》，生活・讀書・新知三聯書店 2002 年版，第 22 頁。
〔註43〕 〔英〕E.H.貢布里希：《藝術的故事》，范景中譯，廣西美術出版社 2016 年版，第 362 頁。
〔註44〕 張隆溪：《二十世紀西方文論述評》，生活・讀書・新知 三聯書店 1986 年版，第 76 頁。
〔註45〕 錢鍾書：《談藝錄》，中華書局 1984 年版，第 36 頁、第 42 頁。
〔註46〕 穆卡洛夫斯基：《標準語言和詩歌語言》，詳見伽文編譯《布拉格學派美學、文學結構與文體論文選》，華盛頓 1964 年版，第 43～44 頁。

關於西崑體的成因，蘇舜欽《石曼卿詩集序》云：「祥符中民風豫而泰，操筆之士，率以藻麗勝」。由此，臺灣版《影印宛陵集前言》評說：「眞宗即位，宋興近四十年，禮樂征伐，自天子出，汴京繁庶，朝野恬嬉，藝術爲民生之反照，歌詩乃時代之音聲，富麗華靡之西崑體，自然應運而生」，認爲「寥寥數語，不啻明白指出崑體詩產生之時代背景」。事實上，西崑體的成因也是不滿於既有詩歌的「陌生化」運動。「陌生化」其實是人們對於審美追求過程中的自覺行動，因爲原有的作品表現已沒了感覺，所以作者才追求陌生新奇的表現。只是這樣的詩歌表現，最終的需求：一是要獲取對象的質感，二是要獲得審美的愉悅。在這一過程中，讀者由費解思考到恍然大悟，既拉長了時間，涵義也在曲折拖弋的思考中得到確認，並且成功留住了讀者的感覺，最後的領悟還令讀者獲得滿足感。於是，這樣的思維成功又牽涉到確認自己存在的生命本能，觸發「愛自己」的心理快感。當然，這類詩歌不僅需要語言和用典方面的講究，詩人本身也要「雄文博學，筆力有餘」〔註47〕。同樣閱讀這類詩歌的讀者，也需要博學廣聞，才有可能從「費解」轉成「頓悟」。所以，西崑體同樣也不是適合普遍推廣的詩歌，時代需要一種新的詩歌創作。

據說在動物界中，惟有靈長類動物才會對自然界的各種現象產生感應與共鳴。早期類人猿在惡劣的自然環境裏生存，他們除了構建群落內部（整體）關係，同時還要與周圍的環境建立起聯繫，由此類人猿形成了瞬間（快速）記憶能力。〔註48〕相比於人類，生存險惡的類人猿更需要快速記住周圍的環境，以便應對環境的突然變化。同樣道理，儘管文學內部各要素之間存在彼此制約的整體關係，但是它又與整個社會環境有著密切的聯繫。文學的發展變化其實歸根結底是社會發展的反映，而社會的複雜變化又是各種環境因素，尤其是人類群體因素合力作用的結果。同是稱爲北宋的王朝，因爲先後進入這個社會的人並不相同，他們身處的環境也有差異。於是，對現存精神結構的

〔註47〕　《六一詩話》載：「楊大年與錢、劉數公唱和。……如子儀（劉筠）《新蟬》云：『風來玉宇烏先轉，露下金莖鶴未知。』雖用故事，何害爲佳句也！又如『峭帆橫渡官橋柳，疊鼓驚飛海岸鷗』，其不用故事，又豈不佳乎？蓋其雄文博學，筆力有餘，故無施而不可，非如前世號詩人者，區區於風雲草木之類，爲許洞所困者也。」

〔註48〕　日本京都大學靈長類研究所所長松澤哲郎及井上紗奈研究組在美國科學雜誌《現代生物學》上發表論文稱，該研究所的一隻 7 歲半的雄性黑猩猩擁有一種特殊的記憶能力，它能夠把看到的物體以圖像的形式進行瞬間記憶；它在確認此項能力的測驗之中擊敗了成年大學生。

同化與對外在世界結構的順應之間就存在著對抗。對抗的結果，往往造成舊平衡和舊結構的解體，並形成了一種新的平衡和新的結構。由此，內外合力的結果，即是共同造成了新的社會文化氛圍。

文學「作品就是一個有意義的結構」〔註 49〕。法國學者呂西安·戈德曼認為，這種「結構的形成，起源於這樣一個基本事實，即個體及其所組成的社會集團尋求一種統一一致的方式去處理他們與周圍環境發生的種種關係，即他們試圖通過他們的實踐行為在自身與環境之間建立起一種平衡」〔註 50〕。由於文學作品作為社會大結構的一部份，一方面要順應世界，即接受時代和讀者的解讀；另一方面現存精神結構與外在世界結構的之間存在著對抗，導致結構始終處在運動變化中，努力尋求新的平衡和新的結構。所以，相比於種族、地域差異，社會文化環境改變才是某一時代人群變化，進而導致文學社會生態發生變化的重要依據。這裡說的「環境」包括新的社會和新的文學讀者與作者。只有那些依靠新社會文化背景的文人出現，其積極對抗的結果造成舊的平衡和結構的解體，新的文學結構才會建立起來。相較於現代詩，顯然唐宋，乃至明清詩歌的整體結構變化是比較小的，原因在於與之對應的社會文化環境並未產生革命性的變化。

北宋中期印本流行，一方面精審的印本為抄寫、傳播提供了可靠的母本。另一方面，印本及其推動的抄本呈幾何倍增似的擴散，也為文學作品在社會中高頻率傳布提供了現實的可能。這種抄本、印本在宋代社會的流布，實則成為當時社會文化環境變化的重要動因。無論白體、晚唐，或是西崑體、太學體，同類型詩歌作品看得多了，審美疲勞間隔的時間和頻率顯然更甚於唐朝五代。一旦，這種由抄、印本傳播「司空見慣」、「見慣不怪」所帶來的厭倦感在社會階層中醞釀形成，社會對於詩歌變革的要求也就呼之欲出了。此時，處在新舊文學交替的歐陽修、梅堯臣、蘇舜欽適應了社會對文學變革的需求。面對舊的文學結構，司空見慣的他們既不滿意鄭都官詩歌的淺易，也不喜歡孟郊、賈島的逼仄窮苦。他們渴望呈現「意新語工，得前人所未道」，且「如食橄欖，真味久愈在」（《六一詩話》）的詩歌，尋求建立新的文學結構與

〔註49〕 〔法〕呂西安·戈德曼：《文學社會學方法論》，工人出版社 1989 年版，第 58 頁。按：與其稱文學作品是「有意義的結構」，不如稱其為「發展變化的結構」。原因是作品的開放性源於通過讀者閱讀，始終與變化中的社會有著密切的聯繫。

〔註50〕 朱立元：《當代西方文藝理論》，華東師範大學 2005 年版，第 189 頁。

平衡。畢竟，扭曲的平衡並不是健康的平衡，含蘊雋永的「平淡」才是最佳的選擇。

　　實際上，歐陽修等人並不排斥西崑詩歌的藝術技巧，譬如歐陽修既贊劉筠《新蟬》詩句「雖用故事，何害爲佳句也」；又贊楊億「峭帆橫渡官橋柳，疊鼓驚飛海岸鷗」詩句，「其不用故事，又豈不佳乎？」（《六一詩話》）。由此可見，就陌生化感受而言，歐陽修反而很享受西崑詩歌帶給自己的審美遲滯，以及詩韻在思緒中的綿延昇華。但是，機巧拙劣或過度炫技的創作，顯然都與詩歌的根本不侔。所以，從社會功能的角度，他又不得不反對西崑詩歌「脫離現實」的「怪誕奇澀和無病呻吟」，「主張詩歌的語言要平易，內容要充實」〔註 51〕。

　　鑒於宋初白體、晚唐、西崑詩歌的流弊，宋詩革新的方向既要努力擴展詩歌用詞的範圍和抒寫內容，又要防止出現怪誕奇澀，脫離社會教化的詩歌取向，還要篩選出符合那個社會時代的審美追求。於是，「平淡」這個很平常的詞匯，自然就被宋人賦予豐富的詩學審美涵義。

一、宋詩「平淡」的提出

　　從北宋中期始，對於詩歌創作評價，「平淡」通常是宋代朝野較爲認可的一個詞匯。賀鑄學詩，前輩贈其秘訣云：「平淡不流於淺俗，奇古不流於怪僻……」（《示兒編》卷 8）。梅堯臣也有「作詩無古今，唯造平淡難」（《梅堯臣集編年校注》卷 26）〔註 52〕之說。即便在西崑流行時，深究詩雅的眞宗皇帝，也以御筆勾選出樞密直學士劉綜〔註 53〕的「平淡」詩句，而對西崑體「碎裂雕篆」（《玉壺野史》卷 1）頗有微詞。我們發現，宋代與「平淡」同時出現的詩歌評價，還有「古淡」、「閒淡」這樣的概念。歐陽修稱梅堯臣詩歌「覃思精微，以深遠閒淡爲意」，又云「聖俞平生苦於吟詠，以閒遠古淡爲意，故其構思極艱」（《六一詩話》）。歐陽修稱「古淡」者，以時文爲參照，所謂「時學者務以言語

〔註 51〕　程千帆、吳新雷：《兩宋文學史》，上海古籍出版社 1991 年版，第 56 頁。
〔註 52〕　（元）陶宗儀：《説郛》（卷 15 下）記載，晁端仁「昔與杜挺之、梅聖俞同舟溯汴，見聖俞吟詩曰成一篇，眾莫能和，因密伺聖俞如何作詩。蓋寢食遊觀，未嘗不吟諷思索也。時時於坐上，忽引去。奮筆書一小紙，內笄袋中。同舟竊取而觀，皆詩句也，或半聯或一字。他日作詩有可用者，入之。云：『作詩無古今，惟造平淡難』。乃笄袋中所書也。」
〔註 53〕　劉綜又云「劉總」。詳見江少虞《事實類苑》卷 38《眞宗親選兩制館閣送劉總詩》。

聲偶摘裂」,「天子患時文之弊,下詔書諷勉學者以近古」(《六一詩話》)。可見,「古淡」的詩歌,其表面平淡無奇,並不刻意追求摘裂的聲偶,內容卻以「古道為任」、「託諷物象」、「警時鼓眾」(蘇舜欽《石曼卿詩集序》)。所謂「古道」、「警時鼓眾」,還是說要對社會有益的教化用途,並不僅僅將詩歌當成單純的審美形式看待。「閒淡」雖不如「古淡」那麼令人景仰,但是「閒」字卻透出儒家的另一種人生態度——即「獨善其身」的生活品味。這也反映出一種作詩的態度,即黃庭堅所謂「無意於文」,「無意而意已至」(《大雅堂記》)。如果說「古淡」代表了漢儒以來積極仕進的人生態度,「閒淡」就總有陶淵明、白居易的身影。而與「古淡」、「閒淡」相比較,「平淡」則是一個相對中性的詞匯,既不激進,亦不消極。從詞性而言,它更適合宋人在詩學上提出來。

客觀地說,「平淡」一詞由來已久。鍾嶸《詩品》(卷中)記載:「晉弘農太守郭璞。憲章潘岳,文體相輝,彪炳可玩。始變永嘉平淡之體,故稱中興第一。」南京大學博士王順娣談到這個問題,認為正是司空圖的《二十四詩品》「扭轉了『平淡』的貶義色彩」,而「司空圖的平淡觀直接開啟了宋代詩學的『平淡』理論」〔註54〕。然而,復旦陳尚君、汪湧豪的研究,卻考證出《二十四詩品》出自明人懷悅《詩家一指》,非司空圖所作。〔註55〕如果陳尚君等人的考證屬實,那麼宋詩的「平淡」追求或者才更具時代開創意味。對於宋詩平淡的重要性,韓經太認為,「在宏觀上,中國古典詩歌的平淡美,作為審美理想而確立於成熟的理論自覺中,應該說,是自宋代開始的。這意味著,雖然宋人詩觀遠非平淡之說所能盡,但平淡詩觀卻不能不處於宋人詩說之重心」〔註56〕。

根據史實記載,「平淡」一詞在宋代社會既針對詩歌,亦針對口味、性情、音韻、樂律等等。(宋)姚寬《姚氏殘語》記載「燕地有頻婆,味雖平淡,夜置枕邊,微有香氣」。(宋)王洙又有「性貴平淡」之語(《王氏談錄》)。《宋史》

〔註54〕 王順娣:《宋代詩學平淡理論研究・提要》,博士學位論文,南京大學,2006年,第1頁。

〔註55〕 陳尚君認為,「1994年提出《二十四詩品》偽書說,至今已經十多年。學者補充了許多新的證據,也提出了一些質疑,……從目前來看,《二十四詩品》的問世時間,還沒有突破十四世紀初(即西元1300年)的上限。」詳見陳尚君《〈二十四詩品〉偽書說再證——兼答祖保泉、張少康、王步高三教授之質疑》,《上海大學學報》2011年第6期,第84頁。

〔註56〕 韓經太:《論宋人平談詩觀的特殊指向與內蘊》,《學術月刊》1990年第7期,第52頁。

卷 129《樂志》記，崇寧四年鑄帝鼎八隻，因「聖上樂聞平淡之音，而特詔有司製爲宮架，施之於禁庭房中，用雅樂自今朝始。」又，南宋周密也說：「余客紫霞翁之門，翁知音妙天下，而琴尤精詣。自製曲數百解，皆平淡清越，灝然太古之遺音也」（《齊東野語》卷 18）。由此可見，宋代文人將口味、性情的「平淡」轉向定義詩歌、音韻的「平淡」，的確是一個對於文學藝術審美認識深化的進步過程。

最常見的情況，「平淡」只是讀者表達對於詩歌文字的感受。如宋代曾慥評價唐代張籍「樂府詞清麗深婉，五言亦平淡可愛」（《類說》卷 56）。從詩歌創作的角度，宋人當時所評「平淡」詩歌，無非淺易，仿白居易而得之。《宋史》（卷 444）、《賓退錄》（卷 6）稱張耒作詩，有「晚歲亦務平淡，效白居易體」之語。此後，宋人對「平淡」的看法悄然有了變化。（宋）趙與時《賓退錄》（卷 6）評徐師川，「晚年務造平淡，終不如少年精巧。蓋平淡不可爲，水落石出自見涯水矣。非積學之至，不能到也。」蘇軾也說：「陶詩，精能之至乃造平淡」，以爲「陶詩外枯而中腴，若淡而實美也」，又云「若中與邊皆枯淡，亦何用？」（《賓退錄》卷 6）。由此可見，隨著對詩歌認識的深化，宋人並不滿足追求白體詩那種表面平淡，內容咀嚼無味的詩，開始挖掘外簡內豐與「淡而無味」的區別。如《韻語陽秋》所言，「陶潛、謝朓詩皆平淡有思致，非後來詩人怵心劌目雕琢者所爲也。」所謂「怵心劌目雕琢者」，就是形式上模仿，缺乏活性內容支撐的詩歌作品。故「平淡」就有經過思考之後，又能呈現「自然天成」的意思。

經過對比，宋人發現，古代流傳下來的所謂「平淡」詩歌典型，就是內質豐富（有蘊藉）的詩歌。歐陽修曾以鄭谷、劉筠爲例，認爲詩人「雄文博學，筆力有餘」，可以淺易而爲佳句，故事有無亦不妨爲佳句。所以，詩歌關鍵不是典故、雕琢繁縟的問題，而是詩歌文字「完成了的內容」〔註 57〕經由讀者閱讀，是否呈現蘊藉效果。而宋人黃徹亦云，「凡作者，須飽材料。傳稱任昉用事過多，屬辭不得流便。余謂昉詩所以不能傾沈約者，乃才有限，非事多之過。坡集有全篇用事者，……《戲張子野買妾》，自『錦里先生自笑狂，身

〔註57〕馬克·肖萊爾認爲，「現代批評已經證明，只讀內容就根本不是談藝術，而是談經驗；只有當我們談完成了的內容，即形式，即作爲藝術品的藝術品時，我們才是作爲批評家在說話。內容即經驗與完成了的內容即藝術之間的差別，就在技巧。」詳見《作爲發現的技巧》，1948 年第 1 期《哈德遜評論》第 67 頁。

長九尺鬢眉蒼』，至『平生謬作安昌客，略遣彭宣到後堂』，句句用事，曷嘗不流便哉」(《碧溪詩話》卷 10)。這些都證明，用事多寡不是問題，問題是作者營構詩歌的才力如何。其實，西崑體中的典故所包藏的文化內涵，也是拓展審美空間的手段之一。只是某些典故過於陌生，影響讀者的閱讀和理解罷了。如德國學者狄爾泰所說：「如果生活表現完全是陌生的，闡釋就不可能。如果這類表現中沒有任何陌生的東西，闡釋就無必要。闡釋正在於這互相對立的兩個極端之間。哪裏有陌生的東西，哪裏就需要闡釋，以便通過理解的藝術將它把握。」按張隆溪的看法，狄爾泰所說的「生活表現」其實是指人們在生活中不斷留下的符號和痕跡。後人通過這些符號，可以跨越時空距離與前人建立起聯繫，通過闡釋認識到這個人，認識當時的生活。〔註 58〕因此，由於某些困難的形式（完成了的內容），無法喚起形象和生動，像李商隱、西崑體那樣艱澀的詩歌，往往令讀者更關注詩中典故和文字本身，耗時費力地解碼品味。當然，讀者即使閱讀這樣的詩歌，內心醞釀增加了審美的時間，其所獲得的詩歌審美趣味，要遠勝白體的簡易乏味。與散文類語言相比，詩歌的優勢是它擁有獨特的音韻和語言形式表現，其語言具有不可改易的獨特性。由於古人更願將詩歌看成傳道明理的載體，並不注重詩歌本身的價值，所以宋詩依然是游離於生動具體形式（肉體）的抽象精神。〔註 59〕然而，同樣是恢復讀者對於詩歌的感覺，宋人為何捨棄西崑，單單走向平淡？這恐怕還是與宋代文人的審美感覺直接相關。

（一）蘇舜欽、梅堯臣的革新嘗試

程千帆說：「蘇舜欽、石延年和梅堯臣是和歐陽修一道從事文學革新的朋友，蘇兼長詩文，石和梅則專力於詩。」〔註 60〕從《六一詩話》看，歐陽修的詩學觀點也多源於蘇舜欽、梅堯臣兩人。歐陽修讚賞梅、蘇的原因當然是因為詩歌的革新變化。而對於詩歌而言，蘇、梅的變革恰好代表了北宋中期追求陌生化、文學性的革新方向。正是歐、梅等人標準清楚、目標明確，宋代詩文改革才堅持了正確的方向，並且取得較為顯著的成績。

〔註58〕 〔德〕狄爾泰：《歷史理性批判草案》，第 1 部第 2 章附錄，「闡釋學」，見《全集》第 7 卷，萊比錫 1927 年版，第 225 頁。轉引自張隆溪：《二十世紀西方文論述評》，三聯書店 1986 年版，第 176 頁。

〔註59〕 張隆溪：《二十世紀西方文論述評》，三聯書店 1986 年版，第 48 頁。

〔註60〕 程千帆、吳新雷：《兩宋文學史》，上海古籍出版社 1991 年版，第 55 頁。

　　按劉克莊的說法，蘇舜欽、梅堯臣二人雖然「稍變以平淡豪俊」（《江西詩派小序》），然和之者並不多。根據歐陽修記載，蘇舜欽兄弟與穆修作古歌詩雜文，曾被時人嘲笑（《文忠集》卷41《蘇氏文集序》）。由此可知，蘇舜欽的「陌生化」革新是以詩歌語詞、格調的復古，恢復人們已經麻木了的詩歌感覺。與之不同，梅堯臣的革新則是經由多方位的嘗試與努力，最後選擇了陶淵明式的「平淡」。依據宋人筆記，這種選擇此後陸續得到了宋代文人，尤其是蘇軾的推崇與膜拜。

　　對於梅堯臣的詩學路徑，吳之振《宋詩鈔》引用歐陽修的見解，評曰：「聖俞少即以能詩名天下，求者踵至。其初，喜爲清麗，間肆平淡，久則涵演深遠。間亦琢剟，以出怪巧，然氣完力餘，蓋老以勁。」從這段評價，可以看出梅堯臣早年也學了晚唐的「清麗」、白體的「平淡」，其間又學了韓愈詩歌的「怪巧」。歐陽修評價梅詩，也有「古硬」之說，原因在於梅堯臣學韓詩，常用一些怪僻生澀的文字、暗昧陰鬱的色彩、帶有恐怖荒蠻的意象。其本意是要規避唐五代以來的圓熟無感的詩歌語言，但是總是不能達到韓詩雄張恣肆的力度。因爲「求怪」的陌生化並不能解決「美感愉悅」這一問題，陌生化的最終目標是重新獲得質感，並伴有審美化的效果。至於「久則涵演深遠」、「老而勁」的說法，證明他也是經歷多年，到晚年才呈現「深遠」、「老以勁」的審美境界，而「間亦琢剟，以出怪巧」，反而說明其詩歌「怪巧」只是偶有爲之。這種情況即如長期爲「快樂」麻木的讀者，總有「極樂」的期待。然而這樣的突破，除了少數天才偶有達到，多數詩人的踐行常常適得其反。

　　從《襄城對雪》、《田家》、《陶者》的，到《東溪》、《魯山山行》等詩歌，無論是針貶時事，還是平淡無奇的自然小景，梅堯臣雖有怪巧，但總體上還是詩風平淡，狀物鮮明，寄意深遠。劍丞夏先生認爲梅詩，「驟視若俚鄙之辭，而自深遠閒淡……狀難寫之景，含不盡之意」，故「宋詩人獨有一梅聖俞耳」〔註61〕。因此，宋人龔嘯評價梅堯臣是「去浮靡之習，超然於崑體極弊之際；存古淡之道，卓然於諸大家未起之先」（《宛陵先生集附錄》）。而錢鍾書評價梅堯臣，稱其反對意義空洞語言晦澀的詩體，「主張『平淡』，在當時有極高的聲望，起極大的影響」〔註62〕。

〔註61〕（宋）梅堯臣：《宛陵集》，臺灣新文豐出版公司1979年版，第4頁。
〔註62〕錢鍾書：《宋詩選注》，生活‧讀書‧新知三聯書店2007年版，第22頁。

（二）歐陽修、蘇軾等人對於「平淡」詩歌的重新發掘

宋人對於詩歌「平淡」的喜愛，始終與陶淵明聯繫在一起。只是這樣的隔代傳播，也造成陶淵明集本出了錯誤很難糾正。南宋曾季狸《艇齋詩話》記載：「淵明《讀山海經》詩：『形夭無千歲，猛志固常在。』其詩不可曉解」。據當今版本，此詩當是「刑天舞干戚，猛志固常在」，即魯迅所謂「金剛怒目」的詩句。曾季狸援引南宋曾紘參讀《山海經》的考據，認為應作「形天無干戚」，「蓋『形天』獸名也，形天以干戚為食，形天雖無干戚食，而其猛志常在」。周必大《二老堂詩話》記載：「宣和六年，臨溪曾紘謂靖節《讀山海經詩》，其一篇云：『形夭無千歲，猛志固常在。』疑上下文義不貫，遂按《山海經》有云：『刑天，獸名，口銜干戚而舞。』以此句為：『刑天舞干戚。』因筆劃相近，五字皆訛。岑穰晁詠之撫掌稱善。」〔註63〕我們將這些錯誤細加分析，原因有二：一是《陶淵明集》有多種抄本，這些抄本在唐宋兩代的傳播過程中出現錯漏。關於此事，《容齋四筆》（卷第2）另有記載曰：「因記曾紘所書陶淵明《讀山海經》詩云：『形天無千歲，猛志固常在。』疑上下文義若不貫，遂取《山海經》參校，則云：『刑天，獸名也，口中好銜干戚而舞。』乃知是『刑天舞干戚』，故與下句相應，五字皆訛。以語友人岑公休、晁以道，皆撫掌驚歎，亟取所藏本是正之」。由此，洪邁認為這是「抄傳文之誤」。這段記載，似佐證了南宋曾紘、岑公休、晁以道等人所藏《陶淵明詩集》都有可能是抄本。然而，這仍有第二種可能的情況，即南宋曾紘、曾季狸等人看到的《陶淵明集》，可能是未經國子監或學者整理校勘過的民間印本，而且曾紘和曾季狸看到的本子還不太一樣。曾紘看到「形夭舞千歲」，而曾季狸看到的卻是「形夭無千歲」。洪邁所謂「抄傳文之誤」，乃是唐代抄本的錯誤，導致宋代民間印本不加辨析勘誤，直接上板刷印所致。原因是在這段文字之前，洪邁記載的是「周益公以《蘇魏公集》付太平州鏤板，亦先為勘校。」洪邁以蘇頌《東山長老語錄序》中，有「『側定政宗』當是『廁足致泉』，正與下文相應，四字皆誤」，說明周必大在鏤板之前勘校抄本錯誤很有必要的。那麼，緊隨其後所記《讀山海經》一事，就極可能是說民間市場的印本舛誤，與此前抄寫傳播有密切關係。

〔註63〕周必大《跋邵康節手書陶詩》記載：「曾紘謂舊本《讀山海經》詩『形夭舞千歲』當作『刑天舞干戚』」。

　　根據宋代史籍、筆記，宋人較爲推崇陶淵明，而北宋時期官方、民間有多種陶淵明詩集雕版印行的事實，也充分證明抄寫錯誤極有可能引發印本錯誤。(清)陳鱣《簡莊隨筆》記載，北宋有刻本《陶淵明集》10卷，據說是東坡手寫刻本。《石林詩話》(卷上)載曰：

> 　　前輩詩材，亦或預爲儲蓄，然非所當用，未嘗強出。余嘗從趙德麟假陶淵明集本，蓋子瞻所閱者，時有改定字。末手題兩聯云：「人言盧杞有奸邪，我覺魏公眞嫵媚。」又：「槐花黃，舉子忙；促織鳴，懶婦驚。」不知偶書之耶，或將以爲用也？然子瞻詩後不見此語，則固無意於必用矣。

另外，(清)邵懿辰、邵章《增訂四庫簡明目錄標注》記載，清代黃丕烈有汲古閣收藏的北宋刊本《陶淵明集》8卷〔註64〕；而(清)錢謙益《絳雲樓題跋》(不分卷。中華書局1958年鉛印本)、(清)汪士鍾《藝芸書舍宋元書目五卷》(商務館1935《叢書集成》初編本)及近人鄭振鐸《劫中得書記》(不分卷。古典文學出版社鉛印本)又記有北宋刊本的《陶靖節集》10卷。正是由於北宋消費人群對陶詩有特殊的審美喜好，才有陶集在當時有多種印版的事實。當然，這也爲陶詩錯誤埋下了隱患。

　　蘇軾曾說：「吾於詩人無所甚好，獨好淵明之詩。淵明作詩不多，然其詩質而實綺，癯而實腴」(《東坡全集》卷31)。梅堯臣詩云：「中作淵明詩，平澹可擬倫」(《宛陵集》卷25)。曾紘評價說：「余嘗評陶公詩，語造平淡而寓意深遠，外若枯槁而中實敷腴，眞詩人之冠冕也」。朱熹亦云：「陶淵明詩，人皆說平淡。據某看他自豪放，但豪放得來不覺耳。其露出本相者，是《詠荊軻》一篇。平淡底人如何說得這樣言語出來。」(《朱子語錄》卷140)這些記載都說明，經歷了唐代社會的閒置冷落，陶詩在宋代得到了重新關注，而宋人關注的原因就是陶詩中有「異乎尋常的平淡」。這種「平淡」既不同於白居易，更有別於宋初白體的淺俗平易。緣何陶詩不重於唐人，反而重於宋人，尤其在北宋中期以後才得以推崇呢？這是個值得關注的現象。宋人推崇陶詩，究竟要學習陶詩什麼樣的「平淡」呢？

　　(宋)周紫芝《竹坡詩話》載：「士大夫學淵明作詩，往往故爲平淡之語，而不知淵明製作之妙，已在其中矣。如《讀山海經》云『亭亭明玕照，落落

〔註64〕　(清)邵懿辰、邵章：《增訂四庫簡明目錄標注》，上海古籍出版社1959年版，第637頁。

清瑤流』，豈無雕琢之功？」按張戒的說法，「陶淵明柳子厚詩，得東坡而後發明」（《歲寒堂詩話》卷上）。「東坡和陶詩，或謂其終不近，或以爲實過之」（《濠南詩話》卷2）。對於陶詩的妙處，蘇軾的說法是：

> 淵明詩初看若散緩，熟讀有奇句。如「日暮巾柴車，路暗光已夕。歸人望煙火，稚子候簷隙」。又曰「採菊東籬下，悠然見南山」。又「靄靄遠人村，依依墟裏煙。犬吠深巷中，雞鳴桑樹顛」。大率才高意遠，則所寓得其妙，造語精到之至，遂能如此。似大匠運斤，不見斧鑿之痕。不知者困疲精力，至死不之悟。（釋惠洪《冷齋夜話》卷1）

按蘇軾等人的說法，陶詩的好處包括內、外兩方面。內者，才高意遠。外者，造語精到之至，不見斧鑿之痕。就外在形式而言，陶詩好就好在其語言經過鍛造之後，以「平易」的面貌出現。結合對陶詩「質而實綺，癯而實腴」的評價，蘇軾欣賞陶詩的好處，在於它表面上是詩人用不經意的、素樸平易的語言，將眼前之景、心中之事吟詠而出，而內在的則是「綺麗豐腴，蘊含深意」。此種「平淡」詩句，非經由老道不可爲之。

宋代社會科舉日久，士人對於詩賦考試的推崇，作詩的技巧也日臻完善。然而，「文章取士鼓勵人們潛心於寫作技巧，而精通文學的學者對這些技巧極爲蔑視。對單純的寫作技巧感興趣，而不是把寫作當成與晉升無關的崇高事業，這樣的行爲被定義爲『俗』。對於宋代士大夫來說，『俗』指稱的對象不是平民，而是官僚階層中的知識分子，認爲他們在本質上屬於官僚而非學者。我們從宋代士大夫大量的關於陶潛的評價中可以發現，他們對文學技巧是不屑一顧的」。由此，美國漢學家艾朗諾認爲「陶潛從來不關注詩歌法則或規範，因此他被看作是一個偉大的詩人。宋代士大夫甚至將陶潛的偉大之處推到極致，……說陶潛根本不爲詩」〔註65〕。客觀上，陶潛生活在近體律詩成型的時期，談不到刻意詩歌法則和規範，但是宋代士人蔑視創作技巧的態度，其實是對「煽情刻意」、「庸俗低級」創作的否定。故蘇軾當年因李端叔作詩「用意太過」，以「暫借好詩消永夜，每逢佳處輒參禪」（《跋李端叔詩卷》）警示告誡之。

鑒於宋初白體和西崑體敗落的雙重教訓，中庸融合的宋人，推崇學習的多半是詩歌經過鍛鍊所呈現出來的「平易淡雅」之風。宋代文人追求「闊其

〔註65〕〔美〕艾朗諾：《美的焦慮：北宋士大夫的審美思想與追求》，上海古籍出版社 2013 年版，第 87 頁。

中」，並不「肆其外」（韓愈《進學解》）的文學表達效果。這種表面的「平淡」並不掩其內涵追求的「意猶未盡」，將唐宋詩歌對比，宋詩總體上「造」的成分過多，也即是宋人在「平淡」外表下追求豐富內涵的必然結果。故錢鍾書評曰：「唐詩多以豐神情韻擅長，宋詩多以筋骨思理見勝。」〔註66〕所謂「豐神情韻」當指唐詩非「平淡」外表，而多以名言警句顯著，而「筋骨思理」則是宋詩內有骨格筋肉並不是真的骨瘦嶙峋。

從時間和空間的雙軸衡量，好的詩歌不僅延長了讀者愉悅感受的時間，而且從空間上擴展了由詩歌文字引發的審美想像和深遠韻味，即詩歌鑒賞所謂的「言已盡，意猶未盡」。在實際詩歌品鑒中，宋人也總能從陶詩看似「平淡」的詩句中，品出「物我兩間」的韻味來。譬如陶潛「採菊東籬下，悠然見南山」。《蔡寬夫詩話》載：「『採菊東籬下，悠然見南山。』此其閒遠自得之意，直若超然邈出宇宙之外。俗本多以『見』為『望』字，若爾，則便有褰裳濡足之態矣。乃知一字之誤，害理有如此者。」《雞肋編》又記蘇東坡的品味，曰「陶淵明意不在詩，詩以寄其意耳。『採菊東籬下，悠然望南山』，則既採菊，又望山，意盡於此，無餘蘊矣，非淵明意也。『採菊東籬下，悠然見南山』，則本自採菊，無意望山，適舉首而見之，悠然忘情，趣閒而意遠。此未可於文字精粗間求之。」其實，所謂「見」與「望」的一字之別，在於「望南山」，給人以「朝拜、羨慕、企求」之意。而「見南山」則給「自在、平等、和諧」，「詩人」與「南山」都保全了「自顧自的生活態度」。莊子云「相濡與沫，不如相忘於江湖」，即是此種兩全境界。如此一去一來，品鑒陶詩的時間和審美感覺不僅延長了，其內涵也在讀者想像的空間上拓展出更多的可能性。

對於「平淡」而言，宋代讀者通常追求對於詩歌的主觀感受。由此，就折射出作品如何構造出平淡的問題。「平淡」一詞，更多是從讀詩者感受的角度，提出的一個概念。然後，宋人再返回詩歌（作品）本身，回溯詩歌呈現「平淡」特色的構成機制。這樣的回溯，本身就表明宋代詩學已經不再局限於「詩言志」、「文載道」等外部研究的樊籬，更多深入到詩歌本體內部，探究「平淡」詩歌的構成機理或原因。

雖然「平淡」有司空圖《二十四詩品》之說，但是由於質疑的存在，所以「平淡」作為詩歌風格的追求，直到北宋才初見端倪。歐陽修《梅直講聖

〔註66〕錢鍾書：《談藝錄》，中華書局1984年版，第2頁。

俞墓誌銘》稱「聖俞初喜爲清麗閒肆平淡，久則涵演深遠，間亦琢刻以出怪巧，然氣完力餘，益老以勁應於人者多，故辭非一體」（杜大《名臣碑傳琬琰之集》卷 34）。（宋）孫奕《示兒編》（卷 7）對於歐陽修的評價是「蓋有橫翔捷出，不減韓作，而平淡詳贍過之」（《祖述文意》）。這裡說的「平淡」無非語詞表面，詳贍則指內容充實，非貧弱。

關於「平淡」詩歌的創作機理，歐陽修根據他人或自己詩歌創作的體會，認爲詩歌「大抵欲造平淡，當自組麗中來。落其華芬，然後可造平淡之境。如此，則陶謝不足進矣。今之人多作拙易詩，而自以爲平淡，識者未嘗不絕倒也。梅聖俞和晏相詩云『因今適性情，稍欲到平淡，苦詞未圓熟，刺口劇菱芡言，到平淡處，甚難也。所以贈杜挺之詩有『作詩無古今，欲造平淡難』之句。李白云：清水出芙蓉，天然去雕飾。平淡到天然處，則善矣」（《說郛》卷 80）。歐陽修這番談話說的似是而非。其大致意思是，平淡往往從組麗中演變而來。如同一個人的成長，往往歷經繁華，才能甘於平淡。詩歌創作同樣如此，初學者總是繁文逞詞，儘量呈現詩歌技巧和華美辭章，以期引人注目。然而，多年歷練之後，方才明白詩歌內在透出來的韻味才是最重要的詩歌構成。歐陽修、梅堯臣等人認爲，這樣的詩歌幾乎不需要表面的技巧與修辭炫耀，反而呈現出「平淡」的樣貌。作爲讀者，識出平淡是容易的，但要窺出「平淡」的構成機理卻不那麼容易。如果不具備這樣的眼光，就很容易對梅、歐等人的詩歌，與某些不識技巧的新手作品，做出同樣的判斷。所以，詩學「平淡」的核心價值不在於外表，而在於內涵。

二、宋詩「平淡」的創作局限

事實上，當梅堯臣、歐陽修等人詩學「平淡」之後，他們很快就發現真正能做到外表「平淡」，內涵深遠，絕非等閒之輩。詩學「平淡」，潛藏著對詩人能力（包括學問、想像力、判斷力）的要求。黃庭堅閱盡梅聖俞平生詩句，終於悟出梅詩得意處，「其用字穩實，句法刻厲而有和氣，它人無此功也」（《跋雷太簡梅聖俞詩》）。梅詩「用字穩實」姑且不論，所謂「句法刻厲而有和氣」，實指作者詩歌創作深思熟慮，反覆掂量斟酌，其詩句創造雖然雕琢，結果卻是反覆鍛造後的「和氣妥帖」，而他人則無法達到這樣的水平或高度。

要創作出這樣的詩歌，歐陽修認爲詩人需要「雄文博學，筆力有餘」，方可以淺易而爲佳句。而黃魯直也說：「學詩工夫以多讀書貫穿自當造平淡，可

勤讀董賈劉向諸文字，學作論議文字。更取蘇明允文字，讀之。古文要氣質渾厚，勿太雕琢。」（王正德《餘師錄》卷 2）。所謂「欲造平淡難」，當這樣的詩歌追求僅限於少數天賦詩人，並不是所有詩歌都能達到這樣的審美境界，勢必引發某些學者的思慮。

　　儘管梅堯臣堪稱詩學「平淡」的干將，然而其平生文集中談到的詩學要點，卻很少具體談及如何做到「平淡」。其《續金針詩格》、《梅氏詩評》也不像是指導後學者如何創作詩歌，反而像是設定了詩歌創作的諸多「禁忌」。所謂「詩有三本」、「詩有四得」、「詩有三格」貌似教導作詩，但是初學者皆無法將這些抽象的方法落到實處。至於「詩有五忌」、「詩有七不得」則純粹是禁忌，似乎告訴讀者——「別這樣做，以避免發生什麼事情」。因此，客觀地看，梅堯臣只是書面總結出一些消極性的詩歌規則，並不是積極對詩歌創作提出切實可行的方法，其詩學要點僅停留在審美鑑賞品評層次。

梅堯臣《續金針詩格》《梅氏詩評》　　表 14

詩學要點		文　獻
詩有內外意	詩有深層和表面含義：明喻、暗喻之意。	《續金針詩格》
詩有三本	聲調則意婉；物象明則骨健；意圓則髓滿。	《續金針詩格》
詩有四格	十字句格；十四字句格；五字句格；拗背字格。	《續金針詩格》
詩有四得	句欲得健；字欲得清；意欲得圓；格欲得高。	《續金針詩格》
詩有四煉	鍊句；鍊字；煉意；？（少一煉）	《續金針詩格》
詩有五忌	格懦而詩不老；字俗則詩不清；才浮則詩不雅；理短則詩不深；意雜則詩不絕。	《續金針詩格》
詩有五理	美；刺；箴；規；誨。	《續金針詩格》
詩有三體	頌；雅；風。	《續金針詩格》
詩有三格	純而歸正，上格；淡而有味，中格；華而不浮，下格。	《續金針詩格》
詩有四得	喜而得之，其辭麗格；怒而得之，其辭憤格；哀而得之，其辭傷格；樂而得之，其辭逸格。	《續金針詩格》
詩有三般句	自然句；容易句；苦求句。	《續金針詩格》
詩有四字	疊韻字對；疊語字對；骨肉字對；借聲字對。	《續金針詩格》
詩有七不得	說見不得言見；說聞不得言聞；說遠不得言遠；說靜不得言靜；說苦不得言苦；說樂不得言樂；說恨不得言恨	《續金針詩格》
詩有八勢	毒龍勢；靈鳳合珠勢；猛虎出林勢；鯨吞巨海勢。	《梅氏詩評》
詩稟六義	言「風賦比興雅頌」之類。	《梅氏詩評》

（一）平淡：詩教內容之外的審美要求

英國學者伊格爾頓認為，某些人擺脫具體的、隨歷史而變的實用性創作，努力探究某種特殊的、神秘的美感，才是現代美學或藝術哲學在十八世紀興起的原因。對於中國古典詩歌而言，就是詩歌不再單純尋求詩教、美刺，而是作為「所謂『美』或『美感』這樣一種孤立出來的經驗」提出來。「如果文學已經不再具有任何顯而易見的作用」，那麼對於詩歌本身價值才會有了重新的認識。〔註 67〕換句話說，就宋代而言，如果詩歌更關注實用性功能，或者說只是在詩教的範圍內兜圈子，那麼宋代詩歌也沒有什麼變革的必要了。因為白體「平淡」的最大問題，恐怕還不是文字的淺俗，更要緊的是內容也淺俗。當宋人不滿足白體的淺易平淡之時，就已賦予詩歌符合心理審美特點的「蘊藉」追求。原因在於歐、梅等人所提倡的「平淡」既是保留平淡語詞，又是內涵韻味豐富的「平淡」。這種平淡詩歌是由內涵一定程度費解所造成的時間延展，受眾思考理解後最終可以收穫暢快、愉悅的審美感覺。如梅堯臣有「沙鳥看來沒，雲山愛後移」（《送蘇祠部通判於洪州詩》）、「江水幾經歲，鑒中無壯顏」（《和陳秘校》）詩句，其內涵蘊蓄需要一定時間消化、領悟。

邵雍《邵堯夫先生詩全集》、《重刊邵堯夫擊壤集》兩種詩集得以刊刻的事實，說明只要內容得到宋代平民社會的認可，文字淺易平淡是可以接受的。邵雍《懶起吟》：「半記不記夢覺後，似愁無愁情倦時。擁衾側臥未欲起，簾外落花撩亂飛」。事實上，名士歸隱除了「大中小」隱之外，還有宋代陳摶的「睡隱」。邵雍詩句雖然簡淡，但是內容並不淺俗。因為邵雍的特殊身份，反而呈現「淡泊自適」的人生況味。只是，這樣的詩歌顯然不能成為主流，北宋士人對於詩歌期待更多。除了實際社會功用之外，他們還有審美的需要。

歐陽修晚年結廬潁水，回憶過往，始撰《六一詩話》，對於唐宋詩歌的評價本有歸納總結之意。其中，歐陽修對唐末鄭谷詩的評價，稱「其詩極有意思，亦多佳句，但其格不甚高」。話語雖簡，意思卻值得深究。此後，蘇軾將鄭谷詩「江上晚來堪畫處，漁人披得一蓑歸」與柳宗元《江雪》詩比較，指出鄭谷詩歌的格調猶如村學先生，而柳宗元「詩格清超，勝鄭作遠矣」〔註 68〕。

〔註67〕　〔英〕特雷・伊格爾頓：《二十世紀西方文學理論》，伍曉明譯，北京大學出版社 2007 年版，第 19 頁。

〔註68〕　（宋）洪芻《洪駒父詩話》載：「《名言》作『詩格清超，勝鄭作遠矣』」。詳見郭紹虞：《宋詩話輯佚》下冊，中華書局 1980 年版，第 425 頁。

村學究與士大夫，審美品味差異可見一斑。顯然，歐陽修、蘇軾評鄭谷詩的「格不高」，思想與審美層次較低的含義，既有詩教的道德評價（社會功用），又包含有詩歌語言的審美評價。南宋張戒將杜甫《哀江頭》與白居易《長恨歌》對比，認為杜詩「昭陽殿裏第一人，同輦隨君侍君側」，卻「不待云『嬌侍夜』、『醉和春』」這類「兒女之語黷之」，做到了「其詞婉而雅，其意微而有禮，真可謂得詩人之旨者」（《歲寒堂詩話》卷上）。由此可見，張戒對於詩歌的評價，採用的也是詩教與審美的雙重標準。

　　除了「氣格」之外，歐陽修還看到前人詩歌創作上的弊病。其評晚唐周樸作詩「構思尤艱，每有所得，必極其雕琢」。雖然歐陽修看到《西崑集》出來，「唐賢諸詩集幾廢而不行」，但是也看到西崑詩「多用故事，至於語僻難曉」的問題所在。對於周樸、西崑派詩歌的評價，說明歐陽修並不贊成詩歌創作中「多用故事」、「語僻難曉」與「刻意雕琢」。相反，歐陽修認為梅堯臣與周樸一樣，雖然也有「苦於吟詠」、「構思極艱」的過程，但詩歌最終呈現在歐陽修眼前的卻是「文詞精新」、「深遠閒淡」的樣貌。同樣，黃庭堅也認為「雕琢功多」的詩歌並不是好詩。熟讀杜甫到夔州後的古體詩、律詩，黃庭堅總結出詩歌句法：「簡易而大巧出焉，平淡而山高水深，似欲不可企及。文章成就，更無斧鑿痕乃為佳作耳」（《與王觀復書三首》）。這與宋人吳可的看法非常符合。其《藏海詩話》載曰：「凡文章先華麗而後平淡，如四時之序，方春則華麗，夏則茂實，秋冬則收斂，若外枯中膏者是也，蓋華麗茂實已在其中矣」。對於宋代文人創作而言，年輕詩人騁詞鬥句，往往熱衷於華麗，只有到中年以後才逐漸轉向平淡。

　　從所謂「文詞精新」、「簡易而大巧出」、「深遠閒淡」、「閒遠古淡」，以及「意新語工，得前人所未道者」、「含不盡之意，見於詩外」的詩話評價，都說明詩歌優劣的關鍵是詩歌最後所呈現的樣貌，以及讀者閱讀所獲得的感受。至於「古硬，咀嚼苦難嗢。又如食橄欖，真味久愈在」的評價，更證明了歐陽修對於詩歌，在意的是自己的審美感受。

　　除了評價別人的詩歌，歐陽修亦熱衷評價自己的作品。據載，歐陽修對「春風疑不到天涯，二月山城未見花」（《戲答元珍》）兩句詩頗為得意，曾自豪地說：「若無下句，則上句何堪？既見下句，則上句頗工。」（《筆說》）。對於詩歌，歐陽修常有「窮而後工」、「工與不工」這樣的評價。所謂「工與不工」的說法，包含了歐陽修對於詩歌審美性的要求。這些詩話評價表面上只是以

閒聊方式講述了一些與唐宋詩歌相關的軼事，但是卻也展現了作者對於詩歌的審美態度。據統計，歐陽修這種「從個人的隨意的創作——晚年寫成且毫無明確動機——發展成宣告文學標準和風範的主要方式」的「詩話」，爲宋代那些喜愛審美鑒賞的士大夫提供了「一個載體來討論他們（士大夫）認爲有指導性又有意思的詩歌」。因此，詩話「從歐陽修的時代到整個南宋時期」，得到迅速的模仿和傳播。至宋王朝結束，這類詩話已約有 140 部，學者郭紹虞《宋詩話考》中載有現存與亡佚詩話的標題。〔註 69〕

關於審美態度，宋人除追求詩學「平淡」外，其實也有具體的探索與追求。詩歌探索，梅堯臣更多表現爲題材內容與語言文字上的懵懂獵奇、刻意扭曲，而忘了追求陌生奇崛同時，還需兼顧人們普遍的審美感受。因此，梅堯臣常將糞坑裏的蛆、人的嘔吐物等醜惡的事物寫入詩歌，引發詩歌末路的慨歎。《八月九日晨興如廁有鴉啄蛆》詩曰：「飛鳥先日出，誰知彼雌雄。豈無腐鼠食，來啄穢廁蟲。飽腹上高樹，跋觜噪西風。吉凶非予聞，臭惡在爾躬。物靈必自絜，可以推始終。」作爲詩歌探索值得肯定，儘管選詞不慎，令人噁心，然而有感覺總比無感覺要好些。只是作爲文學來說，它卻違背詩歌的審美品格，與「平淡有味」的宋詩追求相距甚遠。讀者之所以無法接受「蛆」、「糞便」這類語詞直接入詩，究其原因：

一是因爲這些俚俗語詞讓讀者極易聯想到與之對應的現實物，無法從感覺上切斷對於現實物的噁心感和厭惡感。

由於讀者無法切斷「蛆」、「糞便」、「腐鼠」等詞匯對應現實物的聯繫。看到或吟詠這些語詞時，讀者便會想到現實中的「蛆」、「糞便」、「死鼠」。對於此類詩歌，如果有所謂的「欣賞」，這樣扭曲的刺激也僅爲少數人所能品味。準確地說，以蛆入詩，非始於梅堯臣。晚唐鄭綮以詩題中書壁云：「側坡蛆崑崙，蟻子競來拖，一朝白雨下，無鈍無嘍囉。」借螞蟻爭搶一隻「如崑崙山般」的蛆蟲，卻被無情的大雨驅散的故事，意指個人縱有才智，也要看老天臉色（《北夢瑣言》卷 7）。鄭綮這首有寓言味的詩雖然比梅堯臣生動有趣，但讀者終究還是通過聯想、品味了「蛆」的感覺。

二是由於讀者的恒常性理解，通常都認爲詩歌應該是美雅的，其語詞應該是斟酌講究的。這樣突兀、違背常情、不恰當的陌生化或新奇化，讀者的

〔註 69〕〔美〕艾朗諾：《美的焦慮：北宋士大夫的審美思想與追求》，上海古籍出版社 2013 年版，第 61 頁。

閱讀態度不能接受。即如葛立方所言，「陳腐之語，固不必涉筆，然求去其陳腐不可得，而翻爲怪怪奇奇不可致詰之語以欺人，不獨欺人，而且自欺，誠學者之大病也」（《韻語陽秋》卷1）。

雖然詩歌讓讀者獲得對象的質感，然質感獲取往往會呈現出兩種情況：一是正面、向上、積極的享受或暢快的感覺；二是負面、向下的，心理厭惡不快的感覺，這就需要轉換成大眾能接受的內容，這樣的陌生化或文學性才能得到大多數讀者的共鳴。所以，質感反饋的結果，本身就包涵了美感的要求。如孟郊詩云：「天色寒青蒼，朔風吼枯桑。厚冰無斷文，短日有冷光。」所謂「朔風吼（吹打）枯桑」、「厚冰無斷文（斷裂之紋）」、「短日有冷光（日照時短，陽光故爲冷）」，詩人用語詞生動地描繪了對於冬天的感覺，但是這樣的陰冷抑鬱，卻不是大眾樂享的感覺。故這類「古而老」（《藏海詩話》）的文字，只有少數人才願意欣賞解會。

華裔學者張隆溪說：「詩之爲詩並不一定由語言特性決定，散文語句也可以入詩，而一首詩之所以爲詩，在於讀者把它當成詩來讀，即耶奈特所謂『閱讀態度』。換言之，語言的規整和獨特性還不足以概括全部詩的情況，讀者讀詩時自然會取一定態度，作出一定假設，這些程序化的期待才使人把詩當成詩，把詩的語言區別於日常實用的語言。」〔註70〕某些詩歌不能接受，那是因爲傳統的閱讀態度左右了我們的看法。伊格爾頓說：「爲文學下定義就變成了一個人們決定如何去閱讀的問題，而不是去判定所寫事物之本質的問題。」〔註71〕所以，只有改變或迎合讀者的閱讀態度，梅堯臣這樣的詩才有可能獲得普遍承認。

若想解決上述問題，首先要明確的是，對於題材開拓，類似「蛆」、「糞便」、「穢廁蟲」這樣的語詞是不適用於詩歌創作的。若要改變人們對於這些穢物的不良印象，重新獲得詩歌的美感，惟有改變這些語詞的表述，賦予其審美形式。譬如「蛆」可以用反切的方式，改爲「秋魚」。《宋景文公筆記》（卷上）記載，俚俗語言通常可以通過反切，改爲雅言。譬如「謂『就』爲『鯽溜』，凡人不慧者即曰『不鯽溜』。謂『團』曰『突巒』；謂『精』曰『鯽令』；謂『孔』曰『窟籠』，不可勝舉。而唐盧仝詩云：『不鯽溜鈍漢。』國朝林逋詩云『團

〔註70〕 張隆溪：《二十世紀西方文論述評》，三聯書店1986年版，第118，119頁。
〔註71〕 〔英〕特雷・伊格爾頓：《二十世紀西方文學理論》，北京大學出版社2007年版，第8頁。

孌空繞百千回』，是不曉俚人反語。遑雖變『突』爲『團』，亦其謬也。」按
照上述方法，梅堯臣的這首詩歌，可以用反切法改造語詞，以一種陌生化形
式寫入詩歌。「蛆」太噁心，可改爲「秋魚」，「烏鴉」不雅，可用別名「鳳
黯」。詩歌相應改爲：「青鳳黯日出，莫辨彼雄雌。鵷鶵飛北海，鴟嚇鼠腐
食。〔註72〕竟然啄秋魚，跋觜西風噪。醴泉渴難飲，梧桐未肯棲。物靈必高
潔，原委推可知。」如此改造，詩歌基本擺脫了「噁心」、「不雅」的閱讀感
受。

　　對於傳統詩歌，另一種美的形式賦予，就是巧妙借用方言、俚語，意外
獲取類似「陌生化」的美雅效果。大曆三年，杜甫到湖北天門，有詩曰：「長
年三老長歌裏，白晝攤錢高浪中」。人皆莫解「三老」、「攤錢」何意。直至陸
游入蜀過天門，「見舟人焚香祈神，云，告紅頭須小使長年三老，莫令錯呼錯
喚。問何謂長年三老，云梢工是也。」，又「問何謂攤錢，云：博也。」所謂
「博」，賭博是也。顯然，若杜詩寫「梢工長歌裏，白晝賭博高浪中」（《入蜀記》
卷3）〔註73〕。如此缺的不僅是字數長短，更缺美韻聯想。因爲不解「攤錢」、
「三老」的涵義，導致「能指」漂浮難定，其結果反而給讀者留下了意味深
長的想像空間。實際上，除了官話之外，詩人以方言作詩也是創作常態。如
王安石「窗明兩不借」詩句，楚人以「草履」爲「不借」（《碧溪詩話》卷 10），
實際是「窗明兩草履」。

　　由此，只要暫時脫離詩教的束縛，打定審美的主意，凡與現實物產生距
離、間接的效果，便有時空上的距離感。這種距離既是歷史、地理的，又有
文化的距離，也包括讀者與作者之間的理解差距。其間造成的理解困惑，以
及詩歌意味陡然增加的神秘，都有可能引發讀者的美好想像。神秘總能散發
出一種極具誘惑的魅力，至少也有好奇的吸引力。這樣的力量，導致我們對
於未知事物，始終保持「畏」的態度。這是一種既好奇，又有些害怕，又特

〔註72〕《莊子・秋水》載：惠子相梁，莊子往見之。或謂惠子曰：「莊子來，欲代子之
　　　　相，」於是惠子恐，搜於國中，三日三夜。莊子往見之，曰：「南方有鳥，其
　　　　名爲鵷鶵，子知之乎？夫鵷鶵，發於南海而飛於北海：非梧桐不止，非練實不食，
　　　　非醴泉不飲。於是鴟得腐鼠，鵷鶵過之，仰而視之曰：『嚇』！今子欲以子之梁
　　　　國而嚇我邪？」
〔註73〕（宋）曾季貍：《艇齋詩話》載：「老杜：『白晝攤錢高浪中。』攤錢，今攤賭
　　　　也，見《後漢梁冀傳》」。詳見丁福保：《歷代詩話續編》上冊，中華書局 1983
　　　　年，第 300 頁。

別想嘗試的態度。〔註74〕沈括《夢溪筆記》（卷16）記載，「士人劉克博觀異書。杜甫詩有『家家養烏鬼，頓頓食黃魚』，世之說者，皆謂夔、峽間至今有鬼戶，乃夷人也。其主謂之鬼主，然不聞有烏鬼之說。又鬼戶者，夷人所稱，又非人家所養。克乃按《夔州圖經》，稱峽中謂鸕鶿爲烏鬼。蜀人臨水居者，皆養鸕鶿，繩繫其頸，使之捕魚，得魚則倒提出之，至今如此。予在蜀中，見人家養鸕鶿使捕魚，信然，但不知謂之烏鬼耳。」可以想見，在未知「烏鬼」爲何物時，漂浮的「能指」造成理解上的時空距離，導致讀者有無限的審美遐想。譬如「烏鬼」可想像是某種雞、鴨等飛禽，也可以是走獸，貓、狗之類，還可以是某種水中豢養的神秘之物，隱約有貌，難定其形。有學問依據的，則以「烏鬼」，「爲巴俗所事神名也」，或「楚峽之間事鳥爲神，故謂之「神鴉」（《詩辭事略》），或謂此乃臨江的，頓頓食黃魚的「烏蠻鬼」（《冷齋夜話》），又或曰「烏鬼謂豬也，巴峽人家多事鬼，家養一豬，非祭鬼不用，故於群豬中特呼『烏鬼』以別之也」。宋人蔡夢弼不贊成烏鬼是「鸕鶿」的解釋，認爲「峽中黃魚極大者至數百斤，小者亦數十斤」，「然是魚豈鸕鶿之所能捕哉？」〔註75〕。於是，讀者在多重想像過程中，由阻滯帶來的審美愉悅才得以實現。一旦，知道「烏鬼」所指僅是鸕鶿，並沒有隱藏其他意思，審美好奇的感覺便消失了。同樣是《夢溪筆談》（卷14）中，沈括談到歐陽修喜歡林逋詩「草泥行郭索，雲木叫鉤輈」，「歐公以爲語新而屬對親切」。其實，「『鉤輈』，鷓鴣聲也。李群玉詩云：『方穿詰曲崎嶇路，又聽鉤輈格磔聲。』『郭索』，蟹行貌也。揚雄《太玄》曰：『蟹之郭索，用心躁也。』」。歐陽修認爲，林逋僅憑鷓鴣叫聲和螃蟹行走的象聲描繪，便使詩句獲得意想不到的審美趣味。然而，這樣的趣味，始終無法達到「所指」複雜多義的審美韻味，至多就是對

〔註74〕 克爾凱廓爾認爲「畏」是一種複雜的精神狀態。畏不等於怕，怕總有一個怕的對象，例如怕死、怕病、怕鬼。畏則不同，畏沒有一個明確的對象。他對「畏」的定義是：「畏是對所怕之物的欲求，是一種有好感的反感。」這個定義邏輯似乎不通，但又無比正確。這就如同一個孩子看見一條蛇，既想逗弄它，又怕被它咬，就是對所怕之物的欲求，是一種有好感的反感。詳見張汝倫：《現代西方哲學十五講》，北京大學出版社2003年版，第40頁。

〔註75〕 《杜工部草堂詩話》（卷2）載：「元微之有詩云：『病賽烏稱鬼，巫占瓦代龜。』夢弼謂當以此《事略》之言爲是也。」；《苕溪詩話》（卷8）載：「元微之詩云：『病賽烏稱鬼，巫占瓦代龜。』自注云：『南人染病，競賽烏鬼。楚巫列肆，悉賣瓦卜。』此乃戲效俳體二首。其二亦云：『瓦卜傳神語。』皆是處方言。則烏鬼非鸕鶿明矣。」

聲音的猜測，遠不若鄭谷《鷓鴣》詩云：「雨昏青草湖邊過，花落黃陵廟裏啼」，雖「不用鉤輈格磔等字，而鷓鴣之意自見」（《對床夜語》卷5）。

　　林逋以象聲詞入詩，杜甫以方言名物入詩，在客觀上都有陌生化的作用。只是這樣的陌生化由於讀者完全不能確定「意指」的對象物，也無法體會到語詞與對象之間的「貼切」，不確定的「所指」導致其「能指」始終處於漂浮狀態，直至從別的渠道得到合理的解釋。這也說明，林逋、杜甫雖然用「陌生化」實現了能指的漂浮與懸疑，但是這樣的「陌生化」與讀者之間存在著時空、社會、歷史距離，導致這樣的能指與對象物之間也沒有實現形象上的貼合，只是餘下 $S_{(1)}$、$S_{(2)}$……等一連串的猜測與想像。以「形象生動」的對象物取代單一的文辭，使得單一融入了複雜的客體，迷惑的讀者可以從對象物讀出符合自己需求的意象所指。對象物的「生動形象」是挑動讀者感覺的動力，而真正構成內蘊既有作者的賦予，又有賴於讀者敏感的神經與豐富的聯想。譬如黃庭堅「風鳴娲皇五十弦，洗耳不用菩薩泉」（《武昌松風閣》）詩句。詩中「菩薩」二字令人浮想聯翩，禪意綿延。只有詩人自己明白，這裡實指武昌西山寺的一眼泉水。「菩薩」二字實不能確切知道詩人是否韻含有深意，或僅是讀者一廂情願地讀出了禪意。吳中梅雨過後，暑月有東南風逾越，吳人稱之為「舶趠風」。然而外地讀者閱讀蘇軾「三旬已過黃梅雨，萬里初來舶趠風」（《庚溪詩話》卷下），就會對「黃梅雨」、「舶趠風」賦以主觀的想像與解釋。

　　總結宋人的詩學追求，除了倫理教化，審美傾向也是不可迴避的話題。無論是借助方言、形聲詞匯，或是「反切」改變詞語低俗表現，宋人都在有意無意間，部份實現了詩歌審美的功能。在這些「不自覺」的審美呈現中，一個重要的原則就是適度拉開對象與讀者生活的距離，使之轉化為理解遲滯後的愉悅。我們通常所說的「朦朧」，也是為了拉開與對象的距離。這類審美，初始是「似懂非懂，似是而非」的感覺，繼而恍然大悟的愉悅。像「君子好遁，彌勒同龕」這樣的對句，貼在寺廟禪房門邊，人們稍一思索，便可明白此聯的意思是──寺廟禪房既是君子的好歸宿，又可與彌勒佛常居一處。蘇軾明白此意，故有詩云：「病來彌勒與同龕」（《艇齋詩話》）。在這樣的審美過程中，詩句的涵義由不確定逐漸轉嚮明晰，往往能引發讀者多義的聯想。因此，視覺的朦朧與語詞涵義模糊，都造成了對象與主體的適度距離，成功延長了感覺停留在對象上的時間。這與中國傳統美學中的「曲徑通幽」形成的「移

步換景」，在客觀效果上是一致的。至於審美的獲得，則取決於主體是否獲得正面、積極、愉悅的感受。所謂「曲徑通幽」，乃是刻意延長了感覺在對象停留的時間，而「移步換景」形成的景物變化，則避免了感覺長時間停留所造成的枯燥乏味，使主體保住已有的感覺或趣味。其類比形式如下：**矇矓**（視覺）=**模糊**（涵義）=**距離**（心理）→→**延長感覺時間**→→**審美感受**。

作為詩歌的「能指」與「所指」，若「烏鬼」（N_1）與「鸕鷀」或「烏豬」（S_1）、「鈎輈」（N_2）與「鷓鴣聲」（S_2）直接就能對應上，如明代唐寅詩云：「一上一上又一上，一上上到高山上」，「能指」沒有片刻的迷離或漂浮，也就等於省略了理解的阻滯。若沒有「舉頭紅日白雲低，四海五湖皆一望」的含蘊補救，這樣直白的詩歌，品讀起來毫無疑問也就沒了審美感覺。這如同滿懷審美期待的獵奇者進入了司空見慣、大媽聚集的廣場舞公園，最終只給人「不足為奇」的失望感受。因此，宋人理想的詩歌，語詞構成仍然容易閱讀，且具有自然流暢、不事雕琢的風貌。然而從審美過程上，詩歌應該通過有層次的、曲折的理解品味，達到延長審美感覺的效果。詩歌語詞組合除直接涵義之外，讀者還可以聯想到更多的蘊含（S_x），應該呈現出複雜多義的狀態，進而「在想像中滿足自己對於更充實的生活的渴望」〔註76〕。譬如「南山南，北秋悲，南山有谷堆。南風喃，北海北，北海有墓碑」這樣的歌詞，其「能指」並不容易確定自己的意指，但同時它們也沒有完全的、盲無目的地飄散。從它們中的某些部份，我們還是能夠找到「所指」的去向。詩歌這類複雜多義的「曖昧」，即如同偶像對於崇拜者模棱兩可的表達，其實也為讀者一廂情願的想像提供了可能。因此，「能指」還具有浸染、漫患的特性，給人以「墨分五色」的丹青美意。

通常，人腦總會將自己所看到的諸多事物聯繫起來，並為這些聯繫尋找意義。無論生理，還是生理，我們所有的愉悅感覺都是由大腦傳導出來的，所以「審美」可簡單理解為一種慰藉大腦的活動。人腦據看到的各種元素構建畫面，並尋找意義，而意義、畫面則緣於學問與生活經驗。這種經驗讓大腦具僅將諸多圖像聯繫的能力，可稱之為「思想流」。據研究證實，動物初步具備了將圖像聯繫起來的能力，譬如馬的大腦可以記住 30 幅圖像，只是它們無法賦以人類的那種意義。由日本猩猩識別圖像的實驗證明，猩猩具備將圖

〔註76〕〔英〕特雷·伊格爾頓：《二十世紀西方文學理論》，北京大學出版社 2007 年版，第 26 頁。

像抽像成概念性圖像（意識中存在的圖像）的能力，這是猩猩與人類進一步認識判斷新圖像的基礎。這種「思想流」就是胡塞爾所說的，將「具體的花」本質還原，抽象成認知意識的概念「花」的能力——即將現實中見到的對象經由本質還原後，再將客體還原爲純粹先驗意識的構造體。〔註77〕這也與英國學者貢布里希所謂構建在心理意向基礎上，具有「恒常性」的圖式（或圖形化）類似。〔註78〕因爲「能發現我們所謂的所見，其色彩和形狀毫無例外都來自我們對所見之物的知識和信念。」〔註79〕而人類與猩猩都是依據這樣調諧好的，程序化的「恒常圖式」去接納並解釋新攝取的圖像。當然，對於人類而言，「思想流」的功能之一還包括將畫面轉述成語言的能力。因爲作爲交流而言，語言轉述最經濟，也最有效率。或者，「北海有墓碑」令聽者想像到蘇武在北海持節牧羊，或者宋代徽、欽二帝葬身金國的情景，或者影射一段已然結束的感情。「南山有谷堆」則讓人彷彿看到金色的收穫，聯想到少年時的南山，媽媽在高高穀堆上講故事。顯然，人們在尋找意義的過程中，往往會自覺不自覺地加入自己臆想的成分，於是被找到的意義很容易成爲一種審美的欺騙。正如伊格爾頓所說：「經驗在其文學形式中還是一種想像性的自我滿足。」〔註80〕這種情形很像哼唱一首歌曲，歌詞與旋律含糊導致兩種結果：其一，它們可以代表某種自由的表達；其二，如果完全沒有確定的所指，徹底神秘的歌唱很容易喪失意義。實際上，審美與情感一樣，都是某種有「質感」的、似乎可以觸碰的幻象。幻象通常以一種超越現實的藝術邏輯構成，在不同情境中幻化出人生的意趣。這種審美幻象由現實而來，經由創作主體幻化成形，然而當它再次回到現實印證時，夢想的肥皂泡就破滅了。事實上，理想或夢想都是對於未來的審美期待。這種期待也揉雜著功利的企圖，客觀地說是一種複合型的期待，也是符合人性的複合期待。每個人不管文化程度如何，不可否認的是，他都會在功利之外，擁有主觀美化後的期待。

總體上看，相比於語詞組合形式的變革，「平淡」更近似於一種詩學風格的自覺要求。因爲詩歌「平淡」的要求，無論是理論還是實踐上都較難呈現。

〔註77〕 朱立元：《當代西方文藝理論》，華東師範大學出版社 2005 年版，第 126 頁。
〔註78〕 〔英〕E.H.貢布里希：《藝術與錯覺：圖畫再現的心理學研究》，楊成凱、李本正、范景中譯，廣西美術出版社 2012 年版，第 52 頁。
〔註79〕 〔英〕E.H.貢布里希：《藝術的故事》，范景中譯，廣西美術出版社 2016 年版，第 562 頁。
〔註80〕 朱立元：《當代西方文藝理論》，華東師範大學出版社 2005 年版，第 25 頁。

所謂「看似尋常最奇崛，成如容易卻艱辛」。按梅堯臣等人對於「平淡」的敘述，表面「平淡」的詩歌其實要深蘊內涵。詩歌言語的「平淡」，無法通過「能指」與「所指」的對應關係來說明。因為仔細分析詩學「平淡」，其要求無非是語詞「意指」不能如字面上可以淺易、直接地理解，而要漂浮之後達到其深層的意思。而言語如「西崑」那般雕琢，同樣也是「能指」處於漂浮的狀態。「平淡」的漂浮與「雕琢」的漂浮並無特別的不同。兩種漂浮證明這樣的審美自覺，除了「平淡」外貌，「韻味」的內涵之外，尚須掌握更多足以達到目的，切實可行的方法與手段。

（二）「詩學平淡」的創作局限

經歷過宋初「白體、西崑、晚唐」的詩風演變，宋代文人逐漸認識到詩歌重要的不是典故、雕琢的問題，而是詩歌「完成了的內容」，經由讀者閱讀是否產生心理蘊藉的效果。從歐陽修等人的詩話中，我們也可以看到宋人對於詩歌最終審美效果的重視。

事實上，歐陽修、梅堯臣「意新語工」的抽象品評，很難給初學者提供有益的幫助。儘管「平淡」詩歌含「不盡之意」，呈現出「閒淡」的審美境界，令人神往。然而，若要進行詩歌創作，這種品評遠不如黃庭堅所謂「小水變大湖、大海，需要結識更多的師友」〔註81〕更具實際指導意義。如黃庭堅評論王觀復，「所送新詩，皆興寄高遠；但語生硬不諧律呂，或語氣不逮初造意時。此病亦只是讀書未精博耳。長袖善舞，多錢善賈，不虛語也」。所謂「長袖善舞，多錢善賈」，映射惟有讀書精博，才能寫出好詩。兩則見解與歐、梅的詩話對比，顯然「苦於吟詠」、「構思極艱」，以及「含不盡之意」、「閒淡深遠」，

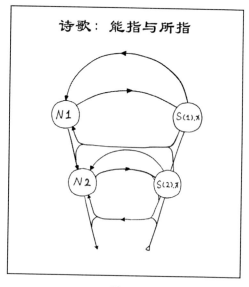

圖 26

〔註81〕　（宋）黃庭堅《答何靜翁書》載：「今足下之學，誠汶山有源之水也。大川三百，足下其求之師；小川三千，足下其求之友；方將觀足下之水波，能偏與諸生為德也。」

都不及黃庭堅所說「博學廣聞」對於學詩者更爲有用。對於初學者寫詩，黃庭堅的批評指教往往具體可行。由此可見，歐陽修的「工與不工」，只是品評者根據自己對於詩歌內容和技巧的結合，所得出的審美感覺。而梅堯臣倡導「平淡」，除了審美品評，從鑒賞角度列出詩歌禁忌之外，對於作詩者如何創作出「平淡」詩歌，缺少具體可行的創作指導。

事實上，黃庭堅雖然宗尙杜甫、韓愈，但是未刻意學韓詩中的奇語險韻，其江西詩法仍繼續了「平淡」詩歌的精髓，即詩意、詩句雖是前人用過的，讀者也常見，但是卻能於「平淡」中化出韻味與神奇。因此，對於宋詩變革，陳師道《後山談叢》評價說：「歐陽公詩猶有國初唐人風氣，公能變國朝文格，而不能變詩格。及荊公、蘇、黃輩出，然後詩格極於高古。」（《說郛》卷 22 上）言下之意，歐陽修只是變了古文，並不是宋詩變革的主力，而王安石、蘇軾、黃庭堅才是改變宋詩的關鍵人物。

談及陶詩「平淡」，黃庭堅的意見值得重視。其友人王觀復「作詩有古人態度，雖氣格已超俗，但未能從容中玉佩之音」，直接原因是王觀復寫詩過於遵循準繩、規矩。間接原因則懷疑友人「讀書未破萬卷，觀古人之文章未能盡得其規摹及所總覽籠絡，但知玩其山龍黼黻成章」（《跋書柳子厚詩》）。黃庭堅的看法是，王觀復作詩只是從細節上知道玩味繪有「山龍」圖案衮服上的「黼黻」（禮服上青色、黑色斧形花紋），而不能從總體上學習寫作的法度和精髓。爲此，黃庭堅以唐人爲例，認爲白居易雖然自稱學陶淵明作詩數十篇，但是終不能得「平淡」精髓，而柳宗元學陶淵明作詩，卻更近似陶詩。結合黃庭堅教導子弟之語，所謂「古之能爲文章者，眞能陶冶萬物，雖取古人之陳言入於翰墨，如靈丹一粒，點鐵成金也」（《答洪駒父書二首》）。其言下之意，柳宗元讀書多，能陶冶萬物，並從總體上把握住了陶詩的精髓。以這樣的詩法教導晚輩往往更有成效，而僅從字句上規摹教導，學詩者卻容易沉溺字句，不能自拔。最終導致詩歌失去「閒淡深遠」、「含不盡之意於詩外」的可能性。

從現存宋代詩話，我們看到宋人對於詩學的貢獻通常不在題材、內容等足以顚覆的大處，卻在詩句、韻律等具體細小處。諸如「詩句」構成，劉攽說：「人多取佳句爲句圖，特小巧美麗可喜，皆指詠風景，影似百物者爾」（《中山詩話》），意指詩中的佳句，多是令讀者形成圖像，「如現眼前」的詩句，風景、百物呈現都是如此。如此看來，歐陽修所謂「工與不工」，其實既有工整、雅致的審美要求，又有惟妙惟肖的形象要求，當然也帶有道德倫理的尺

度。韓愈《詠雪贈張籍》詩曰：「隨車翻縞帶，逐馬散銀盃」，未著一「雪」字，卻也說的是「雪」。只是歐陽修仍覺不工，認爲不如詩中「坳中初蓋底，凸處逐成堆」兩句。從審美視角看，「隨車」兩句自然以「縞帶」、「銀盃」給人雅貴之感。從形象上分析，用「車子行進中，攪起如縞帶的雪」來形容大雪尚可說得通，但這應是大雪初下之時，路上沒有別的車子走過。否則，車輪帶起的雪就不是縞帶的顏色了。用「逐馬散銀盃」來形容馬蹄子踩過雪地，隨馬蹄帶起來的殘雪如同銀盃散開，就不切合實際了。因爲那樣的「馬蹄雪」並不像銀盃，倒像撒麵粉或塊狀麵粉。反而，大雪初降，山中平地才被雪花蓋住，平地凸起之處卻給人雪堆起來的感覺，這才符合人們在雪天裏行走所看到的景象感覺。詩句的形象性、生動性的要求，其最終實現還要讀者獲得的「曲折」、「委婉」的感受，以及符合人們心理接受的視覺愉悅感，或出人意料、恍然大悟、「拍案叫絕」的審美效果。〔註 82〕譬如，一隻豬對另一隻豬說：「我媽媽說我最勇敢了，因爲我不怕長胖」。「委婉」一詞看似簡單，實則涵蓋審美在時空的延伸努力和追求。時間上，委婉的詩歌需延長審美的過程和長度。至於空間，委婉詩歌需要以多種方式達到空間上的延展，或者以語詞意象涵義的複雜多義，甚至是歧義實現時空上的延展。這是另一種「移步換景」（審美變化）與「曲徑通幽」（延長審美時間）。最終成功留住人們的感覺，生成正面舒暢、爽快的感覺昇華。譬如，如今網絡流行「漲姿勢」一詞，其實「漲知識」的歧字歧義，通過錯位地使用，導致其單一的「增漲知識」涵義之外，又生發出一層「姿勢豐富」的涵義。至於其他詩句「炫目的黑暗」、「陽光搖曳」、「黎明踟躕」〔註 83〕等，則是通過看似錯位的搭配，連綴起豐富的涵義與想像。由此，審美的複雜多義就因爲這樣的歧字錯用而誕生了。

　　除此以外，「詩歌委婉」或者還可用文化內涵實現這一目的。若是針對詩歌的內涵屬於單一主題，則偏向於耗時欣賞的時間長度；若是豐富的文化主題，就又會出現複雜多義，甚或歧義的審美效果。「含蓄」一詞則呈現出與「委婉」截然不同的審美追求，即在「平淡」、「不張揚「的外表下，包裹住「委

〔註 82〕英美新批評派維姆薩特認爲，隱喻得以存在的基礎是喻旨與喻體之間的相異性。隱喻兩極距離越遠，就越有力量。如「狗像野獸般吼叫」這個比喻相距太近，缺乏力量。而「人像野獸般吼叫」和「大海像野獸般吼叫」這就生動有力得多。

〔註 83〕美國詩人瑪麗・M・布朗《早春晨歌》中的詩句。

婉」所蘊含的一切。其實，陶淵明式的「詩學平淡」追求，就是達到「委婉」與「含蓄」的辯證統一。

類似歐陽修這樣的詩歌審美品評令人拍案，對於成熟詩人甚爲有益，但是對初學者並沒有明顯的幫助。梅堯臣、歐陽修對區別於白體「平淡」的新詩創作，由於僅停留在審美效果的品評層面，其「詩學平淡」的追求也難以具體實施。《續金針詩格》對於詩歌創作的諸多評價，以及「詩有八勢」、「詩稟六義」等總結，對於學詩者僅是在意識理念上停留，給人以「有道理」的感覺，而非操作層面上的具體幫助。按錢鍾書的說法，即便是梅堯臣寫詩，同樣也是「『平』得常常沒有勁，『淡』得往往沒有味」〔註84〕。

我們歷數宋代的「平淡」詩歌，真能達到「平淡有蘊」標準的畢竟少數，即便是歐陽修、梅堯臣、蘇軾等人，也是如此。於是，「平淡」理念的確立，最重要的是它使宋人明確了自己的文學發展方向，既然唐詩幾乎無法超越，那麼宋詩就不必一味尋求韓愈式的奇崛突破，而應該在眾人常見的「平淡」詩意或詩句中顯出詩人的巧思與妙悟。「作爲一種由特殊的人文背景和主體意識所決定的詩學理想，其獨特的價值和深遠的影響，卻是無論如何也不能忽略和低估的」〔註85〕。如此一來，恰如「西崑體」僅適合臺閣人士創作一樣，詩學「平淡」並不能普惠宋代廣大士人學習作詩。這也預示著，對於一般的文人，科舉與社會的雙重需求，指示「平淡」詩歌順理成章地走向更易模仿操作的「江西派詩歌」。歐、梅等人推崇的「詩學平淡」轉向「江西詩法」，表明詩學理想終究要與創作實踐相結合。

總結而言，相比於梅堯臣，黃庭堅的詩學主張更爲切中肯綮。因爲他看出作詩的關鍵在於人生閱歷與讀書體會，詩歌創作最終才能抵達所謂的「出己意」、「自造語」。由此，《說郛》（卷83上）評價：「歐陽公學韓退之古詩，梅聖俞學唐人平淡處。至東坡、山谷，始自出己意以爲詩，唐人之風變矣。山谷用工尤爲深刻，其後法席盛行海內，稱爲江西宗派」（《滄浪詩話》）。從規摹唐人到「出己意」的自我創作，黃庭堅所代表的江西派詩學堪稱宋代詩學的最大貢獻。隨著江西派詩歌創作方法的大眾普及，儘管作詩者水平高低不一，然而這些人或借鑒創新、或打劫古人，其「奪胎換骨」、「點鐵成金」的創作詩法都需要閱讀更多的書籍。

〔註84〕錢鍾書：《宋詩選注》，生活・讀書・新知三聯書店2007年版，第22頁。
〔註85〕韓經太：《論宋人平澹詩觀的特殊指向與內蘊》，《學術月刊》1990年第7期，第51頁。

第六章　江西派詩學及其傳承

　　法國學者羅蘭・巴爾特說：「語言結構是某一時代一切作家共同遵從的一套規定和習慣。這就是說，語言結構像是一種『自然』，它全面貫穿於作家的言語表達之中，然而卻並不賦予後者以任何形式，甚至也不對其加以支持：語言結構像是一種抽象的眞實領域，只是在它之外個別性語言的厚質才開始沉積下來。」〔註1〕古典詩歌作爲古人通行的語言表現，唐宋詩人已經用詩歌歷史性地呈現了這種自然的、抽象的語言結構，並且以個別性語言的厚質沉積了下來，構成了我們對於唐宋詩歌代表性的印象。換句話說，對於宋詩嬗變的研究，我們必須通過個別性語言的厚質，才能還原成宋代詩人的詩歌語言結構變化。

　　程千帆《兩宋文學史》評價黃庭堅的詩歌，認爲其「由於適應了十一世紀八十年代後宋王朝日益衰敗的社會政治現實的客觀需要」，其所造成的文學流派，「不僅流行於北宋末年的文壇，在南宋也具有不可忽視的勢力和影響」〔註2〕。對此，莫礪鋒也認爲，「從黃庭堅開創江西詩派到方回替江西詩派作出總結，其間師友傳授，綿延不絕，江西詩派的活動前後持續了二百多年」〔註3〕。對於這樣一個跨越南北兩宋的詩歌流派，其緣起流觴及其詩學傳承頗爲學者所關注。

　　關於江西詩派名稱的由來，學者向來以南宋呂本中《江西詩社宗派圖》爲據。江西詩派以杜甫爲祖，黃庭堅、陳師道、陳與義爲宗，主要由「黃庭

〔註1〕〔法〕羅蘭・巴爾特：《寫作的零度》，李幼蒸譯，中國人民大學出版社 2008年版，第 15 頁。

〔註2〕程千帆、吳新雷：《兩宋文學史》，上海古籍出版社 1991 年版，第 202 頁。

〔註3〕莫礪鋒：《江西詩派研究》，齊魯書社 1986 年版，第 1 頁。

堅以下，列陳師道等二十五人『以爲法嗣』」〔註4〕。通常，文學史都普遍認
爲「這一詩人群體具有前代所沒有的較爲嚴格的宗派色彩，因爲他們不僅在
詩學觀點和寫作風格上大體一致，而且多數成員確實相互聯繫切磋，並產生
了重大影響」〔註5〕。按照莫礪鋒的研究，也證實江西詩派形成不是因爲新舊
黨爭、抗金鬥爭等政治因素，而是因爲黃庭堅既有詩歌成就，又喜歡指點青
年，獎拔後進，隱然有開宗立派之意。更重要的原因，則是黃庭堅對於詩歌
創作、鑒賞有系統的論述，其詩歌創作最具有宋詩特色。〔註6〕而「奠定黃庭
堅在當時詩壇及文學史上的重要地位的唯一因素，是他在藝術上的精深造
詣，是他打破唐詩藩籬而創造的獨特藝術風格」〔註7〕。

第一節　江西詩法的萌發

　　宋代詩學的追求和詩歌的更替表現出來的態度並不完全一致。宋詩從白
體、晚唐體至西崑體，總帶著審美疲勞後的厭棄態度。然而對於詩學的追求，
宋人卻有一以貫之的積極的態度——那就是無論是白體、西崑體，還是「詩
學平淡」，總體上都屬於宋人詩學探索循序漸進的有益嘗試。所以，從詩學歷
史的角度重新審視宋詩發展，宋人積極探求的態度早在梅堯臣、歐陽修之前
就有表現。《六一詩話》載：

> 　　陳舍人從易，當時文方盛之際，獨以醇儒古學見稱，其詩多類
> 白樂天。蓋自楊劉唱和，《西崑集》行，後進學者爭傚之，風雅一變，
> 謂「西崑體」。陳公時偶得杜集舊本，文多脫誤，至《送蔡都尉詩》
> 云：「身輕一鳥」，其下脫一字。陳公因與數客各用一字補之。或云
> 「疾」，或云「落」，或云「起」，或云「下」，莫能定。其後得一善
> 本，乃是「身輕一鳥過。」陳公歎服，以爲雖一字，諸君亦不能到
> 也。

陳從易在時文盛行之時，拋開西崑體不學，獨孜孜於杜集。即使一字也不放
過，蓋因西崑終非常人所能把握，又與古學崇道不符，故陳從易較早找到杜
詩作爲模擬學習的榜樣。無獨有偶，詩壇出道更早的王禹偁也曾「以詩爲應

〔註4〕章培恒：《中國文學史》中冊，復旦大學出版社 2005 年版，第 400 頁。
〔註5〕章培恒：《中國文學史》中冊，復旦大學出版社 2005 年版，第 401 頁。
〔註6〕莫礪鋒：《江西詩派研究》，齊魯書社 1986 年版，第 6～18 頁。
〔註7〕同上，第 36 頁。

酬手段進而效法白居易的以詩諷諭，而且更由白體進而向杜甫集中尋求詩歌藝術的新境界」〔註8〕。據《蔡寬夫詩話》載：

> 元之（王禹偁）本學白樂天詩，在商州嘗賦《春居雜興》云：「……
> 何事春風風容不得，和鶯吹折數枝花！」其子嘉祐云：「老杜嘗有『恰
> 似春風相欺得，夜來吹折數枝花』之句，語頗相近。」因請易之。
> 元之忻然曰：「吾詩精詣，遂能暗合子美耶？」更爲詩曰：「本與樂
> 天爲後進，敢期子美是前身。」卒不復易。（《苕溪漁隱叢話前集》卷25）

聯繫宋初詩歌，雖然王禹偁詩歌「學杜而未至」（吳之振《宋詩鈔》卷1）。然而，作爲治國理政的官員，其探索方向確是指向一種更爲平易，然而內涵深遠，有助世風教化（至少不能悖逆）的詩歌。故清人吳之振也說：「元之獨開有宋風氣，於是歐陽文忠得以承流接響。文忠之詩，雄深過於元之，然元之固其濫觴矣。」（同上）宋人在詩歌上學白體進而學杜，顯示出宋人欲將白體的「平易淺切」（表象）與杜詩的「思想內容」（內質）結合的趨勢。詩歌表象平易是充分照顧到讀者接受的需要，而內涵深遠卻也滿足了社會教化與文人審美的雙重需要。當然，這也預示著宋代儒學復興與詩文改革的方向。

　　事實上，北宋文人在確定「平淡」詩歌追求的過程中，其模仿學習的先賢榜樣並非專屬一人，而有多人。陶淵明、杜甫、白居易、韓愈、柳宗元、鄭谷等都是重要代表。學者劉眞倫在解釋唐宋詩的淵源關係時，也說：「學習模仿唐詩最終突破唐詩的軌範自成一體，是宋詩發展的總體軌跡。宋人模仿的對象，從宋初的劉、白、玉溪，到宋末的姚、賈，都沒能爲宋詩的發展提供突破的契機。眞正爲宋詩的突破提供創造性基因的，是杜、韓兩家。杜詩對宋人的影響主要表現在『一飯不忘君』和『無一字無來處』方面，韓詩對宋人的影響，則表現爲體性化和散文化的傾向。」〔註9〕李白雖與杜甫齊名，然宋人只是佩服李白詩文豪逸，至於「論其心術事業，可施廊廟，李杜齊名，眞忝竊也」，而「歷考全集，愛國憂民之心如子美語，一何鮮也」（《碧溪詩話》卷2）。相較而言，宋人最看重「公若登台輔，臨危莫愛身」（《送嚴武》）、「致君堯舜付公等，早據要路思捐軀」（《寄裴道州蘇侍御》）這樣的詩句，認爲杜甫「素所蓄積而未及施設者，故樂以告人耳。夫全軀碌碌之人，果何能爲！」

〔註8〕程千帆、吳新雷：《兩宋文學史》，上海古籍出版社1991年版，第8頁。
〔註9〕劉眞倫：《韓愈集宋元傳本研究》，中國社會科學院出版社2004年版，第15頁。

《碧溪詩話》卷1）。而蘇軾、黃庭堅對於杜詩的繼承卻在無意間，聯結了唐宋詩之間的精髓——即宋詩與唐詩不在於外表的模仿，而在於內涵及妙悟的有無。

隨著詩學實踐的深入，黃庭堅等人發現能夠貫徹「平淡」詩歌美學追求，能夠踐行外表「平淡」，內蘊豐富的詩歌惟有杜詩。南宋崇仁吳德遠（沆）《環溪詩話》載其少時謁張右丞。右丞告之曰：「杜詩妙處，人罕能知。凡人作詩，一句只說得一件事，多說得兩件。杜詩一句，能說得三件四件五件。常人作詩，但說得眼前，遠不過數十里。杜詩一句，能說數百里，能說兩州軍，能說半天下能說滿天下。此其所以為妙。且如重露成口滴，稀星乍有無也。」（《賓退錄》卷10）。所謂「杜詩一句，能說三件四件五件」、「能說數百里，能說兩州軍」之類，無疑就是歐、梅主張「平淡」詩歌的「含不盡之意，見於言外」（《六一詩話》）。如此一來，儘管杜詩百變、韓詩奇瑰，柳詩雋永，蘇、黃等人還是在杜甫、韓愈、柳宗元與宋詩「平淡」的美學風格之間，找到了可以溝通彼此的精神魂魄。於是，宋人得出經驗教訓便是——杜詩精髓便是宋詩「平淡」的蘊含，也便是宋詩「改變詩格」的核心與關鍵。如劉克莊所言，「豫章稍後出，會萃百家句律之長，究極歷代體制之變，搜獵奇書，穿穴異聞，作為古律，自成一家」（《江西詩派小序》）。

誠然，宋人選擇杜甫、韓愈作為學習對象，除了兩人的政治追求，以及歷史賦予的知名度、美譽度之外，更重要的是杜甫、韓愈、柳宗元都有自己的詩學主張，而且每人的詩學主張彼此還有繼承。以黃庭堅「無一字無來處」的詩學主張為例，這其實也是杜甫、韓愈、柳宗元的共同主張。以韓愈《登封縣尉盧殷墓誌》「無書不讀」、「以資為詩」的說法，「陳言務去」只是韓愈換了一種說法。宋人張邦基也十分認同這種「換湯不換藥」的說法。〔註10〕所謂「陳言」，則作者必須要有相當的閱讀量。此外，惟有內心具備改變的決心，方能做到「陳言務去」。譬如，杜甫常在詩中自稱「族氏、名字、爵邑」等，所謂「杜陵有布衣」、「杜曲幸有桑麻田」、「杜子將北征」、「臣甫憤所切」、「甫也南北人」、「有客有客字子美」，以及「不作河西尉」、「白頭拾遺徒步歸」、「備員竊補袞」。此類強調自己出身、履歷的詩法，實來自《左傳》暗寓褒貶的「春秋之法」，完全是強調自身正直的史家慣例（《碧溪詩話》卷1）。故南宋史

〔註10〕 （宋）張邦基：《墨莊漫錄》（卷2）評價王逢原《假山詩》，認為「此詩奇險不蹈襲前人，韓退之所謂惟陳言之是去者，非筆力豪放不能為也。」

繩祖評價：「先儒謂韓昌黎文『無一字無來處』，柳子厚文『無兩字無來處』。
余謂杜子美詩史亦然。惟其字字有證據，故以史名」（《學齋占畢》卷4）。由是，
從杜甫至韓愈、柳宗元，從歐陽修到蘇軾、黃庭堅，博學的主張始終如一。《東
坡志林》（卷1）載：

> 頃歲孫莘老識歐陽文忠公，嘗乘閒以文字問之，云：「無它術，
> 唯勤讀書而多為之，自工。世人患作文字少，又懶讀書，每一篇出，
> 即求過人，如此少有至者。疵病不必待人指摘，多作自能見之。」
> 此公以其嘗試者告人，故尤有味。

這則記載說明歐陽修也認為，對於書籍的廣泛閱讀仍是自己詩文優於他人的
原因。〔註11〕此種說法從歐陽修嘴中說出，由蘇軾記錄下來。到了南宋周煇
筆下，這段記載已演變為：

> 為學三多，士皆知其說。孫公莘老，請益於歐陽公，公曰：「此
> 無他，唯勤讀書而多為之自工。世人患作文字少，又懶讀書，每一
> 書出，必求過人，如此少有至者。疵病不必待人指謫，多作自見之。」
> 孫書於座右。〔註12〕

周煇所謂「為學三多，士皆知其說」，可見這種以廣泛閱讀助力創作的方法，
經由歐陽修、蘇軾的提倡，到了南宋已逐漸成為士大夫的共識。

陳師道說：「唐人不學杜詩，惟唐彥謙與今黃亞夫（庶）、謝師厚（景初）學
之。魯直，黃之子，謝之婿也」（《後山詩話》）。黃庭堅既有家學淵源，又活在歐
陽修與周煇之間，身處兩宋交替之際，「無一字無來處」的詩學主張自然就成
為「江西詩法」的重要構成。除了給洪駒父的書信（《答洪駒父書三首》）提到「無
一字無來處」、「點鐵成金」之外，黃庭堅多次強調了讀書與作詩的關係。如
黃庭堅談到蘇軾詩餘有「缺月掛疏桐」者，以為「語意高妙，似非吃煙火食
人語，非胸中有萬卷書，筆下無一點塵俗氣，孰能至此？」（《跋東坡樂府》）。《題

〔註11〕歐陽修說的沒錯，多讀書確實可以提高寫作水平，原因是書本提供了許多現
成的典故、故事以及好的文采辭句，可以用於創作聯想。然而，歐陽修此言
也只說對了一半。因為詩文好壞，可以出現在個人生命中的任何時期。如駱
賓王七歲便可寫詩「詠鵝」，江淹晚年才盡倒不一定是「五色筆」被郭璞拿了
去，而真的是對生活的「鮮活感覺」沒了。所以，讀書只是構成詩文創作素
材積累的一個方面，而「活生生」的生命實踐卻又為詩文靈感提供了另一源
泉。

〔註12〕（宋）周煇：《清波雜志校注》卷11，劉永翔校注，中華書局1994年版，第
466頁。

所書詩卷後與徐師川》提到徐師川「行己讀書，皆當老成解事」，認爲其「有日新之功，當於古人書求之耳」。（宋）施宿《嘉泰會稽志》（卷19）載：「近時徐師川《過上藍莊》詩云：詩名空復滿世間，白鬍蕭蕭今老矣。用叔倫語也。」因爲戴叔倫《題秦隱君麗句亭》詩曰：「北人歸欲盡，猶自住蕭山。閉戶不曾出，詩名滿世間。」又，戴叔倫《漢宮人入道》詩曰：「蕭蕭白髮出宮門，羽服星冠道意存」。黃庭堅頗爲稱道這兩聯借來的詩句。在《書舅詩與洪龜父跋其後》中，黃庭堅指點洪龜父「力學，有暇更精讀千卷書，乃可畢之能事」。又，《與韓純翁宣義書二首》載曰：「如子蒼之詩，今不易得，要是讀書數千卷，以忠義孝友爲根本，更取六經之義味灌溉之耳」。其他，黃庭堅還有「詞意高勝，要從學問中來爾」（《論作詩文》）的說法。如此總結黃庭堅所言，其江西詩法主旨如下：

（1）**作詩者讀書博學，忠信品格養成，構成詩歌格調高低的前提條件：**

以黃庭堅的看法，讀書不僅可以學習作詩的技巧、借鑒詩歌意象或語詞，還包括養成詩人「忠信」的品格，構成詩歌內在的「浩然之氣」。這些才是決定詩歌格調的前提條件——即所謂「讀書數千卷，以忠義孝友爲根本，更取六經之義味灌溉之」，「詞意高勝，要從學問中來」，如此「胸中有萬卷書，筆下無一點塵俗氣」。黃庭堅認爲，「近世少年，多不肯治經術及精讀史書，乃縱酒以助詩，故詩人致遠則泥。想達源自能追琢之，必皆離此諸病，漫及之爾。」（《後山詩話》）而宋人的共識通常是「詩文字畫，大抵從胸臆中出，子美篤於忠義，深於經術，故其詩雄而正」（《歲寒堂詩話》卷上）。

（2）**詩歌成就與讀書、爲人的關係**：讀六經之書，以忠義孝友爲本，成**就詩人之根本**——兼又讀書廣博（精讀千卷、萬卷）——廣泛學習古人，行爲處事做到「知行合一」（行己），方能有「日新」、「出己意」之詩（老成解事，推陳出新）創作出來。

一旦，我們將忠信與讀書聯繫起來，自然就得到了「積學蓄德」的儒學追求。這與《易經》裏的「大畜」（卦二十六）類似，實是要求「君子以多識前言往行，以畜其德」〔註13〕。在這些觀點之中，除了儒家「忠信」之外，杜甫、韓愈與歐陽修、蘇軾、黃庭堅爲代表的宋人在「無一字無來處」的詩學追求上，取得了共識。這種共識既不強調模仿自然物，也不提抒發感受與情

〔註13〕周振甫：《周易譯注》，中華書局 2013 年版，第 97 頁。

感，單單提「字有來處」，說明書籍對宋詩的影響已不尋常。其實，「無一字無來處」，就是以前人的優秀作品爲榜樣，而抄本與印本又在「博學廣聞」上對宋人創作及其作品形成合力的貢獻。所謂的白體、晚唐、西崑，乃至「平淡」，只不過是宋詩發展的諸多表象。宋代詩學探究的核心內容其實是如何才能創作出教化、審美、甚至是娛樂等各方兼顧的詩歌，以至於國民、社會都能接受。由梅、歐等人的「詩學平淡」，衍至黃庭堅的「江西詩法」，揭示了宋詩發展的內在理路：一、無論題材還是詩句，前人涉獵幾乎已將好詩寫盡。要想超過前人，就必須學習前人，推陳出新；二、既然追求「字字有來處」，詩歌辭句便不可能完全由自己創造，重要的是在似曾相識的「平淡」裏，實現「點鐵成金」、「奪胎換骨」的巧思與妙悟。

第二節　詩學凝聚共識：杜甫詩集的刊刻與傳播

　　眾所周知，相比唐代，拆了坊牆的宋朝其實是一個相對「鎖國」的朝代。在西方傳教士利瑪竇、金尼閣、衛匡國沒來中國，沒有用「歐洲視野」審視中國之前，以當時宋人對於「世界」及「天下」所涵蓋範圍的認識，繼承歷史先賢並擇善從之，其實就是廣納了百川，也即是開創了未來。所以，從詩學的視角總結，宋人認同杜甫「無一字無來處」的主張，其詩歌發展頗有「繼往開來」的特點。隨著陳從易、王禹偁、歐陽修等人的倡導，整個宋代走上文人審美的詩歌追求。這樣的詩歌不可能以「淺易直白」博取讀者的眼球，其豐富的「內涵賦予」提醒學者需要更多的書籍閱讀與借鑒。因爲黃庭堅認同「無一字無來處」，陳師道由此認爲「山谷得法於少陵」（《困學紀聞》卷18）。黃庭堅身處在這個繼往開來的時代，呂本中認爲其詩學源出杜甫順理成章。事實上，黃庭堅的詩學兼有杜甫、歐陽修、蘇軾等人的典範影響，既有繼承，也有發展。故張戒評價「子美之詩，得山谷而後發明」（《歲寒堂詩話》卷上）。

　　通常一個時代的詩學主張成形，往往需要贊同與普及。年代久遠，這些贊同與普及的多寡，與當時載於文獻的頻率密切相關。若要瞭解某個時代的文學變化，從那些被大量抄寫、印刷的詩文集本（痕跡）便可證實。將文獻比成化石的法國學者泰納曾說：「這貝殼化石下面曾是一個活動物，這文獻後面也曾是一個活人。若非爲重現那活動物，你何必研究貝殼呢？你研究文獻也

同樣只是為認識那活的人。」〔註 14〕所以，通過文獻瞭解某些書籍的印本刊刻情況，對於探究當時的詩歌追求至關重要。

研究宋代留存下來的文獻，我們很容易就能得到宋人詩文宗法杜甫、韓愈的事實。蘇軾曾說：「古今詩人眾矣，而子美獨為首者，豈非以其流落飢寒，終身不用，而一飯未嘗忘君也歟？」（蔡夢弼《杜工部草堂詩話》卷第 1）。學者劉眞倫則說：「杜詩對宋人的影響主要表現在『一飯不忘君』和『無一字無來處』方面，韓詩對宋人的影響，則表現為體性化和散文化的傾向。」〔註 15〕其實，宋人「學詩當以子美為師」，乃是因為「有規矩故可學」，且「學杜不成，不失為工」。而韓愈作詩「本無解處，以才高而好爾」，「無韓之才與陶之妙，而學其詩」，不免要淪落為白居易的「淺俗」（《後山詩話》）。因此，總體上看，韓集對於宋人的影響主要是古文技巧的運用，杜集對於宋人的影響則集中在詩學和倫理道德領域。同樣的詩語行為，李白道「搥碎黃鶴樓」（《江夏贈韋南陵冰》）、「鏟卻君山好」（《陪侍郎叔遊洞庭醉後》），杜甫《劍閣》卻說：「吾將罪眞宰，意欲鏟疊嶂」。然宋人卻附會以為「《劍閣》詩意在削平僭竊，尊崇在王室，凜凜有忠義氣」，而李白「搥碎、鏟卻之語，但覺一味粗豪耳」（《碧溪詩話》卷 1）。而事實的確也是，隨著儒學的興盛，認同杜甫「守道忠君」的人群日漸增多，對杜詩的閱讀借鑒漸漸成為時尚。此外，宋人將李、杜二人比較，歐陽修認為「甫之於白，得其一節，而精強過之」，王安石則認為「李白歌詩豪放飄逸，人固莫及，然其格止於此而已，不知變也。至於杜甫，則發斂抑揚，疾徐縱橫，無施不可」，更重要的是杜甫「緒密而思深，非淺近者所能窺」（《潯南詩話》卷 1），更加契合宋人「理致思考」的學問思維習慣。類似王安石這樣的見識，在宋代已成「天下之言」（《潯南詩話》卷 1）。這些共識對於杜詩在宋代的流行，有較大促進作用。由此，才導致杜詩的編撰、標注和印行，在宋代興盛不衰，直至南宋陸游入蜀時，沿路時常聯想到的詩句仍以杜詩居多。

據仁宗朝景祐年官修《崇文總目》（卷 5，別集類）記載，杜甫作品最初傳至北宋有：

〔註 14〕泰納：《英國文學史導言》，亨利·凡·隆英譯，見亞當斯編《自柏拉圖以來的批評理論》，第 602 頁。轉自張隆溪：《二十世紀西方文論述評》，三聯書店 1986 年版，第 35 頁。

〔註 15〕劉眞倫：《韓愈集宋元傳本研究》，中國社會科學院出版社 2004 年版，第 15 頁。

（1）《杜甫集》20 卷

鑒按：《唐志》、《通志略》並 60 卷。

（2）《杜工部小集》6 卷，杜甫撰，樊晃集

據（清）陳漢章撰《崇文總目輯釋補正》（卷 4）中有《杜甫集》20 卷。其鑒曰：《唐志》、《通志略》並六十卷。補曰：晁、陳二家書目並二十卷。陳云：王洙原叔搜集中外書九十九卷，定取千四百五篇，別錄《雜著》爲二卷，合二十卷。寶元二年記，遂爲定本。然則《崇文目》二十卷者，即寶元中王洙定本也。《唐志》又有《小集》六卷，見《別集類三》。《宋志》又有《外集》一卷。〔註 16〕

萬曼《唐集敘錄》認爲宋人所編杜詩，主要有以下幾種集本：

（1）孫僅《杜集》1 卷本

王洙《杜工部詩集序》有注，標明「孫僅一卷」。萬曼據此，認爲「可以證明杜詩在北宋初年依然是很少流傳的。孫僅所編，只好說是一個私人抄本而已。」〔註 17〕

（2）蘇舜欽《杜甫別集》

蘇舜欽《題杜子美別集後》記載，宋初有杜甫集 20 卷。這個 20 卷本不知有多少篇。景祐三年，蘇舜欽「就韓綜本增補三百餘篇，又就王緯本擇得八十餘首，成爲一個經過初步別擇的新本。這個本子在當時似乎不怎麼被人知曉」。〔註 18〕

（3）王洙《杜集》20 卷

寶元二年（1039），王洙「搜裒中外書凡九十九卷（古本二卷、蜀本二十卷、集略十五卷、樊晃序《小集》六卷、孫光憲序二十卷、鄭文寶序《少陵集》二十卷、別題《小集》二卷、孫僅一卷、雜編三卷。按此注實止八十九卷。）除其重複，定千四百有五篇，凡古詩三百九十九，近體千有六。起太平時，終湖南所作。視居行之次與歲時爲先後，分十八卷，又別錄賦筆雜著二十九篇爲二卷，合二十卷。」〔註 19〕

〔註 16〕許逸民、常振國編《中國歷代書目叢刊》第 1 輯，現代出版社 1987 年 11 月版。
〔註 17〕萬曼：《唐集敘錄》，河南大學出版社 2008 年版，第 140 頁。
〔註 18〕同上，第 140 頁。
〔註 19〕同上，第 141 頁。

（4）劉敞《杜子美外集》5卷本

劉敞自注云：「先借王《杜甫外集》，會疾未及錄，近從吳生借本增多於王所收，因悉抄寫，分爲五卷，又爲作序，故報之。」按，劉敞根據王洙20卷本、吳員外本，編成5卷本《杜子美外集》。〔註20〕

（5）王安石《杜工部詩後集》〔註21〕

皇祐四年，王安石爲鄞縣地方官時，有鄞客授以世所不傳杜詩二百餘篇。由此編集。

這樣看來，北宋初期杜集官方流行的本子並不太多，而且主要是傳抄集本。但是時間到了北宋中期，這種情況有了很大的變化。這種變化體現在社會上給杜詩作注的人越來越多，呈現出所謂「千家注杜詩」的局面。晁公武《郡齋讀書志》（卷17，別集類）有《杜甫集》20卷、《集外詩》1卷、《注杜詩》20卷、《蔡興宗編杜詩》20卷、《趙次公注杜詩》59卷（袁本前志卷4上別集類上第48）。晁公武在此條下記曰：

右唐杜甫子美也。審言之孫。天寶十三年玄宗朝獻太清宮、享廟及郊，奏賦三篇，使待制集賢院。宰相試文，再遷右衛率府冑曹，終於劍南參謀、檢校工部員外。曠放不自檢，好論天下大事，高而不切。少與李白齊名，時號「李、杜」。數當寇亂，挺節無污。爲歌詩，傷時橈弱，情不忘君，人憐其忠云。集有王洙原叔、王琪君玉序。皇朝自王原叔以後，學者喜觀甫詩，世有爲之注者數家，率皆鄙淺可笑。有託原叔名者，其實非也。呂微仲在成都時，嘗譜其年月。近時有蔡興宗者，再用年月編次之。而趙次公者，又以古律詩雜次第之，且爲之注。兩人頗以意改定其誤字云。

按晁公武所記，因爲杜甫「數當寇亂，挺節無污」，又「爲歌詩，傷時橈弱，情不忘君，人憐其忠」，所以王原叔特別撰杜詩注本，而北宋自王原叔以後，學者喜觀杜甫詩成爲風尚。大概王原叔注杜詩在當時又是比較好的本子，所以時有僞託仿冒者。除了王原叔外，此後還有呂微仲、蔡興宗、趙次公等人的注本。黃庭堅當年貶謫黔州，也曾「欲屬一奇士而有力者，盡刻杜子美東西川及夔州詩，使大雅之音，久湮沒而復盈三巴之耳」，後終於尋得丹棱楊素翁「請攻堅石，摹善工，約以丹棱之麥三食新而畢」（《刻杜子美巴蜀詩序》）。

〔註20〕萬曼：《唐集敘錄》，河南大學出版社2008年版，第141頁。
〔註21〕同上，第142頁。

　　大量的抄、印本在社會流布，宋人不可能視而不見，借鑒學習是其必然。
於是，宋代文人根據自己的審美喜好與時代需要，做出了詩學選擇，乃至「近
世學者爭言杜詩，愛之深者至剽掠句語迨所用險字而模畫之，沛然自以絕洪
流而窮深源矣。又人人購其亡逸，多或百餘篇，少數十句，藏弄矜大，復自
為有得」（王琪《增修王原叔編次杜詩後記》）〔註 22〕。既有時代需求，杜集的傳播
就需要更有效的支持，於是才有印本的複製。（宋）范成大《吳郡志》（卷 6）
載曰：「時方貴杜集，人間苦無全書，琪家藏本，讎校素精，即俾公使庫鏤版，
印萬本，每本為值千錢，士人爭買之，既省庫羨餘以給公廚。」兩則記載，
分別證明了那個時代文人對於杜甫詩集的渴求，很快就促成了印本的流傳。
結果便是，杜甫《宴戎州楊使君東樓》詩有「重碧黏春酒，輕紅擘荔枝」。范
成大《吳船錄》云：「印本『黏』或作『酤』，郡有碑本，乃作『黏』字。當
以碑本為正。」可見，此詩印本當時乃是依據碑本刊刻而成。然而，一旦注
意這兩句詩的對仗，就會發現「黏」或「酤」，都與「輕紅擘荔枝」的「擘」
字對應不上。故元人韋居安以元稹《元日》詩「羞看稚子先拈酒」及白居易
「歲酒先拈辭不得」（《歲假內命酒贈周判官、蕭協律》）為據，認為杜詩中的「黏」
字應該是「拈」字。「『拈』指取物也，乃唐人語」（《梅磵詩話》卷上）。杜甫這兩
句詩的意思是，「端起深綠色的春酒，剝開輕紅的荔枝」。

　　王安石自謂對於古詩，尤愛杜詩。因為喜愛杜詩，「世所傳已多，計尚有
遺落」（《王文公文集》卷 36《老杜詩後集序》），王安石總是遺憾未能將杜詩搜集齊
全。從朝臣、學者喜歡杜詩到千家注杜詩，風尚一也。如萬曼所言，「當時杜
甫集子是很零亂的，既有各種各樣的古本，又有當時各家自行編輯的《別集》、
《外集》、《後集》之類的本子，而這些本子又都是靠彼此傳抄流布，這就給
予讀杜詩的人很大的不方便。」由此，這也將杜甫詩集的編撰印行提到了議
事日程。到嘉祐四年，王琪就以王洙的二十卷本《杜集》為底本，重新編定，
鏤板刊印。王琪「病其（王洙）卷帙之外，而未甚布，暇日與蘇州進士何君瑒、
丁君修得原叔家藏及今古諸集，聚於郡齋而參考之，三月而後已。……而吳
江邑宰河東裴君煜，取以復視，乃益精密，遂鏤於版，庶廣其傳」（王琪《增修
王原叔編次杜詩後記》）。

〔註 22〕　（宋）黃希、黃鶴：《補注杜詩》，《文淵閣四庫全書》，上海古籍出版社 2003
　　　　　年影印本，集部，第 1069 冊，第 13 頁。

　　王洙（997～1057），字原叔，應天宋城（今河南商丘）人，嘗任翰林學士，與范仲淹〔註23〕、歐陽修、蘇舜欽等人多有交往。大中祥符元年至慶曆八年，蘇舜欽有《留別王原叔古詩帖》，梅堯臣《宛陵先生集》（卷50）又有《王原叔內翰宅觀山水圖》一詩。歐陽修《六一詩話》亦云：「王原叔博學多聞見稱於世，最爲多識前言者」。由於社會生活獲得的經驗，具有一定的從眾趨向，使得每個生活在社會氛圍中的人都有某種自動化心理，憑藉所謂「社會經驗」作爲自己判斷事物優劣的根據。譬如明清民窯的瓷器畫工，其所畫圖案無非五子登科、梁祝同窗等當時社會流行的風尚。雖然萬曼奇怪「王洙和蘇舜欽是朋友（蘇集有《過濠梁別王原叔》詩），當時卻沒有利用蘇編的《老杜別集》」，「這眞是非常遺憾的事」〔註24〕。然而，由王洙與蘇舜欽共同表現出對於杜詩的興趣，不正印證了社會生活的從眾趨向。所以，同道師友間的詩筆往來，必然會凝聚並推高宋代文人對於杜詩的見識。

　　實際上，隨著杜詩抄、印本的廣泛流行，歐陽修評價李、杜詩歌的優劣，以爲「杜甫於白得其一節，而精強過之。至於天才自放，非甫可到也」（《李白杜甫詩優劣說》）。同樣，陳師道評價說：「唐世詩稱李杜，文章稱韓柳。今杜詩語及太白處，無慮十數篇。而太白未嘗有與杜子美詩。只有《飯顆》一篇，意頗輕甚。論者謂：以此可知子美傾倒太白。至難晏元獻公嘗言韓退之扶聖教劃除異端，是其所長。若其祖述墳典憲章騷雅，上傳三古，下籠百氏，橫行闊視於綴述之場者，子厚一人而已。然學者至今，但雷同稱述，其實李杜韓柳豈無優劣達者，觀之自可默喻。」（《說郛》卷22上）。可見，在歐陽修、陳師道所處的那個時代，士大夫們對於杜詩已有令人訝異的熟識程度。到北宋末年，金陵新刊《杜詩》有「筍根稚子無人見」詩句，其注云：「稚子，筍也」。吳可由此以爲，「此大謬也，古今未有此說」（《藏海詩

〔註23〕王洙（997～1057）字原叔、源叔、尚汶，應天宋城（今河南商丘）人。北宋藏書家、目錄學家。幼年聰穎，博學強記，無書不讀。仁宗天聖進士，因郭稹所累，兩人俱罷，再舉中甲科，補舒城縣尉。出知濠、襄、徐、亳等州。任翰林學士時，於館閣蠹簡中發現張仲景《金匱玉函要略方》三卷，經由宋朝諸臣校訂，以雜病、飲食、禁忌編成《金匱要略》二十篇。晚喜隸書，尤得古法。官至侍讀學士兼侍講學士。嘉祐元年以病卒，諡曰文。編有《杜工部集》二十卷。按：范仲淹有《依韻和襄陽王源叔龍圖見寄》、《依韻答王源叔憶百花洲見寄》等詩。

〔註24〕萬曼：《唐集敘錄》，河南大學出版社2008年版，第141頁。

話》)。這說明，當時社會流行的杜詩刊本已有多種，足以「古今」比較勘誤。
〔註25〕

　　歐陽修、陳師道與王原叔一樣，出於確立本朝詩歌標準的需要，對於杜
詩有著同樣的喜好。復旦陳尚君說：「嘉祐中，王琪在蘇州聚古今諸集校理王
洙本，又得吳江宰裴煜相助，並提供逸文四篇詩五首爲補遺。其時蘇集已編
成，王琪、裴煜與歐陽修均有較好關係，蘇州刻書時尚有書簡來往。」〔註26〕
而對於杜詩的模仿創作，又成了歐陽修那個時代的風尚。《夢溪筆談・補筆談》
（卷3）載：

　　　　宋景文子京判太常日，歐陽文忠公、刁景純同知禮院。景純喜
　　交遊，多所過從，到局或不下馬而去。一日退朝，與子京相遇，子
　　京謂之曰：「久不辱至寺，但聞走馬過門。」李邯鄲獻臣立談間，戲
　　改杜子美《戲鄭廣文》詩嘲之曰：「景純過官舍，走馬不曾下。忽地
　　退朝逢，便遭官長罵。多羅四十年，偶未識磨毯；賴有王宣慶，時
　　時乞與錢。」葉道卿、王原叔各爲一體詩，寫於一幅紙上，子京於
　　其後題六字曰：「效子美嘲景純。」獻臣復注其下曰：「道卿著，原
　　叔古篆，子京題篇，獻臣小書。」歐陽文忠公又以子美詩書於一綾
　　扇上。高文莊在坐曰：「今日我獨無功。」乃取四公所書紙爲一小帖，
　　懸於景純直舍而去。……今詩帖在景純之孫概處，扇詩在楊次公家，
　　皆一時名流雅謔，予皆曾借觀，筆跡可愛。

北宋中期杜詩的流行，其中亦有印本推動之功。陳振孫《直齋書錄解題》（卷
16）特別記有王琪雕印的《杜工部集》20卷。其下有記曰：「唐左拾遺檢校工
部員外郎劍南節度參謀襄陽杜子美撰。……王琪君玉嘉祐中刻之姑蘇，且爲
後記。元稹《墓銘》亦附第二十卷之末。又有遺文九篇，治平中太守裴集刊，
附集外。蜀本大略同。而以遺文入正集中，則非其舊也。世言子美詩集大成，
而無韻者幾不可讀。然開、天以前文體大略皆如此。若《三大禮賦》，辭氣壯
偉，又非唐初餘子所能及也。」

<hr>

〔註25〕吳可，字思道，號藏海居士，宋代金陵人。所編著《藏海詩話》卷末稱「自
　　　　元祐至今六十餘年者」，書中所載宣和政和年月，及建炎初避兵南竄，流轉楚
　　　　粵之事，與之相合。故此書當作北宋末、南宋初。
〔註26〕陳尚君：《唐代文學叢考》，中國社會科學出版社1997年版，第312頁。

范成大《吳郡志》(卷6) 亦載曰：

> 嘉祐中，王琪以知制誥守郡，始大修設廳，規模宏壯，假省庫
> 錢數千緡。廳既成，漕司不肯除破。時方貴杜（甫）集，人間苦無全
> 書。琪家藏本，雠校素精，即俾公使庫鏤版印萬本，每部爲直千錢。
> 士人爭買之，富室或買十許部。既償省庫，羨餘以給公廚。

由於社會上對杜詩的廣泛喜好，所謂「時方貴杜集，人間苦無全書」，然在宋仁宗嘉祐年間，王琪就將王洙（原叔）的杜集注本在蘇州鏤版印行了。而到了英宗治平年間，又有太守裴某給杜集補增遺文九篇後再次印行。此外，《增訂四庫簡明目錄標注》又記載，有北宋小字本《杜詩》，板心刊「淨芳亭」三字。〔註27〕關於杜詩早期流傳的情況，陳尚君在《杜詩早期流傳考》一文中說，嘉祐四年「由王琪增訂刊刻於蘇州」的《杜工部集》20卷，「成爲宋以後各種杜集的祖本」〔註28〕。

隨著杜集在宋代的注釋、印刷以及傳播，爲士人閱讀杜詩奠定了基礎。如黃庭堅《與徐師川書》載：「詩政欲如此作，其未至者，探經術未深，讀老杜、李白、韓退之詩不熟耳。」各類杜集流傳日久，以至於「杜詩人皆能誦」（《愛日齋叢抄》卷4）。宋人對於杜詩普及性閱讀，最終導致他們對於杜詩的閱讀理解甚至到了瑣細的程度。譬如《愛日齋叢抄》(卷3) 總結：「杜詩結語多用『安得』二字。《洗兵馬》云『安得壯士挽天河，淨洗甲兵長不用』。《石筍行》云：『安得壯士提天綱，再平水土犀奔茫』，蓋全法《大風歌》『安得猛士兮守四方』，豈小力量敢道哉？」。杜詩有「老去詩篇渾漫與」（《江上值水如海勢聊短述》），王令脫胎則有「狂去詩渾誇俗句」（《感憤》）詩句，「渾」有「率意對付」的意思。此外，《冷齋夜話》(卷4)、《容齋三筆》(卷6) 等宋人筆記也先後評價當時流行的杜集，遂有《杜詩誤字》、《杜詩命意》、《洪駒父評詩之誤》等與杜詩有關的章節內容。

雖然詩話、筆記中大多是宋人對於杜詩的瑣屑看法，但是這也佐證了某些宋人已透過現象窺見了杜詩創作的精髓。北宋洪慶善作《韓文辯證》時，已然認爲「退之作文、老杜作詩，無一字無來處」（孫奕《示兒編》卷4）。陳師道《後山談叢》亦云：「韓文、杜詩，號不蹈襲者，然無一字無來處，乃知世間

〔註27〕（清）邵懿辰、邵章：《增訂四庫簡明目錄標注》，上海古籍出版社1959年版，第647頁。
〔註28〕陳尚君：《唐代文學叢考》，中國社會科學出版社1997年版，第307頁。

所有好句，古人皆已道之」（《說郛》卷 22 上）。除了認同韓、柳文以及杜詩「字字有來歷」之外，南宋史繩祖更指出了當時杜詩注釋的問題所在，即所謂「近世所集注，雖曰百家，實則未詳。至於字稍淺近，遽云『此蜀之俗語』以概之，何其淺陋歟？今試舉其至淺者數條言之。……」（《學齋占畢》卷 4）。無獨有偶，此段評語又與黃庭堅所謂「蓋後人讀書少，故謂韓杜自作此語耳」（《答洪駒父書三首》），何其類似。由此，「無一字無來處」遂成黃庭堅、陳師道的作詩法門。〔註 29〕

　　據此可知，有宋以來，對於杜詩「無一字無來處」的看法至南宋已然成為通識。南宋朱弁假借客語，曾說：「僕見世之愛老杜者，嘗謂人曰：此老出語絕人，無一字無來處。審如此言，則詞必有據，字必援古，所由來遠，有不可已者」（《風月堂詩話》卷下）。王楙謂「前輩謂老杜詩『無兩字無來歷』。山谷亦云：『老杜詩、退之文，無一字無來處』。信哉！」（《野客叢書》卷 19）。

　　若干年後，元人王惲一舉轂中杜甫、韓愈詩學經由歐、梅詩學「平淡」，向江西派詩學演變的內在理路。因為若要「不蹈襲前人一言」，則需「取其意而不取其辭」。所謂「取其意而不取其辭」（《玉堂嘉話》卷 2），不是「奪胎換骨」為何？元代陶宗儀認為，「文章一技要自有活法，若膠古人之陳跡而不能口化其句語，此乃謂之『死法』。專相蹈襲，則不能生於吾言之外，活法『奪胎換骨』則不能斃於吾言之內，斃吾言者，生吾言也。故為活法」（《說郛》卷 15 上）。在此之前，南宋理學家林希逸評價歐陽修、蘇東坡等人，「所以絕出於唐以後者，以其詞必己出，不蹈襲前人而又自然也。蹈襲者，非剽竊言語，但體制相類，筆力相似，皆是也」（陸深《儼山外集》卷 16）。北宋詩人能夠「詞必己出，不蹈襲前人而又自然」者，換一種說法亦可謂「點鐵成金」。這也算是一語戳中江西派詩學的另一絕技命脈。

第三節　江西詩學：以忠信、博學為根基

　　客觀上看，且不說宋朝版圖局限，即便宋朝版圖如清朝那般，宋人的腳步涉及再廣闊，客觀存在的景物畢竟還是有限，更為豐富、奇特的映像卻源

〔註 29〕　（宋）張鎡：《仕學規範》（卷 34）載曰：「章叔度憲云：每下一俗間言語，無一字無來處，此陳無己、黃魯直作詩法也」。又見（宋）陳長方《步里客談》卷下。按：章憲，字叔度，吳郡人。宋徽宗宣和中監漢陽酒稅。其父章甫，字端叔。其母沈氏，乃王安石甥女。

於主客體的合成再造。客體物象與詩歌意象的關係，畢竟更多要靠學問來延伸詩人足跡行走、視覺觀察的局限。所以，黃庭堅所謂的「無一字無來處」對於宋詩創作有其客觀性與合理性。

宋代的某些文人，尤其是江西派詩歌後學者，其實是用黃庭堅的方法，借助官方、民間廣泛傳播的印本和抄本，或「奪胎換骨」，或「點鐵成金」地打劫蘇軾、歐陽修，乃至於更多古人的詩歌作品。「奪胎換骨」、「點鐵成金」只是打劫、模仿的方法，至於最終是否能呈現「詞必己出，不蹈襲前人而又自然」的境界，因人而異，因時而異，往往欲速不達。然而不管怎樣，「無一字無來處」對於杜甫、韓愈而言確有「博學」之意，這對於初學者而言卻有些強人所難。因此，對初學者而言，正確的說法應是如何巧妙地借助書本材料，尤其是詩文集本，將別人的東西儘量體面地變成自己的東西。

一、以「忠信」、「博學」為根基，衍生出其他詩歌技巧

黃庭堅詩學打造了一個以「博學」、「忠信」為主的「積學蓄德」要求，其次才是詩歌技巧。關於博學、忠信與詩歌之間的關係，黃庭堅與朋友、侄甥書信中多有涉及。其要點歸納起來，主要包括：

（一）「忠信」作為詩人良好品德，同時給詩歌注入了正脈元氣。故「忠信」乃為人之本，詩歌之根。

關於忠信與詩歌，黃庭堅從杜詩中悟到其中的關係。黃庭堅曾說：「老杜雖在流落顛沛，未嘗一日不在本朝，故善陳時事，句律精深，超古作者。忠義之氣，感然而發。」（《潘子真詩話》）即如李格非所言「文章以氣為主，氣以誠為主。故老杜謂之詩史者，其大過人在誠實耳。誠實著見，學者多不曉」（《墨客揮犀》卷8）。這些話用今天的話語解釋，就是說文章要做到氣不滯，筆無礙，就要以真誠的態度表達。忠義之氣，務虛地說，就是孟子所謂「浩然正氣」；說實在點，就是真誠無欺的待人處事，體現在詩歌上就是既要反映現實，又要考慮社會倫理的和諧。杜甫之所以被人稱為「詩史」，他超過別人的地方就在於詩歌既真誠反映了現實，又真誠表達了自己對於社會、他人的關心。杜甫「築場憐蟻穴，拾穗許村童」（《復作歸田去》）兩句詩，旁人便以為「有仁民愛物意」（《苕溪詩話》卷6）。故黃庭堅所謂「感然而發」，是指忠厚詩人將「眼中所見，心中所感」用文字表達出來。

在與晚生後輩的往來書信中，黃庭堅與何斯舉也談到這樣的詩學問題。（宋）王暐《道山清話》記載，何斯舉「黃州人，少年識蘇子瞻。初名頎，字頎之，後名頡之。黃庭堅魯直極推重之，嘗與斯舉簡云：『老病昏塞，不記貴字，欲奉字曰斯舉，取色斯舉矣，翔而後集，但恐或犯公家諱字爾。』」作為詩學後輩，黃庭堅曾誇讚何斯舉，說「觀斯舉詩句，多自得之，他日七八少年，皆當壓倒老夫。須得忠信孝友，深根固蒂，則枝葉有光輝矣」（《答何斯舉書四》）。所謂「自得之」，蓋言何斯舉的詩歌有自己的想法和創造。只是黃庭堅又何談「忠信孝友，深根固蒂，則枝葉有光輝」？

昔劉勰、鍾嶸批判南朝詩文無病呻吟，認為詩歌若沒有情志，辭藻和技巧就成為純粹的堆砌與雕琢。對於詩歌的根本，劉勰說：「文采所以飾言，而辯麗本於情性。故情者文之經，辭者理之緯；經正而後緯成，理定而後辭暢：此立文之本源也。」（《文心雕龍・情采篇》）其詩論可以歸納為：情志是根本，風骨是枝幹，文采是花朵。而文采則包括對偶、聲律、用典等方面的講究。鍾嶸《詩品序》也說：「若乃春風春鳥，秋月秋蟬，夏雲暑雨，冬月祁寒，斯四候之感諸詩者也。……凡斯種種，感蕩心靈，非陳詩何以展其義？非長歌何以騁其情？」此話意思是「感動和激蕩人心靈的詩歌，要麼因其呈現了詩人的深刻思想；要麼是暢達了詩人的感情。」與劉勰、鍾嶸本於情感的詩論比較，在儒學環境中成長起來的黃庭堅則更堅持「忠信為本」的詩學途徑。其詩學核心是「忠信孝友」作為人的良好品德，可以給詩歌創作注入正脈元氣。杜甫因為有忠義之氣，其「感然而發」的詩歌才有超越古今的永恆魅力。黃庭堅強調「忠信」在詩歌創作中的本體地位，正是以杜甫為師的結果。

至於學問，黃庭堅在《戒讀書》、《與王子飛七道》等文章中，多次談到「士大夫家子弟能知忠信孝友斯可矣，然不可令讀書種子斷絕」（《戒讀書》）、「忠信者，事之基也，有忠信以為基，而濟之以好問強學，何所不至哉」（《訓郭氏三子名字序》）等等這樣的斷語。可見，在黃庭堅心中，「忠信孝友」雖然有「日就月將者」（《與王子飛七首》），自然天成者，但是「臨書嚮往，千萬強學力行」，更有助於學者達到目標。故有人天生品性純良，自然便可踐行「忠信孝友」，但並沒有通過讀書自覺地明白「忠信孝友」的真諦內涵。反向而言，雖然有學問者，並不一定能成就「忠信孝友」的品行，然而「學問」足以明道，更有助於學者理解「忠信孝友」的涵義。在《與周甥惟深》書信中，黃庭堅認為「甥天資甚美，但恐讀書未得其要。觀古人書，每以忠信孝悌作服而讀之，

則得益多矣。」其對於外甥的忠告是：閱讀古人書，要理解「忠信孝悌」的根本要義。然後，還「須治經，自探其本，行止語默，一一規摹古人」(《與徐師川書四》)。在詩文與學問之間，「忠信」是詩文之根本。學問可以明「忠信」，「忠信」乃詩文正脈、氣節。故黃庭堅認爲「文章乃其粉澤，要須探其根本，根本固則世故之風雨不能漂搖」(《與徐師川書四》)。

孔子當年以「文、行、忠、信」(《述而篇》第25章) 四種內容教育學生。而朱熹說：「曾子以此三者日省其身，有則改之，無則加勉，其自治誠切如此，可謂得爲學之本矣。而三者之序，則又以忠、信爲傳習之本也。」〔註30〕無論是「文行」還是傳習「忠信」，均不離「忠信」這個根本。儒家尤重修身，以文行修養自身，其實質就是培養「忠信」的品格，故凡有「忠信」者，才能通過「文、行」更好地表達自己。詩文既以「忠信」爲本，那麼「忠信」除了成爲作品的內容與正氣之源，它還代表作者對待詩歌的創作態度。所謂「忠信者，事之基也」，「忠信」作爲「做事的根本」。從根本上講，它始終代表人們在社會上與人交往，對人對事的態度。詩人以創作爲「事」，自然應以「忠信」的態度爲之。

我們談到過，華夏民族集體協作的農業文明，需要人和人之間建立起互信。於是，對於個體的責任和要求，「忠信」作爲華夏民族的良好品質被特別提了出來。客觀上，每個人都可以自然地活著，然而超越動物的社會化生活卻需要人們彼此建立起基本的信任。由此，孔子將「心懷忠信和仁義」(《孔子家語·五儀解》) 的人定義爲君子。君子對於孔子來說其實並不崇高，看起來也「好像很容易超越」(《孔子家語·五儀解》)，其對君子的要求也可以簡單定義爲「讓人成其爲人」(超越動物) 的標準。儒家認爲，君子與小人除了理想之外，最大的區別就在於，君子內心始終有不可突破的原則要堅守，譬如「孝悌」、「忠信」。作爲講究儒學修養的北宋士大夫，黃庭堅等人以君子自許，自然就應以「孝悌」、「忠信」爲其根本。實際上，「忠信」的品質，在「孝悌」中就已經體現出來了。對父母的孝順中，就包含了對於父母的忠誠不欺，不說謊，不背叛。「孝順」中就包括了最初的，在家庭內部的「忠信」，只不過在家庭

〔註30〕 朱熹這話的意思是，曾子每天用忠、信，以及用實踐來驗證「忠信」這三件事。別人給自己指出的缺點錯誤，如果有，就改正，如果沒有，就用來提醒自己不犯同樣的錯誤。他自己檢查自己，要求自己如此真誠懇切，可謂得到了學習的根本。而三件事中，又以「忠信」作爲自己學習實踐的根本。詳見朱熹：《四書集注》，鳳凰出版社2005年版，第49頁。

中，血緣在那裏，其勿庸置疑，所以沒有特別拿出來要求。因為對父母忠誠，不說謊，這是天經地義的，無須強調。但是，這種情況到了社會上，家庭的親情血緣關係沒了，「忠信」的重要性就突顯出來了，它們成為維繫社會中人與人關係的基礎（圖27）。於是，從「孝悌」中發展出來的「忠信」關係，就成為人們在社會，對待除父母親人以外，與他人構成的良善關係。

「孝悌」與「忠信」關係轉化圖

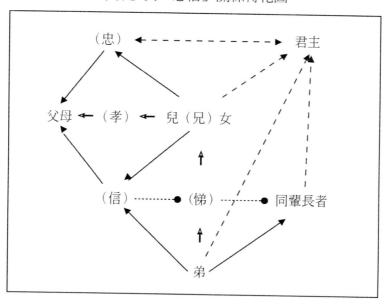

圖 27

圖示說明：

① 兒女對父母要「孝」，故用單向「←」表示。

② 弟弟對於兄長要講尊敬的「悌」，故用「↑」表示。

③ 對於母的「孝」本身就包括了「忠」、「信」。只是「忠信」在家庭裏是不言自明的無須特別強調、提出。故「孝悌」、「忠信」特別用「( )」表示。

④ 家庭中，弟弟對兄長的「悌」，到了社會上就轉化為對同輩年長者的「尊重」，而社會上的同輩中人還兼及「信」的講究，故在「悌」與「信」至於「同輩長者」之間，用「……●」表示。

⑤ 步入社會的父兄、弟弟、同輩年長者對於君主，還要特別講究「忠」的觀念，故由「兄弟」、「同輩年長者」及「君主」之間，用「--►」表示。虛線表示的是「天命」之外衍生出來的關係，即所謂「道義」

　　黃庭堅認為作詩之人要講求忠信，那麼真誠作詩，是否算是為人「忠信」的要求呢？若以「忠信」作詩，則必要以真實的閱歷、真實的讀書作為寫詩的基礎。黃庭堅讀杜甫「青青竹筍迎船出，白白江魚入饌來」兩句詩，聯想起王祥「臥冰求鯉」、孟宗「哭竹生筍」的孝道故事，以為「此送人迎庭闈詩，故用此二事，皆孝於親者」（《艇齋詩話》）。而宋人亦謂黃庭堅《贛上食蓮有感》一詩，「讀之知其孝悌之人也」（《艇齋詩話》）。原因是「蓮實大如指，分甘念母慈。共房達角戲，更深兄弟思」，而「蓮心正自苦，食苦何能甘」、「安得同袍子，歸製芙蓉裳」等詩句，實則因食蓮子的「分甘」，想到了母慈，有了兄弟之思。想著自己拿著厚祿，不僅愧對家人，而且愧對鄉國。這樣有層次的情感推衍，正是由家庭「孝悌」推至社會「忠信」的儒家思維，在詩歌作品中的呈現。推己及人，這也符合受眾對於共同情感的接受。假若詩歌情感僅限個人情感範疇，且不屬於社會大眾的共同情感，不為大眾所理解，很難想像這樣的詩歌能得到怎樣的社會推崇。

（二）學問與閱歷，是詩文水平提高的重要輔助。讀書精博，則可以取得事半功倍的效果。

　　古人所言「學問」者，既學且問，「問」則涉及言語「交流」。其內涵既包括書本知識的學習獲取，也包括市井、師友間聽聞、詢問得來的經驗和知識。故黃庭堅晚年謙稱自己「學問既少，記憶早衰，緝綴翰墨，粗能達意」（《與元勳不伐書九》）。「學問既少」的真實意思，其實是如今年老，與人少有交流，於外界也少有關注。關於學問，黃庭堅晚年雖然說過「早為學問文章誤，晚作東西南北人」（《同韻和元明兄知命弟九日相憶二首》），但是學問對於詩歌水平的提高卻是黃庭堅樂於承認的要訣。故他才有「詩詞高勝，要從學問中來」（《苕溪漁隱叢話前集》）的說法。

　　元符元年，徐俯（字師川）寓居同安，「里中有佳士，又四旁有禪老」，黃庭堅誇讚「居必擇鄉，遊必就士，今兩得之矣」（《與徐師川書》）。又言「見所作二詩，皆有老成之氣，他日學問文章當不憂，但念當得知識深遠，老於世故者相與琢磨，乃為有益。」（《與徐師川書四》）兩封書信，皆談到朋友交往、人生閱歷與學問對於詩歌創作的益處。黃庭堅深諳朋友、師長交往對於學問提升的益處。紹聖五年四月，黃庭堅貶謫四川涪陵時，為友人新築堂起名為「朋樂堂」。引用孔子語錄「有朋自遠方來，不亦樂乎」，認為「夫獨學而無朋，

此窮鄉之士所以罕見寡聞，終身守其固陋，不可適於通達之邦者也。」(《朋樂堂記》)由此推衍，黃庭堅認爲學問淵源中的家學、師友傳承尤其重要。黃庭堅的這一觀點主要源於他對杜甫詩學的認識。陳師道曾談道，「黃魯直言：『杜子美之詩出審言，句法出庾信，但過之耳。』」《詩眼》也說：「古人學問，必有師友淵源……杜審言已自工詩，當時沈佺期宋之問等同在儒館爲交遊，故杜甫律詩布置法度，全學沈佺期，更推廣集大成耳」(蔡夢弼《杜工部草堂詩話》卷第 1)。

　　按照「里中有佳士，又四旁有禪老」的說法，黃庭堅顯然認爲徐師川要充分利用這些良好的師友資源，學問文章才有提升的保障。儘管徐師川在這方面已經做得夠好了，所謂「士大夫多報吾甥擇交不妄出，極副所望，詩政欲如此作」，但是黃庭堅仍然認爲其「未至者，探經術未深，讀老杜、李白、韓退之詩不熟耳」(《與徐師川書》)。言下之意，他認爲徐師川還要努力探究經書學問，熟讀杜甫、李白、韓愈等人的詩歌。此外，黃庭堅《論作詩文》中，刻意強調「詞意高勝，要從學問中來爾」。黃庭堅這種觀點的由來，其實既有蘇軾的影響，也是自己的經驗總結。元符年間，太守魚仲修來信「求堂名」，黃庭堅炫耀《左傳》的學問，輒書「整暇堂」三字寄去。〔註 31〕對於學問的邏輯聯想、差異借鑒，才想到這樣富於內涵的堂額匾名。對於朋友王觀復求教詩文道理，黃庭堅特別提到「公學問行己之意甚美，但文章語氣務奇詭，不平淡。昔東坡嘗云：『熟讀《檀弓》二篇，當得文章體制。』此確論也，願以此求之」。同時，他還認爲京洛多士，才俊甚多，「鮮澄溫良有餘，但恐強毅不足」。造成這些弊病的原因只有一個，就是「讀書少耳」(《答王觀復》)。如此一說，似乎是希望王觀復多讀書，憑此詩文必有提高。其實不然，在另一封給王觀復的書信中，黃庭堅一方面稱讚王觀復「強學博聞，日新不已」(《答王觀復》)，但是一旦看到「所送新詩，皆興寄高遠，但語生硬，不諧律呂，或詞氣不逮初造意時」，則認爲「此病亦只是讀書未精博耳」(《與王觀復書三首》)。由此可知，黃庭堅提倡的是讀書精博，而非良莠不擇地濫讀。其中的秘要關節，雖然未能明言，但是黃庭堅能有這樣的見識，除了規摹多年的創作經驗總結，也可看出黃庭堅在書籍閱讀方面，已然進入我們今天所謂「系統化、

〔註31〕　《左傳·成公十六年》載：「日臣之使於楚也，子重問晉國之勇，臣對曰：『好以眾整。』曰：『又何如？』臣對曰：『好以暇。』」。後因以「整暇」形容既嚴謹而又從容不迫。

專業化」的研究生程度。此外，對於創作而言，「讀書精博」意味著詩歌「點鐵」、「奪胎」的是前人典範的作品。

　　對於後學晚輩，黃庭堅一方面告誡「宜勉強於學問，歲月如流，須及年少精力讀書」，另一方面又特別強調讀書「不貴雜博，而貴精深」（《論作詩文》），「如老杜詩，字字有出處，熟讀三五十遍，尋其用意處，則所得多矣」（《論作詩文》）。以爲如此，才能看出詩歌的精妙處。所謂「長袖善舞，多錢善賈，不虛語也」（《與王觀復書三首》），這一切都需要時間的沉澱與歷煉，急也急不來的。書籍「精博」者，就詩歌創作而言，黃庭堅從自身多年的體會，認爲閱讀杜甫、李白、韓愈等人的作品更能有效地幫助學者進步，但對精博閱讀與創作提升之間的因果關係卻並沒說清楚。經由讀書精博的觀念入手，黃庭堅只是推出作詩的一條重要原則性技巧，即是「吟詩不必務多，但意盡可也」，又說：「古人或四句兩句便成一首，今人作詩徒用三十五十韻，子細觀之，皆虛語矣」，認爲詩歌創作的要點是「詩之言近而指遠者，乃得詩之妙」（《論作詩文》）。江西詩法借鑒學習的原則是，不是看哪一首詩具有永久價值，而是看哪些詩有助於作者創作出自己的詩歌。〔註 32〕似乎只要精博地讀書，有選擇地借鑒模仿，就會對詩歌創作產生好的效果。

　　從杜甫、黃庭堅作詩比較，杜甫雖然提出「無一字無來處」，但是其中所謂的「詩之來處」，既可以是書本，當然也可以是生活中來。我們說過，以唐代擁有千卷書籍即爲藏書家的情形，李白、杜甫長期處於顛沛流離狀態，不太可能讀書破萬卷。杜甫詩中某些意象的來源，可證其詩歌「來處」重要的一環是生活閱歷。譬如「烏鬼」、「攤錢」等，都是杜甫漂泊經歷所得。王禹偁貶陝西商州團練副使，有《畬田詞》曰：「大家齊力斸孱顏，耳聽田歌手莫閒。各願種成千百索，豆箕禾穗滿青山。」詩句中「千百索」令人費解，幸虧詩人自注：「山田不知其畝畝，但以百尺繩量之，曰：某家今種得若干索，以爲田數。」由此，我們是否可以說，詩中常用的古字、冷僻字、外來語、典故，則更多可能來自於閱讀。凡那些方言口語、俚俗用語轉化而來的意象，更有可能是閱歷所得，而非讀書所導致。至於象聲詞，模擬象形的詞語，則既有可能是閱歷，也有可能是閱讀繼承。譬如王安石以學問作詩，有「蕭蕭搏黍聲中日，漠漠春鉏影外天」詩句。按《詩疏》的解釋，搏黍指的是黃鸝。

〔註32〕〔英〕特雷・伊格爾頓：《二十世紀西方文學理論》，伍曉明譯，北京大學出版社 2007 年版，第 38 頁。

黍方熟時，黃鸝鳴於桑間，故有其名。而依《爾雅》的說明，舂鉏指的是鷺，取鷺之行步。至於林逋詩「草泥行郭索，雲木叫鉤輈」，亦據揚雄《太玄》所記。所謂「『鉤輈』，鷓鴣聲也，郭索是蟹爬之聲形。然揚雄、李群玉就已經談過「鉤輈格磔聲」、「郭索，用心躁也」（《太玄》）。同樣說明，林逋寫此詩，乃讀書而得螃蟹、鷓鴣的象聲詞，而非自創。而實際情況或者是，「鷓鴣，其聲格磔可聽，世俗想像其音，或云『懊惱澤家』，或云『行不得哥哥』，蓋方言不同，而歌詠亦各用之」（《娛書堂詩話》卷上）。

　　黃庭堅《宿靈湯文室》詩云：「臨池濯吾足，汲水濯吾纓。塵埃一謝去，神與體俱清。月明漸映簷東出，置枕東床夜蕭瑟。更無俗物敗人意，唯有清風入吾室。」隨眼看去，對於孔子《孺子歌》、阮籍《詠懷詩》（夜中不能寐）的借鑒十分明顯。只是當時的情境似乎與古詩並不相侔。譬如溫泉泡湯，濯足濯身是肯定的，但是濯纓卻也未必，況且以宋人穿戴，「纓」字顯然不妥，強行帶入，未免有失當時情境之客觀與生動。宋人戴的帽子稱為「幞頭帽子」。皇帝官員戴展腳幞頭，兩腳向左右平直伸出，可長達數尺。身份低的公差、僕役等，則多戴無腳幞頭。〔註33〕可見，宋人戴的多為幞頭、烏帽之類，而沒有帽纓。黃庭堅在詩裏，說用溫泉水洗自己的帽纓是不合適的，因為他那個年代所戴的帽子沒有「纓」。即如我們不加辨析地襲用「拂袖而去」成語，其實現代服飾早已沒有寬大的袖子，根本無法做到「拂袖而去」。黃庭堅的例證說明，詩歌重要的不僅是博學廣聞，更加需要將之與現實聯繫，直接捕捉感覺的能力。詩歌畢竟需要選擇用形象、貼切的文字傳達出感覺。否則，「無一字無來處」的創作，除了「弔書袋」的炫耀之外，終究難以獲得讀者認同。

　　除此以外，由於詩歌的語境兼有「共時性」和「歷時性」兩層含義延展，詩歌意象所涉及的內涵既關聯某個時代與對象相關的一切事情，也是「一組同時再現的事件，包括我們選來作為原因和結果的任何時間以及所需要的種種條件」，詞語的豐富表現力正是源於這些「再現的事件」及其相互闡釋和彼此印證。〔註34〕古典詩歌中常見的典故，也是歷史語境影響作品意義的最好詮釋。所以，「精博閱讀」還可以給詩歌帶入典故，其「再現的事件」與現實產生相互闡釋和彼此印證的內涵。譬如黃庭堅《登快閣》：「癡兒了卻公家事，快閣東西倚晚晴。落木千山天遠，澄江一道月分明。朱弦已為佳人絕，青眼

〔註33〕孫機：《中國古代物質文化》，中華書局 2014 年版，第 109 頁。
〔註34〕朱立元：《當代西方文藝理論》，華東師範大學 2014 年版，第 72 頁。

聊因美酒橫。萬里歸船弄長笛，此心吾與白鷗盟。」當時，黃庭堅任江西吉州泰和縣令，該縣贛江邊上有快閣亭，以江山廣遠、景物清華著稱。如按字面義解，黃庭堅說自己是個癡兒，只會敷衍官事。馬馬虎虎辦完了公事，就想登上快閣看晚晴去。事實上，詩人在這裡用了一個關於「癡兒」的典故，典故本身又構成了一個語境，讀者需要在這個語境裏理解黃庭堅的詩。

初入仕途任職葉縣，黃庭堅閑暇時閱讀《晉史》，故那段時間的詩歌，多用《晉史》典故。傳咸（239年～294年），字長虞。傳玄之子，北地泥陽（陝西耀縣東南）人。曾任太子洗馬，襲父爵，遷任尙書右丞，也是西晉文學家。《晉書‧傳咸傳》記載：晉惠帝時，太傅楊駿專權，委任親信，網羅黨羽。傳咸不斷規勸楊駿。楊駿不耐煩，想把傳咸趕出朝廷，外甥李斌直言不可。楊駿之弟楊濟與傳咸友好，也勸他多事不如少事。楊濟給傳咸寫信，說：「生子癡，了官事，官事未易了也。了事正作癡，復爲快耳！」，傳咸不聽。此處「生兒癡，了官事」一典，其實是楊濟勸傳咸對於官家的事情不必事事明察，馬虎點算了，裝點傻自己也痛快。

在這樣的語境下，文本的意義已不是說黃庭堅馬虎應付官家差事，而有了多種含義：一是自嘲，嘲笑自己能力不行，不能了公事；二是自許大器，要自己生活狀態瀟灑些，不願身心完全沾滯在公事上；三是自我放任，不願了公事。想回家與「白鷗」共處。詩中透露了對官場生涯的厭倦和對登快閣亭賞景的渴望。黃庭堅想表達的意思是，希望自己能夠擺脫官事的羈絆，找只船坐上去吹笛子，漂流到家鄉去，與白鷗爲伴，自在逍遙。這裡所謂「與白鷗盟」，源自《列子‧黃帝》。文曰：「海上之人有好漚（鷗）鳥者，每旦之海上從漚鳥遊，漚鳥之至者，百住而不止。其父曰：『吾聞漚鳥皆從汝遊，汝取來，吾玩之。』明日之海上，漚鳥舞而不下也。」這則故事是說，有人在海上與鷗鳥遊玩，其父看到了，要兒子取鷗鳥與自己玩，最後鷗鳥都飛在空中，不肯下來。原因是這位父親心理不純淨，有利祿之心。王維有詩曰：「野老與人爭席罷，海鷗何事更相疑」（《積雨輞川莊作》）。說的卻是，因爲父子有了捕捉的企圖，鷗鳥不再信任他們，只在空中飛舞不肯落下。後人遂以與鷗鳥盟誓表示毫無心機，以無利祿之心，借指歸隱。因黃庭堅《演雅》云：「江南野水碧於天，中有白鷗閒似我」，所以「白鷗盟」應是詩人借用典故，表達追求閒意自適，願與白鷗爲伍的生活態度。黃庭堅這種閒適隱逸的想法，其實是「小農意識」的雅化表現。蘇軾曾說：「有大人之事，有小人之事。愈大則身愈逸

而責愈重，愈小則身愈勞而責愈輕。……責重者不可以不逸，不逸，則無以任天下之重。責輕者不可以不勞，不勞，則無以逸夫責重者」（《禮義信足以成德論》）。蘇軾認爲，人在社會有其定位和責任，不可推卸。農夫只管自家，君主則憂天下。所以有隱逸思想的人，其本質是「農夫自給自足」的思想延伸而已，本質還是小農意識。

正由於典故中的歷史語境，從而使看似簡明的語詞，通過典故豐富的內涵大大拓展了詩歌意義。由此可見，語境構成了一個歷史與現實意義交互的語義場，使得詞語產生豐富的言外之意。充分理解文本語言的在場意義（詩歌上下文的意思）和不在場的意義（典故帶入的歷史涵義等）成爲讀者「細讀」品鑒的重要任務。

二、最易普及的實用技巧：「點鐵成金」、「奪胎換骨」

實際上，就江西詩派的詩學主張而言，「無一字無來處」所導出的「博學廣聞」並不是黃庭堅的獨門秘訣。從《東坡志林》（卷1）、《清波雜志》（卷11）的記載，可知歐陽修等人早有「多讀書」的觀點。若論言有不同，就是黃庭堅所謂的「博學」，更強調「精博」（選擇性）的讀書。然而不管是讀書，還是精博地讀書，這些只是詩歌創作的基礎。若論詩歌創作，還須具體深入到創作論的領域。莫礪鋒說：「在這種情況下，黃庭堅提出了『奪胎換骨、點鐵成金』這種在辭、意兩方面向前人作品學習的方法，給那些在前人的豐厚遺產面前不知所措的詩人們指出了一條積極利用文學遺產的道路，在當時起了很大的影響。」〔註35〕其實，因黃庭堅形成的江西詩派的思想主旨也與平淡詩風一致，就是規避晚唐五代以來詩歌的缺陷。只是江西派走得更爲具體，更易於操作。與此前「平淡」詩學的抽象品鑒不同，江西詩學除了「無一字無來處」之外，還有「點鐵成金」、「奪胎換骨」這樣更爲具體的方法。（宋）孫奕《示兒編》（卷10）載「晁、黃得奪胎換骨之活法」。這些方法既是對傳統的總結，也有自我的創新。

《東都事略》認爲黃庭堅文章略勝於詩，只是江西詩人推崇其詩，將之與蘇軾並列爲蘇、黃。然而在黃庭堅的詩學主張中，「點鐵成金、奪胎換骨」的確是獨特的作詩訣竅。關於「奪胎之法」，惠洪《冷齋夜話》（卷1）轉述黃

〔註35〕莫礪鋒：《江西詩派研究》，齊魯書社1986年版，第20頁。

庭堅之語，說：「詩意無窮，而人之才有限。以有之才追無窮之意，雖淵明、少陵，不得工也。然不易其意而造其語，謂之換骨法；窺入其意而形容之，謂之奪胎法。」〔註36〕南宋楊萬里論「奪胎換骨」時，界定其為「有用古人句律而不用其句意者。」（《詩人玉屑》卷8）「奪胎」與「換骨」，其實是作詩的兩種「太極」式的思路轉向與創作方法。一則是不用古詩之意，而自創詞語與意境；二則是襲用古詩之意，稍加改變化用之。如陳師道襲用杜詩「清江一曲抱村流」（《江村》）的境界，改為「城與清江曲」（《登快哉亭》）。同樣都是「江水繞城曲折而流」畫面景象，但是二者語詞構造並不相同。又如李白詩云：「幾度雨來成惡熱，一番風過有新涼」，劉莘老之子劉跂《龍山寺》詩曰：「急雨欲來先暑氣，涼風已過卻秋聲。」兩人「詩意雖同，然皆佳句」（《憂古堂詩話》）。然而，「奪胎換骨」的精髓卻在於援用前人之語而另立新意。按照這一詩法要旨，陳師道「城與清江曲」這句詩實際並不符合「奪胎換骨」的要求。

　　至於「點鐵成金」，其實是對詩歌提出了超出模仿的更高要求，其意「點鐵」成就某種境界。「奪胎換骨」相對容易做到，「點鐵成金」有推陳出新的要求，卻不那麼容易實現。黃庭堅《答洪駒父書》：「古之能為文章者，真能陶冶萬物，雖取古人之陳言入於翰墨，如靈丹一粒，點鐵成金也。」這要求作者學養、修辭等能力極好，能夠化腐朽為神奇，點鐵成金。譬如蘇軾「水光瀲灩晴方好，山色空濛雨亦奇」（《飲湖上初晴後雨》）雖有模仿韋應物「煙雨湖光軟漾，空濛山色生奇」（《煙雨》）之嫌疑，卻顯然超越了韋應物。故莫礪鋒認為范溫《潛溪詩眼》所謂「句法以一字之工」，並非黃庭堅「點鐵成金」的原意，「陳師道以『換骨』比喻學詩日久自然悟入之理，也不同於黃庭堅所說的『奪胎換骨』」。黃庭堅的「『點鐵成金』主要指師前人之辭，『奪胎換骨』主要指師前人之意，本是有所區別的」〔註37〕。黃庭堅《和陳君儀讀太眞外傳五首》：「扶風喬木夏陰合，斜谷鈴聲秋夜深。人到愁來無處會，不關情處總傷心」，對比白居易「峽猿亦無意，隴水復何情。為到愁人耳，皆為斷腸聲」詩句。曾季狸因此認為其「全用樂天意」，此所謂「奪胎換骨者是也」（《艇齋詩話》）。

〔註36〕洪覺範《冷齋夜話》載，山谷云：詩意無窮而人之才有限，以有限之才追無窮之意。雖少陵、淵明不得工也。然不易其意而造其語，謂之「換骨法」，規模其意形容之，謂之「奪胎法」。予嘗以覺範不學，故每為妄語。且山谷作詩，所謂一洗萬古凡馬空，其肯教人以蹈襲為事乎？見吳曾《能改齋漫錄》卷10。

〔註37〕莫礪鋒：《江西詩派研究》，齊魯書社1986年版，第284頁。

實際上，所謂「點鐵成金」、「奪胎換骨「，以師「前人之辭」、「前人之意」言之，尚顯粗淺。此種詩學方法的本質，其實是針對詩歌「失味」、「無感」的病徵，提出「推陳出新」的創作要求。既要推陳出新，令人有感的「詩性」（或文學性）重構才是黃庭堅「點鐵成金」、「奪胎換骨」的終極本意。故元代韋居安說：「奪胎換骨之法，詩家有之，須善融化，則不見蹈襲之跡」（《梅磵詩話》卷上）。蘇軾《法惠寺橫翠閣》有「雕欄能得幾時好？不獨憑欄人易老。百年興廢更堪哀，懸知草莽化池臺」詩句，雖是此詩明顯襲用李煜「雕欄玉砌應猶在，只是朱顏改」、「獨自莫憑欄，無限江山，別時容易見時難」的詞句，但是卻能逆反其意，認為不僅「憑欄人易老」，雕欄、池臺也會荒蕪衰敗。另外，蘇軾《東欄梨花》有「惆悵東欄一株雪，人生看得幾清明」，借用杜牧《初冬夜飲》「砌下梨花一堆雪，明年誰此憑欄干？」詩句。杜牧說的是「明年梨花依舊，然而看花的人卻不知是誰了？」，蘇軾則是從眼前盛開的梨花，想到人生短暫，沒有幾個清明節可以度過。據說張文潛「好誦東坡《梨花》絕句，……每吟一過，必擊節歎賞不能已」（《容齋隨筆》卷 15）。借用前人雅句，蘇軾將獨特感受鎔鑄到自己的詩境中，顯然是「點鐵」、「換骨」之法的成功運用。這也從另一側面，證實了以蘇軾的「博學」與「才力」，才能保證這類詩歌創作技巧的恰當運用。事實上，宋代從歐陽修、梅堯臣之後，蘇軾、黃庭堅等人立足於自己的知識學養，一直致力於詩歌的創作與革新。黃庭堅有詩「我居北海君南海，寄雁傳書謝不能」（《寄黃幾復》），既借了《左傳·僖公四年》楚子與齊桓公「君處北海，寡人處南海」的對話，又化用了杜甫《天末懷李白》「鴻雁幾時到，江湖秋水多」的詩句。黃庭堅「點鐵成金」的功力在於「寄雁傳書」的「謝不能」，映像出「大雁只能飛到衡陽」的極限，范仲淹「衡陽雁去」（《漁家傲·秋思》）的詞句，王勃「雁陣驚寒，聲斷衡陽之浦」（《秋日登洪府滕王閣餞別序》）的延伸境界便紛呈而至，已然超出杜甫之境。

南宋汪藻雖未列入江西詩派，然確曾向徐俯請教「作詩法門」（《獨醒雜誌》卷 4），且深受江西詩學的影響。其《春日》詩曰：「一春略無十日晴，處處溪雲將雨行。野田春水碧於鏡，人影渡傍鷗不驚。桃花嫣然出籬笑，似開未開最有情。茅茨煙暝客衣濕，破夢午雞啼一聲。」張世南稱「此篇一出，便為詩社諸公所稱」〔註 38〕。雖然如此，其中「春水碧於鏡」、「鷗不驚」、「桃花出籬笑」，甚至「雞啼一聲」的感覺，都有借鑒或竊用的嫌疑，並無作者親身

〔註 38〕　（宋）張世南：《遊宦紀聞》卷 3，張茂鵬點校，中華書局 1981 年版，第 23 頁。

感受後的獨特覺悟。尤其是「破夢午雞啼一聲」雖有些變化，終不如梅堯臣「人家在何許？雲外一聲雞」(《魯山山行》)給人感覺更深刻，距離饒節「山盡路回人跡絕，竹雞時作兩三聲」(《雲臥紀談》卷下《山居頌》)的山居野趣也更遠。所謂「野趣」之「趣」，終有發自內心喜歡的感覺。故汪藻有讀詩的博學，「才力」卻體現為剪裁、改易詩句的能力，所帶入的「覺與悟」並不明顯。雖然詩歌並不一定要表達自己的獨特感覺，但是作者的「才力」卻也能「雜取種種，合為一個」。一旦，我們將此等詩歌，相比於曾公亮「枕中雲氣千峰近，床底松聲萬壑哀。要看銀山拍天浪，開窗放入大江來」(《宿甘露僧舍》)的詩語奇特，即可發現其中差強人意的，正是汪藻沒有把握住屬於自己的「感覺」。所謂「把握」者，除了用文逮住「感覺」之外，還包括思維對於「感覺」的重新思索與整理。如杜甫《螢火》詩云：「幸因腐草出，敢近太陽飛。未足臨書卷，時能點客衣。」字句均點出自己對螢火蟲的感覺，以及對於「感覺」的思索與整理。由此可知，黃庭堅提倡的「博學」雖然超出了初學者能力所及，但卻是詩歌水平持續提高的保障。而所謂「奪胎換骨」、「點鐵成金」，黃庭堅之前的宋代詩人早就不自覺地使用這類方法。此種方法雖然方便初學者得其皮毛，卻並不是詩歌提高的關鍵。

至於「才力」，我認為結合蘇軾、黃庭堅等人的創作實踐，其至少應包括三方面的能力：一是將讀書與經歷所獲得的感覺，擇優並轉化成語言的能力。如蘇軾「白雨跳珠亂入船」、「水枕能令山俯仰」(《六月二十七日望湖樓醉書五絕》)、「欲把西湖比西子，淡妝濃抹總相宜」(《飲湖上初晴後雨》)，都體現了作者從初始感覺中擇取表現，並用文辭逮意傳達出的獨特覺悟與聯想的能力；二是將讀書所獲得的辭句鎔鑄成詩句的能力。如黃庭堅「江山千里俱頭白，骨肉十年終眼青」，即由杜詩「別來頭並白，相對眼終青」(《秦州見敕目薛三璩授司議郎》)融鑄化出；而「惟見歸牛浮鼻過」(《病起荊州亭即事》)，既是佛書「牛浮鼻渡水」，又有唐人陳詠「隔岸水牛浮鼻過」(《北夢瑣言》)的閱讀痕跡；第三，「才力」還應包括另一種能力，即將「覺悟轉化成語言」與「現成辭句（讀書）轉化成詩句」進行再次匹配、融合的能力。第三種能力表現在詩歌創作中，多表現為詩人將過去詩歌中習見的語彙、意象儘量用得出人意料，打動人心。在蘇軾、黃庭堅等人的詩歌裏，常常呈現思索出奇的情狀。與蘇軾、黃庭堅、曾公亮相比，汪藻欠缺的恰是將自己的感覺、領悟轉變成詩化語言的能力，以及「覺悟（言語）」與「書籍辭句」再次融鑄結合的能力。

第四節　江西詩歌微距透視：能指的誘惑

索緒爾提出語言符號存在「能指」、「所指」二元對應的關係。簡言之，有聲意象是能指，概念針對的對象就是所指。如「Tree」的音聲針對「樹」的涵義所指。假若讀者不懂英語，所指便無法確認。如此一來，因為冷僻字、外來語、典故、個性表達等差異，能指與所指通常不能一一對應，這也為文字符號提供了想像或諸多解釋的可能。從這樣一種差異，拉康認為能指與所指之間存在著一個實在的屏障，存在著一種阻抗——即一個詞語並非如此簡單地揭示出它的意義。相反，它會引出語言鏈條上的其他詞語，正如一個意義本身會導向其他的意義那樣。於是，在邏輯上存在著一個能指先於所指的「純粹能指」，即能指並不具體指向什麼，它指向某一事物完全取決於其他各種能指之間的差異選擇，或者說周圍的「能指」固定其所指後，某一能指才能確定其所指。羊叫做「羊」是差異性選擇的結果，其「所指」與現實界的「羊」有聯繫，但是「能指」與現實的「羊」卻沒有必然的聯繫。因為有牛、豬、馬這些差異性「能指」的確定，「羊」的「能指」才有了確定的意指。

一、詩歌符號構成與「能指」漂浮

法國學者德里達認為，一個能指能引出相關的概念，並不因為有一個和它固定對應的先在所指，而是因為它能發出一系列和它相連又相異的其他所指。換言之，一個能指所涵蓋的，其實是無數與它有差異的其他能指。這些差異組成一個個意義的痕跡，積澱在這個能指之中，使它具有無數潛在的歧義，造成意義的不斷延宕變化。在能指漂浮的過程中，經驗與學問決定了「能指」的走向，以及意義痕跡呈現的多寡。其實，拉康與德里達並沒有創造什麼理論，他們只是依據自己的觀察，對於語言的特性做出符合實際的描繪。客觀地說，相比於字母文字，漢語的「能指」更具有隨「意指」懸浮而「不斷劃出或拖弋出痕跡」的特點，並且同樣具有「曖昧（氤氳浸染）」、「涵義分歧（墨分五色）」的語詞變化的特性，也更近似於中國意境「虛實相生」那樣的書畫寫意美感。

通常，大腦的工作原理是運用個人的經驗，來解釋眼睛看到、耳朵聽到的現象。譬如臺灣歌手黃舒駿《戀愛症候群》歌詞：「戀愛不但是一種病態，它還可能是一種變態。……有人一臉癡呆對著鏡子咬著指甲打噴嚏，有人對小狗罵《三字經》」。其實，「罵三字經」是臺灣人對於國罵都是三個字，如「他

媽的」、「狗日的」的委婉說法。若只是簡單理解成戀愛後某人對小狗國罵的變態表現，漂浮的「能指」則直接尋到了「所指」，這一層級的審美感覺便已終結。然而，若再仔細聯想《三字經》有「苟不教，性乃遷」、「養不教，父之過」的內容，受眾又極易將這兩句「三字經」混淆聯綴起來，這句歌詞便有了另一層隱含的意思——狗的主人（即狗的「父親」）用「三字經」罵小狗，其實是罵他自己，因為「狗（苟）不教，父之過」也，也更加應證了「戀愛不但是一種病態，它還可能是一種變態」。故「所指」的「多義性」或「曖昧性」（或稱為「能指」的遊弋），既可以令詩歌審美過程延長，也更能呈現出豐富的韻味。至於這句歌詞複雜多義的實現，其闡釋的可能性，乃是因為讀者聯想起了《三字經》的相關內容。藝術通行的是審美的滿足，其表現形式多樣，但是其內在給予人的感覺起伏卻是無疑的。

當然，「能指漂浮」也是一個頗為矛盾的心理接受過程：若無「漂浮」，詩歌的審美無法在讀者想像中呈現出豐富多樣。另一方面，若漂浮太久，或完全找不到「所指」的方向，漂浮物如同萬花筒，則會造成視覺與想像的雙重疲勞，不能將讀者引入到相對正確的聯想軌道或空間，最終或許會導致讀者放棄對於「漂浮能指」的執著理解與探求，甚至呈現為短時間的精神錯亂——思緒找不到「回家」的路。費解不能無解，無解的結果就會導致讀者索然寡味，其興趣和感覺最終無法留在這樣的思維裏。即如狄爾泰所說：「闡釋正在於這互相對立的兩個極端之間」。惟有陌生與熟悉之間，才有適合的闡釋與想像。對於追求「無一字無來處」的江西派詩歌而言，詩歌意象「能指漂浮」就有三種可能的情況：一是由典故迷惑帶來的漂浮；二是「感悟轉化成語言」與「現成辭句（讀書）轉化成詩句」進行重構、匹配所帶來的疑惑；三是詩歌意象重組之後，讀者聯想、闡釋延宕所形成的言外之意。

因為「能指」需要時間確認，索緒爾使用「符號」這個詞表示整體，用「所指」和「能指」分別代表概念和聲音形象。所謂「聲音形象」，既不是實際的聲音，也不是純粹物理學所說的聲音，而是聲音的心理印記，是聲音在我們的感覺上留下的印象。〔註39〕「『消』去痘」和「『削』鉛筆」，「消」與「削」聲音相同，它們的區別更多是出現在聲音帶入心理的印象，與所描述的形象相聯。無論是閱讀或是觀看，文字總是以聲音的方式將感覺在我們心靈留下印象。如漢字中的「瘆」、「躐」、「觳觫」之類，都有帶入心理的那種

〔註39〕 朱剛：《二十世紀西方文論》，北京大學出版社 2006 年版，第 277 頁。

聲音印象。這種聲音印記與音樂弦律的結合，有可能導致在聆聽異族歌曲，即使在聽不懂歌詞的情況，我們依然有可能出現審美陶醉的情況。故我個人認為，漢族人聽蒙古歌曲或閩南歌曲，或許比起蒙族人、閩南人會有特別的享受。當然，這種陶醉或享受不太可能源於人們對於歌詞的理解，只有可能源於音樂弦律配合歌詞唱出後，給我們留下的聲音印象（陌生化印象）。這種「感覺」印象，同樣進入了那個「費解——頓悟」的審美過程。歌曲由歌聲帶來的「感覺」，音樂帶來的情緒而非情感，才是異族歌曲給我們最重要的部份。此外，因為不懂蒙古語、閩南語等方言，由此造成「公蝦米」（實為「講什麼」）的曲解、誤會，也為歌曲開出另一層的意義指向。

　　此外，這種印象與我們直接看到的物象稍有不同，它已經是由文字喚醒的「回味」，是一種帶有「感悟」性質的「物象在意識中的重構」。如黃庭堅有「阿童三尺箠，御此老觳觫」（《題竹石牧牛並引》）詩句，「觳觫」這一「能指」不能令讀者立刻找到「所指」。遲疑片刻，這兩個文字喚醒了我們對於梁惠王所言「舍之，吾不忍其觳觫，若無罪而就死地」（《孟子·梁惠王上》）的回憶，於是讀者方能悟出黃庭堅詩中「觳觫」兩字，實指牧童所騎之「牛」。此牛雖不至於有「就死」的恐懼，但是也有對牧童箠鞭的畏懼。

　　通常情況下，視覺、聽覺、觸覺等，綜合成了知覺。由於知覺已經由大腦思維加工，故已略帶「感悟」的意謂。所謂「感悟」，就需要深入地體會物象信息，全面形成對物的印象，就不能停留在物象表面。然而只要「感悟」對象，「悟」得越是深入，距離（時間和空間）原來獲取的視覺、聽覺、觸覺等各種具體事物的感覺就越是模糊、疏遠。所以，我們又需要「回味」。一旦回味，就需要回到過去曾有的感覺，如何回去呢？只有喚回那些感覺記憶。不過，這種回憶不僅是恢復曾經的視覺、聽覺等感覺，其思維添加除了表象、想像之外，還兼有抽象悟道直至「形而上」的可能。由此，所形成的思維過程如下：**視、聽、觸覺等感覺綜合→→知覺**（感悟、悟入，思維帶入）**→→不限於表象、想像，更多是對表象深入的思考認識——有知覺的感悟→→回味到最初表象和各種感覺。**

　　關於知覺，弗洛伊德相信其原本是潔淨的，他相信我們的耳朵和眼睛忠實地把外部世界傳達到我們的心靈中。只是因為自己的潛意識或不正常的精神需要，這些「潔淨的知覺」才會被扭曲。緣此，美國學者霍蘭德試圖說明一個道理，即低層級的刺激對於高層級的系統起作用，既取決於刺激的程度，

也取決於個人上一層次感官的敏感程度。假若上一層級的感官系統很敏感，那麼產生防禦、期待、幻想、轉化的可能性就會頻繁出現；假若感官麻木，那麼刺激就不起作用。這其中有兩個環節在影響我們感知世界的構建：一是感官敏感度；二是幻想的豐富程度。幻想的豐富程度，就與我們的經驗與學問有關係。所以，無論是作者或是讀者，詩歌意象的「能指」與「所指」之間的漂浮及其有層次延宕的關係確認，都有賴於經驗與學問的支撐。

漢字與西方字母文字的比較，優劣均有。漢字的缺點是筆劃象形，書寫困難，閱讀門檻較高，局限了書籍學問的普及。其優點則是在象形、會意中，有更多的畫面感和複雜歧義。有朋友開了一家翡翠店，取名「翡翠世家」，其下對應的英文是「Jade family」。然而，「family」遠沒有譯出「世家」所謂「世代因襲」以及「誠信品質」的多重內涵。由此，漢語與英語對比，或者比較漢字這類象形文字與西方的字母文字，便會發現漢字詞組搭配，譬如「世」與「家」的組合，本身就可以包括複雜多義的內涵，而「family」的字母搭配，或者「world」與「family」搭配，完全不具有語言的審美多義秉性。同樣的情形，也出現在「頤和園」與「The Summer palace」的對譯與比較。「夏宮」完全不能呈現出「頤和園」的豐富含義，「Summer」與「palace」之間只有「夏天」與「宮殿」的邏輯聯繫，彼此沒有內涵豐富的審美聯繫。漢字的根性，無論是文字本身，或者詞組搭配，都具有表層、深層、引申、折射等多種類、多層次的審美含義。西方的字母詞語更強調邏輯上的聯繫，漢語詞語則是強調形象上的關聯。譬如英語「Timeout」，其意思是比賽中的「暫停」，這個詞可以從邏輯上推導為「規定時間之外」或者「比賽時間以外的時間」。漢字詞語則少有這樣的邏輯聯繫。而漢字構成的詩歌辭句，如「萬年枝」、「百子池」〔註40〕之類，往往都具有發散性聯想的審美結構，或「萬年的樹枝」、「百粒果子的池子」，或「冬青（冬天長青）的枝條」、「百子（寓意「多子多福」）的水池」，足以令詩歌受眾聯想出多種意義組合。

由於漢字天生具有「參差多態」的審美根性，使得每個漢字以及漢字組成的意象都有可能成為「能指網絡」中聯結眾多「所指」的結點。實際上，詩人的「所指」通常不會改變，但是「能指」意象卻要受到現實的影響發生

〔註40〕《憂古堂詩話》載：「唐上官儀《詠雪》詩：『幸因千里應，還繞萬年枝。』謝玄暉《中書省》詩：『風動萬年枝。』晏元獻詩：『萬年枝凝煙動，百子池邊瑞日長。』……萬年枝，江左謂之冬青，惟禁中則否。」

變化。譬如詩人表達性欲，欲望「所指」並沒有改變，它始終是「性欲」這檔子事，但是在詩歌裏卻不能直接說，必須要改變「能指」，將「性欲」的聲音或稱呼改成「杏花」、「油菜花」——用「油菜花=春（開花）=發春=發情」，這類更具有隱蔽性的「能指」來表示。當「能指」暫時無法確定「所指」，這些無法確定的「能指」在特定的文化氛圍裏，就會自然形成了一些彼此聯繫的象徵網絡。譬如「杏花」、「柳絮」、「春雨」、「魚」、「蓮」、「江南」、「雨巷」、「三月」等，模糊都指向一類「主題所指」——「情慾」。至於「山、水、風、雲、竹、石、花、草、雪、霜、星、月、禽、鳥」（《六一詩話》）諸字，在九僧筆下，其漂浮指向的或許大致都是對「枯淡的隱逸生活」以及「幽僻的山林景色」的喜愛。在符號語言的世界裏，所有的「能指」詞語之間存在著一個巨大的網絡，能指之間都存在未知的聯繫（需要作者找到這樣的聯繫）。只是彼此距離、遠近各有不同，審美也便在這「長短不一」的疑惑中尋找到不同幻象——即大腦中「意指軌跡」的呈現。如此一來，象徵的秩序其實是能指的秩序，每個能指本身沒有意義的差異因素，沒有絕對肯定的存在，象徵秩序純粹由它們相互間的差異關係構成，能指的意義也由彼此間的差異性存在而確定。詞語的某些「能指」的意義，也有許多是我們意識中想像不到的「指向」。如果不理解「能指」的準確意指，那麼對於我們而言，象徵界就是一個「能指」飄浮的世界，眾多的能指構成了象徵的網絡。

　　黃庭堅「管城子無食肉相，孔方兄有絕交書」（《戲呈孔毅父》）兩句詩，「管城子」、「孔方兄」作爲「能指」，在「士人名字」與「X（未知）」之間漂浮。因爲閱讀了韓愈《毛穎傳》及《後漢書・班超傳》，「管城子」才逐次指向「毛筆」，進而落實爲「讀書人」。而「食肉相」則指向班超「燕頷虎頸，飛而食肉，此萬里侯相也」的史書記載。至於「孔方兄」與「絕交書」結合，因爲「孔方兄」在漢民族符號中早已定形爲「銅錢」的意指；「絕交書」漂浮之後也因嵇康《與山巨源絕交書》，在漢語符號世界中找到了歸宿。由此可知，「能指」需要在漂浮的過程中，通過借助經驗、學問的聯想，找到相對可以捕捉到的「所指」。由於社會文化的歷史性累積，人類符號世界的象徵秩序構成了密集的「能指」網絡。在所有的「能指」詞語之間存在著一個巨大的網絡，能指之間都存在未知的聯繫，需要讀者憑藉學識和閱歷不斷去聯想發現。詩人或讀者閱歷、學問的多寡有時還導致其「所指」還不止一個，反而呈現出多個。由此可見，用典密集，借鑒頻繁的詩歌，意象「能指」極易漂浮，進

而形成時空延展的審美誘惑。西崑體、江西詩歌都具有這樣的審美誘惑，只是西崑體由於用典生僻，化用未能顯出平易，其誘惑極易墜入悵然若失或茫然無解。

我們且將楊億《代意二首》(其一) 與黃庭堅《次韻黃斌老所畫橫竹》比較。黃庭堅詩曰：「酒澆胸次不能平，吐出蒼竹歲崢嶸。臥龍偃蹇雷不驚，公與此君俱忘形。晴窗影落石泓處，松煤淺染飽霜兔。中安三石使屈蟠，亦恐形全便飛去。」楊億詩曰：「夢蘭前事悔成占，卻羨歸飛拂畫簷。錦瑟驚弦愁別鶴，星機促杼怨新縑。舞腰試罷收紈袖，博齒慵開委玉奩。幾夕離魂自無寐，楚天雲斷見涼蟾。」

據說，楊億此詩代「離婦」立言。此詩之所以令人難解，在於首聯用事，是《左傳·宣公三年》記載鄭文公妾燕姞，夢天使予己蘭，進而懷孕有子生穆公。然而，此為喜事，卻有悔意？次聯，「歸飛」二字用了《詩經·小雅·小弁》「弁彼鷽斯，歸飛提提」的含義，也解釋了「悔意」，乃是因為看見寒鴉群飛掠過屋簷，自己孤單的內心因羨慕而後悔。第三聯，「別鶴」這一能指極易誤會為「離別之鶴」，然實為商陵牧子寄寓「夫妻離異」的《別鶴操》〔註 41〕琴曲。此時，「悔意」才明確為與夫君分離，羨慕寒鴉成雙飛翔，更愁聽到《別鶴操》這首琴曲。第四聯，「怨新縑」出自漢樂府《上山採蘼蕪》，同樣訴說離婦被丈夫拋棄的遭遇。至於「舞腰試罷收紈袖，博齒慵開委玉奩」，又借歌舞、「博齒」〔註 42〕等娛樂之事，以「收紈袖」、「慵開」的行止反襯離婦沒有心情做這些娛樂的事。最末兩句，詩人代替離婦直抒因為思念夫君而無寐，楚天靜夜見到的惟有月亮的孤獨。

比較而言，黃詩尚能明白詩歌談論「畫竹」的況味，而楊詩閱讀下來則難尋題旨，所代之意渺然。究其原因，一是用典生僻、密集；二是詩歌沿襲化用，卻難有平易淺出之貌。閱讀這類「意象能指」密集漂浮的詩歌，讀者極易陷入字句斟酌分析的困惑，進而忽略詩歌整體的內涵表達。長時間費力地探求眾多連綴不起來的「意指」，也極易失去審美期待。整首詩的主題「所

〔註 41〕 《古今注》云：「別鶴操，商陵牧子所作也，娶妻五年而無子，父母將爲之改娶。妻聞之，中夜起，倚戶而悲嘯。牧子聞之，愴然而悲，乃歌曰：將乖比翼隔天端，山川悠悠路漫漫，攬衣不寢食忘餐。後人因爲樂章焉。」引自（晉）崔豹《古今注》卷中，中華書局 1985 年版，第 9 頁。

〔註 42〕 博齒：類似於現代擲骰子一類的賭博遊戲。《楚辭·招魂》：「成梟而牟，呼五白些。」王逸注：「五白，博齒也。」

指」被忽略，讀者卻陶醉、或迷失在詩歌「能指」密集漂浮的象徵網絡之中。黃庭堅的詩歌，雖然也用了典故，卻能較好地將之融入自己的詩境之中，使之發揮出平易的表達效果。讀者稍不留意，便幾乎難以識出，也忘了典故的本源。如「亦恐形全便飛去」，既讚揚了黃斌老的高超畫藝，令讀者想起似曾相識之語──畫面如龍一樣「張牙舞爪」的竹子，就像張僧繇壁上畫龍，一旦點睛，就會離壁飛去。又如鍾嶸《詩品》（卷下）記載，齊諸暨令袁嘏評價自己的詩，曰：「我詩有生氣，須人捉著。不爾，便飛去。」

　　從楊億、黃庭堅律詩比較，可以初步瞭解「意象能指」漂浮的時間與狀態，以及意義指向的複雜多重與讀者獲得審美享受的重要關聯。法國學者德里達曾將符號理解為「印跡」（trace），因為符號總是在與別的符號比較時才顯出意義。從另一角度看，也即是說某個符號上總會留下其他符號的印跡。譬如黃庭堅「定知聞健休官去，酒戶家園得自由」（《次韻蓋郎中率郭郎中休官二首》）詩句，有「聞健」這一「能指」。若單從這兩句詩判斷，「聞健」有可能是一個辭官歸隱的友人名字；然審看整首詩，其實是黃庭堅次韻送給準備休官的友人蓋郎中、郭郎中的詩歌，那麼「聞健」便不太可能是黃庭堅的朋友。探究其符號印跡，又或是歷史上某位休官的古人？直至從白居易詩中看到「放慵長飽睡，聞健且閒行」（《晚起》）、「聞健朝朝出，乘春處處尋」（《尋春題諸家園林》）詩句。又，唐代王建也有「遇晴須看月，聞健且登樓」（《醉後憶山中故人》）詩句。我們最終斷定其「所指」不是一個人名，而是另有意指。再從「聞健」一詞的構成，似乎有「聽聞健在」、「聽聞健康」的意思，最終判斷「聞健」應是黃庭堅借用唐人口語，陝西方言是「聞到了、嗅到了」。所以，「聞健」這一符號附有以下諸多符號「意指印跡」：它大概可以由「嗅覺好」推衍至「味口尚好」、「身體不錯」，乃至有「趁著強健」、「趁早」之意。

　　黃庭堅詩法由於追求「讀書精博」，客觀上也造成了其詩歌在學習前人的過程中，同樣存在符號「印跡留存」，即江西派詩人總會在詩中有意無意地呈現出典範詩歌的印跡。除此以外，江西詩學更直接地接受了歐陽修、梅堯臣晚年詩歌追求的「平淡」風格的影響，詩歌語言在大眾化基礎上，涉入更加精深。據說當年，黃庭堅熟觀杜甫到夔州後的古律詩，「便得句法，簡易而大巧出焉，平淡如山高水深，似欲不企及，文章成熟，更無斧斤鑿痕，乃為佳作耳」（《與王觀復》）。除了「點鐵成金」、「奪胎換骨」，江西詩學提倡的「平淡」還包括模仿學習之後，如何改變西崑詩歌的突兀晦澀，努力呈現「文

從字順」的要求。總之，儘管宋人賦予「平淡」的涵義豐富，然而它畢竟只是一個審美風格的描述。無論如何，一個概念畢竟無法承擔起豐富具體的詩學內容。所以，我們需要進一步從符號構成上，微距透視江西詩歌美學風格的成因。

首先，江西詩歌創作的「能指誘惑」源自兩個方向：一是母本 Y_1、Y_2、Y_X，由閱讀緣起至借鑒母本創作時完成的能指集合（$N_1+N_2+\cdots\cdots N_X$）。二是日常生活經驗的觸發，或感覺記憶留存。即如瑞恰茲所說：「印刷文字經過視覺刺激而傳來的衝動應該想像是進入大腦的某個系統，其中效果之所以產生並不單純是由於現在的這個刺激，同時也是因為過去的緣由，目前的刺激和其他的刺激作用結合起來才產生效果。」〔註43〕

Y 的來源既與書籍（間接經驗）有關，與目下的景致、現實故事、個人情感波動有關，還與時間（T）的變量參數有關。若非當下的，屬於有時間距離的景致，就需要憑記憶混入想像，構造出詩歌的能指（N）。譬如梅堯臣《范饒州坐中客語食河豚魚》雖則是酒席間所作，但卻是聽食客談論曾經的河豚美味。因為「江陰毗陵無荻芽，秣陵等處則以荻芽芼之」，南宋陳岩肖據此判斷「聖俞所詠，乃江左河豚魚也」（《庚溪詩話》卷下）；另一詩句「霜落熊升樹，林空鹿飲溪」（《魯山山行》），自然不可能是當時所見，極可能是將過去的記憶疊加或想像而得詩句。如韓子蒼《泛汴》詩云：「汴水日馳三百里，……水色天光共蔚藍」。曾季狸據此評曰：「汴水黃濁，安得蔚藍也？」（《艇齋詩話》）。黃河入汴水至泗州，其水色自然黃濁，可見詩句描繪的汴水已非實際景色，而是混入了詩人自己的想像。若情景是當下所見的，則詩歌「能指」可以由物象直接轉化而成，所謂「山川歷目前，而英靈助於文字」（《苕溪詩話》卷8）。如陳與義「牆頭語鵲衣猶濕，樓外殘雷氣未平」（《雨晴》）詩句。Y 源與詩歌意象（「能指」）的距離，包括時間距離和空間距離。空間距離指的是目中所見與間接描述的空間距離差異。在詩歌創作中，空間距離只會導致移步換景、審美角度等描寫視角的不同，徒增閱讀的朦朧與想像而已。其貢獻的只是詩人的直覺，主觀上並不刻意扭曲景物。時間距離卻有可能因為時間久遠導致部份記憶內容丟失，詩人自覺地填入主觀想像內容。理論上講，時間距離愈久長，詩人有可能加入的主觀成分愈多。

〔註43〕〔英〕艾·阿·瑞恰慈：《文學批評原理》，百花洲文藝出版社 1997 年版，第115 頁。

　　同樣，詩歌鑒賞也存在由於時空距離所造成的想像差異。詩歌創作完成，讀者由此獲得能指集合（$N_1+N_2+\cdots\cdots N_x$）。如能指與所指相對應的圖示，S_1、S_2（所指1，所指2），對應 N_1，N_2（能指1，能指2）。如此這般構成的「詩歌意象」，既有別於概念的抽象，又具備一定程度的形象具體。由於作者與讀者之間總是存在時空距離，所以這類文學意象的生動「復活」就需要讀者具備豐富的閱歷和聯想。《紅樓夢》第四十八回中，香菱和黛玉談王維詩，道：「還有『渡頭餘落日，墟裏上孤煙』。這『餘』字和『上』字，難爲他怎麼想來！我們那年上京來，那日下晚便灣住船，岸上又沒有人，只有幾棵樹，遠遠的幾家人家作晚飯，那個煙竟是碧青，連雲直上，誰知我昨日晚上讀了這兩句，倒像我又到了那個地方去了。」王維的兩句詩，讓香菱想起了自己看到過的場景。即便詩句不能完全對應所見的景物，作爲參照幫助讀者想像也是極爲重要的經驗。聽聞唐代張志和「西塞山前白鷺飛」詩句，若不親到湖北大冶段長江的「道士磯」（又名西塞山），怎麼知道西塞山什麼模樣，自然更無法體會「桃花流水鱖魚肥」的妙處。因爲長江行船至道士磯激流最險，唯有對面的「散花洲」水流平緩可以停靠〔註44〕，「桃花流水」的景致必是洲上的三月桃花落入水中才會出現。故元代吳師道說：「作詩之妙，實與景遇，則語意自別。古人模寫之眞，往往後人耳目所未歷，故未知其妙耳」（《吳禮部詩話》）。

　　至於詩歌的「意象所指」是否能呈現出 S_{1+x} 的蘊含狀態，這既與閱歷經驗有關，更與個體的聯想能力關係密切。當然，詩歌蘊含不僅是「平淡」詩學關注的問題，也是杜甫、韓愈、蘇軾、黃庭堅，乃至江西派詩學關注的問題。而江西派詩學更願意將蘊含的聯想任務託付給讀者。至於作者，江西詩學只是更強調向母本（Y_1、Y_2）模仿學習。雖然「學問作詩」也是宋代詩人普遍認同的學習原則，但是江西派詩學更有突出的表現。只是某些江西派詩人由於閱歷及學問存在短板，導致他們在將 Y_1、Y_2、Y_x 變成自己的詩歌語句（$N_1+N_2\cdots\cdots N_x$）時，融舊造新的能力有所欠缺。

　　此外，對於詩歌生成而言，時間（T）也是個有趣的變量。通常在時間的影響下，詩歌創作呈現以下三種情形：

〔註44〕　（宋）陸游：《入蜀記》（卷4）載：「晚過道士磯，石壁數百尺，色正青，了無竅穴……。磯一名西塞山，即玄眞子《漁父辭》所謂『西塞山前白鷺飛』者。……蓋江行惟馬當及西塞最爲湍險難上。拋江泊散花洲，洲與西塞相直。」詳見陸游：《渭南文集》卷45，《文淵閣四庫全書》，上海古籍出版社2003年影印本，集部，第1163冊，第670頁。

　　第一種情形，若詩人看到眼前之景，或正在某種人生（Y_1）境遇中感受，在不長的時間內或即刻寫成了詩歌（N_1）。曾季狸認爲「老杜寫物之工，皆出於目見」，舉例有「花妥鶯捎蝶，溪喧獺趁魚」、「芹泥隨燕觜，花粉上蜂鬚」、「仰蜂黏落絮，行蟻上枯梨」、「柱穿蜂溜蜜，棧缺燕添巢」、「風輕粉蝶喜，花暖蜜蜂喧」（《艇齋詩話》）。大概是事物這些細微之處，需要細心觀察，親眼所見，故非目見則不能寫出。

　　昔日，「東坡論作詩，喜對景能賦，必有是景，然後有是句。若無是景而作，即謂之『脫空』詩，不足貴也」（《艇齋詩話》）。然實景對於讀者而言，亦等於「脫空」，領會起來總不免也要憑己意揣測。東坡《與錢穆父》詩云：「尊前俱是蓬萊守，莫放高樓雪月閒」，旁人皆不曉其意。惟有東坡明白，這是錢勰爲越州郡守，路過自己的郡邑登州，主客宴飲時有感而發。因越州、登州皆瀕海，故戲言「尊前俱是蓬萊守」（《艇齋詩話》）。又譬如杜甫詠「眼前事」，遂有「老妻畫紙爲棋局，稚子敲針作釣鉤」（《杜工部草堂詩話》卷1）詩句。讀者閱讀這類詩歌，形成了自己獨特的理解與感受（S_1），因爲讀者感受的詩歌與實際的情景或直接感受（Y_1）隔了一層，誰也沒見過杜甫妻兒的模樣，唐朝的棋盤和釣鉤與今天的有什麼不同，讀者僅是間接地主觀想像與理解，所以這樣的間接所指（S）難以統一，有可能是千人千面的「X」，即 S_X。

　　第二種情況是詩人看了景色，感受了某種人生經歷，並沒有馬上寫成詩歌，而是經過一段較長的時間（T_1）才形成詩歌。在這段較長的時間裏，可能導致詩人忘記了某些當時的情景或細節感受，只能憑藉記憶、想像、聯想努力喚回當時的感受和情景體驗。當這樣的努力不能百分之百地實現時，詩人有可能借鑒別人的詩句，或者匯入某些與那次經歷類似的景致與感受（匯入別處的景象與感受）。我們權且將這些感受籠統地稱爲 Y_{1+2+X}，由此詩人寫成的詩歌已然不是「即景抒情」，而是更理性，更多主觀感受匯入後的詩歌成品。

　　第三種情形是作者更顯著地通過書籍閱讀或途說傳聞（Y_2），聯想形成詩歌作品（N_2）。范仲淹沒有親見岳陽樓，卻應滕子京之邀撰寫了《岳陽樓記》。其中「春和景明」一句，既有對於春天閱歷的回憶，又有對於岳陽樓春色的想像。「春和」二字，似乎令人感受到了春天和風輕柔地吹拂身上，周圍的水波山色都應和著這樣的輕柔。「景明」兩字，卻是春天晴朗，景物明亮的感覺。簡單四個字，將春天帶給人的感覺以形象的、觸目親膚的方式「豎立」了起來。同樣的情景感受，朱自清卻用了更多的話語，所謂「『吹面不寒楊柳風』，

不錯的，像母親的手撫摸著你」，又所謂「山朗潤起來了，水漲起來了，太陽
的臉紅起來了」（《春》）。

　　類似例子，還有黃庭堅《和答錢穆父詠猩猩毛筆》一詩。詩中對於猩猩
「愛酒」、「能言」，又喜歡「穿屐」的說法，源於東晉常璩《華陽國志》和《曲
禮》。此外，黃庭堅有絕句「草色青青柳色黃，桃花零亂杏花香。春風不解吹
愁去，春日偏能惹恨長」，其實是唐人賈至的詩句，「特改五字耳」（《誠齋詩話》）
〔註45〕。客觀地講，這樣形成的詩歌與第二種情況形成的詩歌是有區別的，
不能統稱爲 N_2。其源頭亦不可以統稱爲 Y_2，或者說 Y_2、N_2 有必要細分爲「書
籍源頭的 Y_2」與「耳聞目睹的 Y_2」，N_2 則有必要細分爲「書籍源頭的 N_2」與
「耳聞目睹（感受）的 N_2」。或者，還有一種情況是，詩人閱讀書籍、道聽途
說之後沒有即刻寫成詩歌，而是經過若干時間後才能將歌寫出來。如此不斷
細分的結果，只能令人偏執地認爲，眞正的詩歌創作有時很難準確區分出哪
些詩歌內容是源出書籍閱讀，哪些詩歌內容又完全是緣於生活感受，因爲它
們總是難分彼此地交織在一起。因此，宋詩與唐詩的區別，首先是借助書籍
文字形成意識圖像與外界物象形成意識圖像比例的區別。顯然，在印本的推
動下，宋詩借鑒書籍形成意識圖像，進而轉化成詩歌語句的情況更多一些。

　　英國哲學家休謨曾說，人的知覺有兩種：一種人們當下感覺到冷熱、快
樂、痛苦的知覺；另一種將這種感覺喚在記憶中，或者借助想像預先料到這
種感覺。這兩類知覺，就是借它們的活力和強力來進行區分的。較不強烈、
較不活躍的知覺，我們普通叫做思想或觀念。另一種較強烈、較活躍的，我
們當下知覺，我們稱爲「印象」。〔註46〕譬如，在陝西第一次看到伴著「邊、
邊」響聲的打麵，在成都寬窄巷聽到「三響炮」，由此留下深刻的印象。除此
以外，休謨還認爲「記憶和想像這兩種官能可以摹仿或摹擬感官的知覺，但
是它們從來不能完全達到原來感覺的那種強力同活力。……詩中的描寫縱然
很輝煌，它們也不能把自然的物象繪畫得使我們把這種描寫當做眞實的景
致。最活躍的思想比最鈍暗的感覺也是較爲遜弱的」〔註47〕。因此，無論是
怎樣的知覺感受，關鍵是它們（觀念和印象）能夠適時被詩人回味、聯想起來，

〔註45〕　賈至的原詩是「桃花歷亂李花香」，又「不爲吹愁惹夢長」。詳見丁福保：《歷
　　　　　代詩話續編》上冊，中華書局1983年版，第136頁。
〔註46〕　〔英〕休謨：《人類理解研究》，關文運譯，商務印書館2011年版，第22頁。
〔註47〕　同上，第21頁。

構成詩歌的「能指」。一旦進入「閱讀——想像」，讀者淵博的學識及閱歷，以及由此產生的聯想，也爲「能指」與「所指」之間的多重聯繫奠定了基礎。

此外，詩歌創作過程中，還涉及作者對於初始感覺、情緒的擇優選擇問題。意大利符號學者艾柯曾用知覺模型證明，作者構思語義模型時，必然擇優保留部份初始的知覺，因爲詩歌短小的內容不可能容納作者的所有知覺。故詩人基於自己的情思與審美選擇，必然會將部份圖像感覺或記憶轉化構成詩歌的意象（圖28）。譬如李白嚮往揚州的花酒嫖妓，不便直接表達，故以「煙花三月下揚州」（《送孟浩然之廣陵》）的語義組合隱晦自己對於江南生活的留戀。

「知覺—語義—表達」模型圖

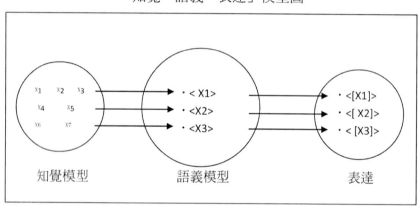

圖 28

總結而言，以上詩歌生成情況，在進入讀者閱讀鑒賞層面後，也與時間（T_2）發生有趣的聯繫。在詩歌生成的第一種情形下，讀者閱讀詩歌既可以在詩人創作詩歌的當時（不長的時間內）閱讀，其時間表示爲 T_2。當然，它也可以是較長時間之後的讀者閱讀，其時間是一個變量，表示爲 T_X。在第二、三種情形下，同樣存在著這樣即時性閱讀詩歌，也有在 T_X 時間後閱讀詩歌的情況。時間的變量（T_X）允許讀者跨越時代，用屬於某個時代文化氛圍兼及自己的審美情趣來理解、品鑒詩歌。因爲時間主導了人生，所以詩歌也注定是一場由時間主導的審美。江西詩歌提倡「字字有來處」，重視時間的沉澱醞釀，顯然更願意借鑒過去的審美成果實現自己的作品超越。

對於宋詩而言，除了淺白與繁縟、平淡與滋味等所區分審美層次上的差異外，若說白體、晚唐體詩歌還帶有「即景抒情」的唐人風格，那麼西崑、

江西體更顯著的特點就是通過在時空距離較遠的書籍（Y_2），閱讀、借鑒形成自己的詩歌能指（N_2）。然而，這並不等於說江西詩人構建詩歌能指，完全不重視直接感受或經歷。他們只是將這些曾經的直接目睹與感受隱藏在書籍閱讀之後，將兩者的混雜融合，最終呈現爲「無一字無來處」詩歌作品（N_1+N_2）。

《泊船瓜洲》「春風又綠江南岸，明月何時照我還」，據說王安石對於「綠」字的選擇歷經十多次。此詩最初寫作「春風又到江南岸」，覺得不好，後來改爲「過」字，讀了幾遍，又嫌不好；又改爲「入」字，然後又改爲「滿」字，換了十多個字，最後才確定爲「綠」字：「春風又綠江南岸」〔註48〕。如此一來，就出現了德里達所說的「意義痕跡」。因爲能指與所指不能一一對應，這就爲文字符號提供了多種解釋的可能——即如伊格爾頓所謂「能指與所指之間的比例不當」〔註49〕，能指的諸多可能性顯然超過了「所指」能夠容納的限度。

因爲「能指」在象徵界裏有諸多「天馬行空」的可能，其意指既受制於其他「能指」在同一語境下的差異性落位，又需要與現實的意指對應落實，由此形成意識形象的語境構成，以此來明確單一「能指」的涵義。這也導致最終的「所指」不可能是超過「能指」無所依傍的漂浮想像。所以，德里達認爲，一個能指所涵蓋的（即所指）其實是無數與它有差異的其他能指，這些差異造成意義的不斷延宕變化。意義的變化反過來又觸動或刺激著人們那種「特別在意」的自我感覺。當然，歧義的「多」與「少」是相對的，而且模糊或歧義也要符合「邏輯可解」的原則——即它們分別可以嵌入作品的上下文之中，形成本文的語境。如同人體中的 DNA 鏈條，一旦拼合形成組織，上下左右，意義連綴便和諧無礙。

二、詩歌審美構建：象徵界進入想像界

英國學者瑞恰茲認爲，文學作品是它的文學特性、想像和語言三者結合，它的意義與以下兩方面有關：一是語詞的語法結構、邏輯結構；二是對於語詞的聯想。〔註50〕

〔註48〕 （宋）洪邁：《容齋隨筆・續筆》卷 8，中華書局 2008 年版，第 320 頁。
〔註49〕 〔英〕特雷・伊格爾頓：《二十世紀西方文學理論》，伍曉明譯，北京大學出版社 2007 年版，第 2 頁。
〔註50〕 朱立元：《當代西方文藝理論》，華東師範大學出版社 2014 年版，第 71 頁。

　　因爲語法規則和邏輯是比較穩定的，所以語詞、句子所喚起的意義也是相對穩定的。但是，由讀者閱讀所喚起的意義卻是不穩定的。因爲讀者聯想所形成的意義，並不完全由語詞決定，還與不同讀者的主體條件、所處環境相關，聯想也往往因人而異。即便同一個人，時間、地點，乃至心境不同，其聯想的意義也會不同。由此，我們比較能把握的就是由語詞、句子形成的那部份意義。至於讀者聯想的意義，我們則很難把握。語詞是基礎內容，聯想則是在語詞基礎上的思維展開。

（一）能指漂浮：象徵界進入想像界

　　詩歌從閱讀進入讀者腦中的想像，審美體驗便從象徵界〔註 51〕進入了以「認同」、「自戀」爲特徵的想像界〔註 52〕。波蘭美學家羅曼・英伽登說文學作品是一種「意向性客體」——一種意識中構造的對象，它存在於具體個體（作者和讀者）的意向性活動之中。在創作過程中，作者會在自己意識中構造對象；在閱讀過程中，讀者也會在自己的意識中構造對象。在意向性活動中，作者和讀者都不可避免地將自己主觀的、能動的、審美的因素加入。據《吳禮部

〔註 51〕 拉康認爲，人類在 3～4 歲，識別了語言文字後，開始進入象徵界。拉康認爲象徵界是「另我性」（也就是他者）的領域，無意識是他者的話語。他者是一個處所，言語在這裡形成。這也就是說象徵界是一個無意識的處所，言語在這裡形成。我個人認爲，有必要將象徵界的他者與無意識做出一點說明。我認爲象徵界的「他者」乃是不確切的「所指」，因爲能指找不到所指，所以拉康說將他者首先理解爲一個處所，其次「言語就在這個場所產生」，乃是說當「所指」明確後，無意識就變成了有意識，言語當然就產生了，這時的他者也便明確了。所以，我更願意將象徵界的「他者」標注爲「X」（存在能指象徵空間裏的「所指」）。引自〔英〕達瑞安・里德爾：《拉康》，李新雨譯，當代中國出版社 2014 年，第 40 頁。
〔註 52〕 拉康認爲，嬰兒面對鏡子，有了「自我」與他者的區別，就進了想像界。想像界的他者只用鏡像（表象）區分，而象徵界的他者用語言區分。象徵界的「他者」主要指隱藏在物質背後更抽象的東西，不是眞實顯現的東西，用語言符號替代的東西。因爲象徵界是符號語言的世界，能指是言語的發音，所以說能指是象徵界的基礎；所指和意義則是想像界的成分。意思是，能指所要表達的意義是想像界裏的鏡象內容，即某個人對自我鏡像及其幻想的語言描繪。所指則是想像界裏的形象，可以用「能指」做語言的描述。由此可知，雖然想像界處於幻想階段，但是它卻與語言有密切關係，它是語言「能指」（象徵界）所要表達的內容和意義，是語言「所指」和「意義」在想像界的成分。只不過對於主體而言，想像界還處在一種前語言階段。參見〔英〕肖恩・霍默：《導讀拉康》，李新雨譯，重慶大學出版社 2014 年，第 45 頁。

詩話》記載，元代吳師道的家鄉蘭溪有地名「白雁」，又有「望雲山」與建德接境。建德有鎮山曰「烏龍」，旁有一港通分水縣。其鄉人賦詩云：「烏龍分水去，白雁望雲來」。若外人看來，此聯意指「一條烏龍分水離去，白雁遠望白雲飛來」，與蘭溪當地人理解截然兩樣。內外之別，導致作者與讀者有如此巨大差異的意識對象構造。

詩歌作爲一種審美幻象，其審美意義自其誕生便已存在。只是後來因爲政治與教化的需要，才迷失了本原。無論唐宋，自韓柳以來，詩歌都普遍追求「能指的漂浮」與雋永多義的指向，爲詩人的情感或思想主旨服務。其濫觴則是江西詩學的系統總結與構建。法國學者保羅・利科認爲，對於文學文本中象徵所創造的意義，只能從字面和直接意義出發，經過想像才能獲得，想像的世界也就是作品的世界。所以，「能指」一旦尋到了蘊含豐富的意指，讀者便由象徵界進到了想像界，由此逐步完成形象認同、情感認同，以及自戀的過程。詩歌、戲劇的角色代言便是自戀的典型表現。表面上雖然是「男人看見『扮女人』，女人看見『男人扮』」（魯迅《墳・論照相之類》），而實質卻是滲入了「愛自己」的心理，以致於「看到你受委屈，我會傷心」（庾澄慶《情非得已》歌詞）。

在這一過程中，理解者在想像中參與了作品世界的創造。這種「創造」包涵有兩方面：一是作者採用類似於畫家繪畫的方式，「迴避」並「跳過」了現實的醜陋，或以「選擇」的方式懸擱了「非美」映像；二是作者或讀者呈現美好的想像，本身就具有「過濾」、「淨化」的功能，「簡淨」了所見所聞，其主體意識構造出超出現實的幻象。譬如，「楊柳回塘，鴛鴦別浦。綠萍漲斷蓮舟路。斷無蜂蝶慕幽香，紅衣脫盡芳心苦」（賀鑄《踏莎行》），聯想「柳綠回塘，鴛鴦正游離水邊——瘋長的浮萍上下浮沉，漲滿池塘，疑似阻擋了船的去路」。這種沉浸於詩詞的想像，其實是極美的思維構圖。因爲詩人創作總是挑選了自己認爲最美的景象，故讀者天然就已獲得了脫離現實的超越美。由此，想像對於讀者具有迷惑的力量，只需通過以下步驟即可實現：

（1）詩歌閱讀（文字轉化爲讀者的意識形象）——鏡像美化——重構境界——誘惑力量形成。

（2）象徵界（意象：能指—〔尋找〕—所指）——想像界（若干形象組合——〔讀者過濾、美化〕認同、自戀——境界構成）。

黃庭堅《題落星寺〔註53〕四首》（其三）：

> 落星開士深結屋，龍閣老翁來賦詩。
>
> 小雨藏山客坐久，長江接天帆到遲。
>
> 宴寢清香與世隔，畫圖妙絕無人知。
>
> 蜂房各自開戶牖，處處煮茶藤一枝。

起首兩句，語詞「能指」便遇漂浮，「落星」、「開士」、「結屋」、「龍閣老翁」皆不知其意指。待「落星」與江西星子縣落星寺對應，又泛開了另一層「意指」——「天上『文曲』、『文奎』星宿落入凡間」的蘊含；而「開士」與「和尚」對應，本爲菩薩異名，只因菩薩自己覺悟，又開悟他人，故用作僧人的敬稱。因此，「開士」還有一個結構性 (X) 指稱，泛指一切能開悟人生的智者。當然，「開士」兩字拆開解釋，「開——士」也有方外僧開啓、勸導世俗文士的意思。這樣的智者，卻在深山結屋居住，豈不令人遺憾。故「落星開士」一句，便含有憐惜、遺憾高僧隱居的慨歎。若「開士」與「落星」聯繫，又有文星下凡的隱意。據傳蘇軾即是天上奎星下凡，以致政和年間宋徽宗就取消了黨禁（陳岩肖《庚溪詩話》卷上）。由此，開士如星宿下凡，又蕩開了另一層情境。令人聯想到，梁武帝頻繁顧問山中陶弘景的情境。

「龍閣老翁」實有多重所指，既有可能是舅父李常，又有暗指黃庭堅自己的意思。當年，舅父李常曾與此處高僧談禪悟道，論畫賦詩，如今自己來此古寺。睹物思人，既有看書畫之視覺，又有撫摸舊物之觸覺，同樣是與開士問道談藝，或有「去年今日此門中」的感慨。這些文字化成腦中的境象〔註54〕回味，過去的一切被美化——對於李常的音容笑貌，飽含情感，而「開

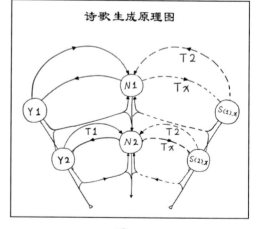

圖 29

〔註53〕 傳說天上偶然隕落一顆巨星，觸地化爲一座小島，那就是江西星子縣南三里湖中的落星石。石上有落星墩和落星寺。落星寺位於鄱陽湖北部，廬山又在其北面。此寺在湖光山嵐之間，恍如仙境，乃墨客文人流連之地。

〔註54〕 筆者認爲，映入眼簾的是「鏡像」，而經由已有圖示在意識構建的應該是「境界之象」，即「境象」。

士」老僧，更是得到「星宿下凡」的宣染神化。於是，星空、古寺、僧閣、長老、書畫等具象在意識中得到組合構建。因爲讀者沒有見識過落星寺，也就少了現實物象的限制（圖29）。

次聯兩句，「小雨藏山」賦予小雨活的靈性，彷彿小雨便是那些有節操的文人僧客，懂得藏於深山，保全性靈。「藏」字，而不是「落」字，更生動表現了小雨落下的隱秘無聲，有擬似高人雅士之意。此外，又映襯著雨氣山朦，客留不走的情境神往。然而同樣是描寫山野景色，與韋應物「楊柳散和風，青山澹吾慮」、「微雨靄芳原，春鳩鳴何處」（《東郊》）比較，即可發現韋詩源於詩人當下的直覺，而「小雨藏山」與「客坐久」的邏輯關係，則體現出黃庭堅感受過後的思考。

至於「長江接天帆到遲」一句，源於落星寺南離鄱陽湖不遠。寺中憑閣便可遠眺湖水接天，候人分猗，歸帆遲遲。此間美境開闊，更期長駐不遷。眼中「鏡像」美侖美奐，「歸帆」泛指許多歷史現實中的故事，藏山的「僧客」、「文人」又泛指了曾經避世的高士，足以給我們更多、更遠地遐想。這些「能指」同時都具有了結構「X」或「Y」的飄乎指向。「能指」似是而非，或者找到相對的所指，詩歌便由象徵界的符號意象轉向大腦裏構成的境界想像，其美妙程度緣於讀者基於學問、閱歷的添色加工。　一旦構建境象，讀者便要經歷「形象認同→→情感認同→→愛上對象（戀上境象）」的過程。結合「心源不受一塵侵」、「紫燕黃鸝俱好音」（《次韻蓋郎中牽郭郎中休官二首》）的審美心性追求，詩人傳達的是文人、士大夫共同的審美幻象。想像界是形象和想像、欺騙與誘惑的世界，因爲想像界只呈現事物外在面貌的秩序，卻隱藏了基本的結構。

三聯兩句詩，通常認爲「宴寢清香與世隔」是從韋應物「兵衛森畫戟，宴寢凝清香」（《郡齋雨中與諸文士燕集》）詩句化出，經由黃庭堅「點鐵成金」，更勝一籌。二者區別在於，黃庭堅寫的是禪房裏正點著香，與杜甫「燈影照無睡，心清聞妙香」（《大雲寺贊公房四首》）的寺院情境更爲貼近，如曾季狸所言「不問詩題，杜詩知其宿僧房」。而「韋詩知其爲邦君之居也」（《艇齋詩話》），指韋詩寫的是點過香的官家府宅凝聚著香氣，其情境如秦少章詩句「金鴨無煙卻有香」（《憂古堂詩話》）。「宴寢」一句有黃庭堅自注：「寺僧擇隆，作宴坐小軒，爲落星之勝處。」至於「畫圖妙絕」，黃庭堅注云：「僧隆畫甚富，而寒山拾

得畫最妙。」結合自注分析，「畫圖妙絕無人知」，乃是借僧隆藏有寒山、拾得古畫一事，「奪胎換骨」地重新詮釋了韓愈「僧言古壁佛畫好，以火來照所見稀」詩句。由詩歌文字進入讀者想像，腦中浮現的是「詩人與僧隆小坐，僧房清香一炷如縷，窗外小雨浸潤如酥。遠處江水潮汐、帆影點點。詩人乘興，隨僧觀賞寺壁畫像，以寒山拾得畫最為妙絕，然可惜古畫藏在古寺，不為世人所知。」因為詩中有具體的人物、情境，所謂「點鐵」、「奪胎」的佳句實是最無懸念的意指，由此反而無法蕩開更多的聯想。想像界的乏味，原因卻是出現在象徵界的「能指」化用。由於「宴寢」、「清香」、「字畫」等既無歧義，也無虛指，至多是想起韓愈、韋應物的詩句，「能指」極易找到「所指」，基本沒有形成漂浮狀態。所以，黃庭堅技巧運用成熟的詩句，有可能是最無誘惑的境象，「能指」的誘惑也難以呈現。

末尾兩聯詩句，「蜂房」、「藤煮茶」雖然沒有用到江西詩法的技巧，但是其「能指」卻引人遐想。「蜂房」讓人想像蜂巢裏蜂蛹蠕動、蜂蜜清亮，無數忙碌的工蜂嗡嗡。待到「蜂房」與「戶牖」結合，讀者隨即回到古寺僧房的想像。那應該是怎樣的僧舍呢？若像六角形蜂房，該如何安放窗牖，僧房的窗格該是怎樣齊整排列，直至某些窗牖裏居然飄出煙來。此外，僧舍竟然用古藤「煮茶」，而不是枯枝柴木。枯藤應該是病梅的藤枝或是野生的藤蔓？無論從陌生、新奇，還是從象徵、隱喻的角度，都能得到滿意的審美效果。作為讀者聯想，或許陳師道「風翻蛛網開三面，雷動蜂巢趁兩衙」（《春懷示鄰里》）的境象可與之映襯。風吹雷鳴之時，蛛網已吹破，網的主人不知蹤跡，惟有蜂房裏蜂群泰然如故，密密匝匝。群蜂有序地忙碌，如同「禪房」的僧人過著自己的平靜悠然。待到讀者看到李商隱筆下的茅屋孤僧，早有「獨敲初夜磬，閒倚一枝藤」（《北青蘿》）的詩句，便理解了「煮茶藤一枝」的由來。由此，自唐以來，「枯藤」與「僧人」便已構成了現實和文學上的象徵聯繫。

江西詩學的「點鐵成金」、「奪胎換骨」只是讓有學問、閱歷的讀者由此及彼，聯想起另一首或幾首詩。至於韓愈、韋應物的詩句是否會構成詩句的意指，或是蕩開新的審美層次，則需要「能指意象」與之配合協調。所以，江西詩學有審美效果的不是「點鐵成金」、「奪胎換骨」的技巧，而是「能指意象」具有懸浮的特性——「能指意象」因為漂浮，它們之間構成不止一層

境象，甚至是不止一種審美感受。若「蜂房」兩句，一層境象便是蜜蜂王國釀蜜育兒，趁山中日好，辛勤忙碌；另一層境象則是落星寺僧舍的窗戶整齊排列，小雨潤山寺，有僧房正烹茶待客。

據《王直方詩話》記載，黃庭堅曾問外甥洪朋（字龜父）：「甥最愛老舅詩中何語？」。洪朋「舉『蜂房各自開戶牖』、『蟻穴或夢封侯王』、『黃流不解涴明月，碧樹爲我生涼秋』。以爲深類工部。山谷曰：『得之矣。』……張文潛嘗謂余曰：『黃九似「桃李春風一杯酒，江湖夜雨十年燈」，眞是奇語。』」（《苕溪漁隱叢話前集》卷47）所謂「奇語」者，「蟻穴夢封侯」（《次韻

圖 30

十九叔父臺源》）早有「槐安國」的典故，「黃流不解涴明月，碧樹爲我生涼秋」是有可能出現的景象，而「桃李春風一杯酒，江湖夜雨十年燈」〔註 55〕（《寄黃幾復》）也是常見的情景，不足爲奇。最奇的還是「蜂房」意指「禪房」，這樣的「蜂房」居然還能撐開「戶牖」。因爲這樣的「能指」與「所指」的關係，通常情況下不太可能，所以才是異想不到的「奇語」（圖30）。

新奇、陌生化的文字組合只是暫時將讀者吸引，惹人留連的要靠詩中豐富的蘊含。理論上，所有「能指」間存在著一個巨大的網絡，存在著未知的聯繫，它們共同構成了語言的象徵界。在象徵界，詞語某一「能指」指向，也有許多意想不到的意義。每個「能指」本身沒有意義的差異，沒有絕對的存在。象徵秩序由它們的差異關係構成，能指的意義也由彼此的差異而確定。能指是兔還是鴨，取決於讀者抹掉原先的錯覺，才會生成另外的錯覺。主題

〔註 55〕 「桃李春風一杯酒，江湖夜雨十年燈」，描述的都是常見的情景，但是「桃李春風」與「一杯酒」，以及「江湖夜雨」與「十年燈」的詩句組合才得意境之奇。黃庭堅先追憶當年與黃幾復兩人在京城相會時，用「桃李春風一杯酒」來形容，因爲春天，總是令人想起當初少年相見時的春風得意、意氣風發。桃李春風裏，也總少不了飲上一杯酒，人生的快樂總是短暫易逝。至於「江湖夜雨十年燈」，則映襯朋友分別後，自己就是江湖夜雨蕭索，十年來孤獨地面對孤燈，構成孤獨漫長的普遍意思。既有唐代杜甫「老去悲秋強自寬，興來今日盡君飲」（《九日》）詩句，又有司空曙「雨中黃葉樹，燈下白頭人」（《喜外弟盧綸見宿》）詩句與境界的借用。

語境確定，眾多「能指」產生的錯覺構成了邏輯聯繫，才落實成讀者所認可的意指，詩歌便獲得相應的解釋。實際上，林逋「草泥行郭索，雲木叫鉤輈」兩句詩，劉禹錫《蠻子歌》也稱「蠻語鉤輈音」。假若讀過劉禹錫詩句，要判斷「鉤輈」是人語還是鳥語？定會猶豫。因《古今注》載：「南方有鳥名鷓鴣，其名自呼，向日而飛。」證明這種鳥的叫聲——「鷓鴣」之音就是其名稱的來源。除非「雲木」確定是「鷓鴣」，以及「郭索」草泥行的動物是螃蟹。詩歌對仗，其他「能指」分別對應上「所指」，「鉤輈」最終才能確認爲「鷓鴣的叫聲」。當然，那些對應不上的「能指」就變成無意識的語言存在，暫時也無法獲得理解與闡釋。所以，黃庭堅的「蜂房」意指「僧房」能確定下來，需要期待「戶牖」、「茶爐」、「枯藤」的意指符合邏輯地確定下來，「蜂房」的意指才能最終落定。儘管我們原先的意識裏，根本想像不到「蜂房」與「僧房煮茶」有什麼關係，但是通過「平靜」、「悠然」、「循規蹈矩」等過渡詞，讀者會將蜜蜂不受干擾，按步就班的忙碌與僧人開窗、煮茶待客的平靜悠然聯繫起來。

此外，二者的聯繫還在於黃庭堅用「平遠——高遠」的繪畫視野，從高處俯瞰透視窗戶開啓的僧房，屋內有僧灑掃、煮茶、焚香、冥想、參禪。恍惚間，僧房與蜂房在色彩（黃褐色、枯藤色等）、行止、情境都極爲類似。僧侶與工蜂一樣，都杜絕了生育繁衍的可能，而僧服與蜜蜂都是黃褐色，他們都從事飼喂、修葺、清潔、保衛等類似的生命活動，各司其職，有條不紊。待到讀者將上述影像都想像呈現，蜂房與僧房、蜜蜂與僧侶之間的朦朧恍惚、模糊混淆所帶來的距離感，也給讀者帶來「亦眞亦幻」的美感享受。

仔細分析後，詩歌的審美呈現有賴於能指的漂浮。通常，詩中的某個「能指」需要經過間接的、過渡性聯想，等到其他「能指」差異性關係確定以後，才能最終明確其意指內涵。因此，「能指漂浮」只是表象，其實質卻是讀者的具體想像與尋找的過程。既然「能指」漂浮對於意指的審美呈現至關重要，那麼就需要重新回到「意象能指」的問題上來。追尋「意象」的來源，無非兩條路徑：一是生活感受所得；二是書籍學問所得。兩種由現實導入意識想像構成的意象，在進入象徵界時，需要用文辭將這些形意逮住。於是，便有兩個關鍵點需要注意：一是捕捉住感受並化成腦中的意識形象；二是意識形象、詩意主旨轉化成詩歌足以逮意的文辭意象。當然，詩人更可貴的思維能力，即在象徵網絡的「能指意象」中找出最新奇的聯結搭配，從而構成豐富而陌生的意指。譬如黃庭堅出人意料地找到「僧房」與「蜂房」在色彩與行

爲活動方面的聯結關係。由此可知，詩歌審美的呈現與「感覺」以及「逮住感覺」有關。所謂「點鐵成金」、「奪胎換骨」只是詩人將「感、悟」轉化成詩歌的手段和技法罷了。

相比於宋詩，現代新詩更加尋求思維（象徵）的邏輯出奇。現代詩人黃宇《生詞》：「夜晚，池塘暗處隱藏著／蛙的叫聲，它想就這麼叫成一個釘子戶」。辛北北《老虎尾巴》：「事到如今，肺病都成了語病／我竭力把可有可無的字句刪去，意境敞開／如陳年的風箏在空中漫遊」。詩人將「蛙聲」與「釘子戶」（《生詞》）相聯繫，而「肺病」居然成了「語病」（《老虎尾巴》）。這類新詩「能指意象」需要經由更複雜曲折的聯結，如「蛙聲──氣鼓──生氣──抗爭──釘子戶」，而「肺病──病毒──咳嗽──說話不暢──表達錯誤──語病」，才能在象徵網絡中找到符合詩意「所指」的恰當內涵。象徵聯結的間接及費解，既考驗著我們的閱歷與智慧，又寓有樂趣。當然，這樣曲折多結、跳出常理的象徵聯結，其「隱形的邏輯」往往需要詩人或讀者付出更艱難的思維角力，才能獲得較清晰的詩意理解，而唐宋詩歌則較少出現這樣的情況。現代詩人並「不滿足於簡單地表現『他們的所見』，他們已經是那樣清楚地認識到隱藏在這個要求後面的許多問題」〔註 56〕，刻意追求「恍然大悟」的效果。然而，讀者並不能憑藉詩中詞句進行有效的聯結。所以，現代詩在理解記憶上就會有難度。原因在於，凡是大腦能深刻記憶的事情，通常都在邏輯上進行了有效聯繫和溝通，使我們能夠舉一反三，觸類旁通。譬如「白日依山盡，黃河入海流」。大腦早就將「白天的太陽」與「黃昏的山」、「黃河」與「大海」、「登樓」與「千里目」，做了有效的，符合邏輯的聯結。詩人所做的，就是將詩句的語詞、韻仄對仗等，做出有效的聯結形式。

（二）形象與情感認同：從語音拖弋到推己及人

除了「能指」的象徵思維聯結，詩歌創作還需考慮能傳達出「感覺」的文辭捕捉。我們注意到黃庭堅詩中惟妙惟肖傳出感覺的，大概是「小雨藏山」、「蜂房開牖」、「枯藤煮茶」這樣的詞句，然而對於黃庭堅還有緊貼情感的感覺──即「龍閣老翁來賦詩」的影像重現。所以，詩歌審美除了詩人將獨特感悟通過文字意象傳達給讀者──即讀者對於形象感悟的想像性構建之外，

〔註 56〕　〔英〕E.H.貢布里希：《藝術的故事》，范景中譯，廣西美術出版社 2016 年版，第 594 頁。

還有情感分享問題。顯然,大多數讀者無法感受到黃庭堅對於舅父李常的情感,尤其是落星寺見到僧隆,聽到或看到舅父當年所賦之詩。睹物思人,詩人情緒必有一番難掩的激動。只是這樣飽含情感的文字,若僅屬於黃庭堅本人,便不能爲讀者感覺並分享,更不能化成讀者的感動。類似難以理解的詩句,蘇軾有「單于若問君家世,莫道中朝第一人」(《送子由使契丹》)。雖皆有典故〔註57〕,普通人卻很難從詩句明白其意(《苕溪詩話》卷5)。如此一來,讀者若要在意識中構建境象,需要三方面能力:一是學問廣博,足以辨識詩中「所指」;二是人生閱歷,幫助讀者感受詩中蘊含的情感與人生體驗;三將學問、閱歷與詩歌「能指」結合起來的能力。

我曾經說過「不懂蒙語、閩南語造成的曲解、歧義,會爲歌曲開出另一層意指」。異族人或許更能享受蒙語或閩南歌曲。然而,聽不懂歌詞,就意味著聽眾壓根沒法明白意思,也沒法認同歌曲的情感。於是,聽眾只能根據聽聞的語音想像,獨自構建出形象、情感合一的「境象」。這種境象由於幾乎完全源於歌曲的音樂和語音構建,聽眾有很大的主動性,可以較多脫離歌詞原意,貼合自己心意去構建美好的境象。此種情形用貢布里希的「恒常圖式」更加容易說明,即原先由閩南語受眾在「恒常圖式」建立的理解,有了斷裂的可能。聽不懂閩南語的受眾,無法像閩南人那樣構建起基於閩南生活「恒常圖式」的境象,只能片斷式地使用自己的「恒常圖式」,來臆想、拼接閩南歌詞的涵義,聯想出奇怪的境象。而大腦則自覺追隨這種境象,盡力做出合理的解釋,以便獲得思維的樂趣。所以,(明)沈榜《宛署雜記》(卷5)說:「胡同本元人語,蓋取胡人大同之意」。「胡同」的涵義全在於我們對於蒙古俗語的猜測。據學者考證,「胡同」有可能是「井」,蒙語發音爲「忽特格」轉變而來,也有可能由「城市」,蒙語發音爲「浩特」轉化得來。然而,據蒙古語音想像,「胡人大同」的寓意之外,我們也願意接受「胡人里坊」的意思。這只是個別語詞出現的費解,假若是連續的語詞費解,最終必然導致聽眾思維的疲勞、厭倦,乃至心不在焉,不願將思維和感覺在歌曲上停留,除非是歌曲的弦律悅耳動聽。譬如《大悲咒》雖有「南無喝羅怛那哆羅夜耶,南無阿

〔註57〕 據《新唐書・李揆傳》載:唐肅宗時,「揆美風儀,善奏對,帝歎曰:『卿門第、人物、文學,皆當世第一,信朝廷羽儀乎?』故時稱三絕。」德宗時,他曾「入蕃會盟使」。至蕃地,「酋長曰:『聞唐有第一人李揆,公是否?』揆畏留,因紿之曰:『彼李揆安肯來邪!』」蘇軾藉此故事,希望子由向契丹皇帝說明中原人才濟濟,不止蘇氏兄弟。

唎耶，婆盧羯帝爍鉢囉耶」之類的音譯漢字，然那只是方便念誦。因為「咒」並不需要理解，「咒」解了就叫「經」，而不叫「咒」了。總體來說，南北比較，蒙古長調是通過拉長語詞音調，慢節奏地引領聽眾細細品味歌詞的情感內涵，而以唐詩宋詞為代表的南方歌詩，則以語詞的豐富變化，引導受眾品味歌詞語義的豐富內涵。

　　當然，這只是歌曲欣賞由象徵界轉入想像界的一種情況。正如普羅提諾所說：「美主要是通過視覺來接受的；就詞語的某種組合和各種音樂來說，美也可以通過聽覺來接受，因為旋律和音調也是美的；心靈把它自身從感覺領域提升到更高的秩序，在生活的行為、性格的行動、知識的追求中體現為美；並且，還有德行的美。」〔註58〕剔除貼近心靈和靈魂的美，詩歌主要有兩類審美，一是由語詞想像構建的審美；二是因歌詞和樂吟唱而產生的審美。除了文字構成的想像，詩歌還有音韻詠唱所構成的審美。

　　通常，詩歌以兩部份構成影響人，一是詩樂影響人的情緒。弦律在沒有歌詞的情況下，只是大略導引了情緒走向，或悲或喜，或低沉，或激昂等等。第二部份，詩歌語詞可以融入或帶入受眾的思想和情感。譬如，「曉月過殘壘，繁星宿故關。寒禽與衰草，處處伴愁顏」（司空曙《賊平後送人北歸》），明明是詩人對於友人北歸的想像，卻讓每位受眾如同親身感受「殘破的故國山河」一般。而「寒禽與衰草」與你何干，卻能憑空借來抒情達意？

　　有了文字所指的幫助，詩樂便能準確地指向特定的情感，引發受眾的情緒反應。由模糊情緒到明晰情感的過程中，音樂和歌詞分別起到輔助與催化的作用，幫助人們找到情感的宣洩口。當詩歌的「音樂」與「語詞」能夠和諧搭配，相互映襯，便將歌曲推至美奐的境界。

　　事實上，早期人類呼喊所帶來的音樂性，就在於有節奏的原始呼喊能更好抒發內心的情緒，又與人類內心的律動緊密聯結。若言語上說：「你牛什麼牛？」與用歌唱「你牛什麼牛？你的金錢買不到姐的自由」（唐古《你牛什麼牛》）比較，顯然歌唱更有情緒感染力。因為詩歌所涉主要是文學問題，所以除了樂曲韻律之外，我們主要關注歌曲「語詞」不同帶給人的審美感受。

〔註58〕 W.Tatarkiewicz. 1999. History of Aesthetics. Volume 1. England：Thoemme Press，p.325. 轉引自章啟群：《新編西方美學史》，商務印書館 2004 年版，第156 頁。

以溫州方言的歌曲與閩南歌曲比較，閩南歌曲顯然更加悅耳動聽。其中的原因，主要是兩種語言的聲韻與音樂結合之後，有審美感受上的差別。如張燕清、陳淑萍的閩南歌《咱的天》：「我會乎你比什麼格卡水，比什麼格卡甜」、「我會用我的生命保護你，無論山崩亦地裂」。儘管不是很準確，這兩段閩南歌詞用拼音讀出來，第一句就是「wā 我 a 會 hōu 乎 lǐ 你 bī 比 xiá 什 mì 麼 gōu 格 hā 卡 suī 水，bī 比 xiá 什 mì 麼 gōu 格 hā 卡 dī 甜」；第二句則是「wā 我 a 會 yīng 用 wā 我 a 的 xī 生 miǎ 命 bé 保 hòu 護 lì 你，mú 無 lùn 論 suāng 山 bāng 崩 yá 亦 dēi 地 lì 裂」。溫州話無法用「我會乎你比什麼格卡水，比什麼格卡甜」這樣的閩南話表達方式，即使換成「我會讓你比什麼都美，比什麼都甜」的書面語，溫州話也不能完整表述，只能勉強拼成「我 en 會 wāi 讓 jiè 你 ní 比 bēi 什 ā 麼 nì 都 wū 漂 piě 亮 liē，比 bēi 什 ā 麼 nì 都 wū 甜 dì」；第二句用溫州話拼出，則是「我 en 會 wāi 用 yo 生 sǎ 命 mén 保 bē 護 wǔ 你 ni，不 fú 管 guí 山 sā 崩 tā 亦（或）kuò 地 dēi 裂 lì。〔註 59〕

音樂本身的魔性魅力姑且不提。實際上，用同樣的音樂弦律填詞，以閩南話的語音歌唱，相比溫州話似乎更貼合弦律或人的內心，感覺上更婉轉動聽。以溫州方言填詞，或許只有聽懂意思才有感覺，缺乏普遍的審美通感。閩南歌曲在聽眾心裏的美感，是因為閩南語音更具有拖弋性的音韻婉曲，彷彿是基音振動散出的泛音，或者是奔向基音的變化泛音，即如德里達所謂的「軌跡（印跡）」。只不過，這裡先是語音的軌跡（印跡），同時也因語音變化而帶出了各種意義軌跡。與吳儂軟語類似，它們音調婉曲的語音如「痕跡」軌道般的劃過，譬如閩南話說「圓（yuán）」字，發音卻類似普通話「銀（yín）」滑向「人（rén）」，最後還要加上「岩（yán）」的尾音；閩南語「惜（xí）」字，也不是一個單音，而是「惜（xí）」加上「下（xià）」，而它又不是單純「下（xià）」的語音，有一個從「惜（xí）」滑向「下（xià）」的語音變化過程。同樣，閩南歌曲還有詞組的語音拖弋、滑移，譬如「小雨」的發音，類似普通話「肖（xiāo）——哦（ō）——郎（lāng）」的聲音變化過程。「思念」，則有「穌（sū）——酸（suān）——戀（liàn）」的聲音滑動。這種處在變化、飄移的語音韻調與書畫的「墨分五色」、「虛實相生」都有拖弋出來的審美層次。由於這是一種有變化，引人

〔註 59〕 嚴格地說，同樣內容的話，閩南話、溫州話、普通話的具體表達都不一樣。溫州話不說「生命」和「無論」，只說「命」和「不管」。溫州話也不說「亦」這樣的書面語，只說「或」。

興趣的拖弋，維持了一個音調韻味的延長過程，也滿足了人們天生「在意自己感覺」的審美本能。與書畫鑒賞不同，它是一種餘音繚繞的聽覺審美。書畫墨色虛實變化屬於視覺審美，二者卻能在心理層面形成視覺與聽覺上的「審美通感」。如黃庭堅詩句「臥聽疏疏還密密，起看整整復斜斜」(《詠雪奉呈廣平公》)，就是由聽覺引向了視覺通感。由此，從歌唱的婉轉悅耳程度，也可以檢驗某種語言本身音韻的豐富與優美。

此外，詩詞另一種常見的審美情況，通常表現爲聽眾即使對歌曲的意指爛熟於心，聽到熟悉的歌曲唱起，仍然難掩激動的情緒。其中的原因，當然不僅在於境象重建，還有某種鮮活的情感記憶或場景被重新喚起。因爲自己在杏花樹下愛過別人或被別人愛過，一旦讀到「雨過杏花稀」、「紅杏枝頭春意鬧」這樣的詩句，便會勾起一段愉快或傷心的情感往事。這種情況與票友跟著曲調擊掌叫好的情況並不完全相同。京劇的「應節叫好」雖然也會有情感的緣由，但更多情況是票友沉迷弦律唱詞悠緩的審美品味。程派傳人、京劇名家李世濟曾說程硯秋的藝術，最大的不同，就是在音韻婉轉的美感之外，還投入了人物的情感(情感代言)。所以，京劇主要通過「詩藝性的技巧」與「情感眞實的投入」兩種方式來感染受眾。

歌唱是情感的聲音，文字及多數說話都是理性的聲音。京劇唱念的內容早已熟知，沒有任何驚奇，受眾卻願意不斷重複聆聽同一唱段，合理的解釋——要麼是尋求情感上的感動，要麼就是期待再次品味熟悉的、音調婉轉「拖弋」的審美感覺。除此以外，恒常的習慣也能成爲審美接受的理由，即如飲食的快感，雖然日復一日，飢餓的趨使以及美味的期待，我們依然願意接受這樣的重複，除非有更好的誘惑替代。比較而言，京劇顯然更趨於「拖弋的審美」。它給予人們「字正腔圓」或「咿呀柔軟」的審美感覺，通常只有票友才能充分領略。所以，只要到了腔調韻味特別之處，票友便會情不自禁地叫起好來。這種憑藉歌者拿捏唱詞韻律，重複完成的過程審美，與詩歌構建境象的審美過程並不相同。同時，某些京劇名角也因爲充分掌握了觀眾的心理和節奏，憑著這份具有美感的腔調、服飾打扮與技藝，自然會得到觀眾的崇拜與喜愛。由此檢視黃庭堅「三聲清淚落離觴」、「夜雨何時對榻涼」(《和答元明黔南贈別》)、「未到江南先一笑」(《雨中登岳陽樓望君山二首》)等具有情感的詩句，需要讀者設身處地，推己及人的情緒感受，「情感分享」才能實現。其中環節構成，如下所示：

象徵界：(意象「能指」——所指〔詩人認同：形象＋情感〕)→→想像界：

(讀者認同：形象＋情感〔喚醒親歷的回憶應證〕)

　　相比之下，讀者閱讀的「形象認同」是比較容易的，「情感認同」則需要讀者有相應的閱歷與感受才可以實現。「感同身受」與「審美距離」之間或許存在某種微妙的「度」的把握關係。譬如，酒杯端起，「清淚落入其中」，這是比較容易想像的，但是親友間的「別離情感」卻需要親歷才會感受更深。同樣，詩人未到江南，岳陽樓上一聲笑。這個看似平常的舉動，對於詩人來說，卻有歷經貶謫磨難後的豐富情感——沉痛並不衰颯，還有劫難後的慶幸。它與「坐對真成被花惱，出門一笑大江橫」(《王充道送水仙花五十枝，欣然會心，為之作詠》)，形象舉止貌似一樣，然其中蘊含的情感卻並不相同。笑聲或許一致，其涵意卻有差別。黃庭堅其實想說，雖然憐愛花，但是獨自賞花寂寞久，出門看到橫亙的大江，還是忍不住大笑一聲。詩句要傳達詩人由獨賞小花到看見大江難以掩飾的欣喜。與「未到江南先一笑」比較，層次相對簡單，其中的情感不是那麼複雜豐厚。

　　詩歌由象徵界返回想像界的過程中，讀者對於詩歌的「形象認同」還有另一種情況，即詩人對朦朧物象的「刻意捕捉」，如呂本中「雲深不見千岩秀」(《柳州開元寺夏雨》)、米芾「縹緲飛樓百尺連」(《望海樓》)。詩人依據所見表象，著意讓詩歌意象帶有模糊、歧義、朦朧、暈染的特點。雖是水廓村舍，卻在「雲霧」環境中呈現出形象上的意指漂浮。秦觀《泗州東城晚望》詩曰：「渺渺孤城白水環，舳艫人語夕霏間。林梢一抹青如畫，應是淮流轉處山。」詩人所見城外，乃朦朧渺然之狀，隱然一道白水環繞泗水城。水面帆影綽綽，霏色黃昏暈染之下，看不清船隻的狀貌，只是聽到船上人語，縹緲而至。由於景物映像、文字閱讀在大腦中構建的「主觀意識圖像」是一種模糊、輪廓狀的圖像，至少在具體細節上是模糊的，但又不失去我們對於圖像的判斷。這類意識圖像兼具形象與概念的雙重特性——它既是圖像的、形象的，又具有概念抽象的特點，代表著某一類事物。所以，表面上詩歌意象的意指似乎已經確定——即「泗水城」、「繞城淮水」、「霏色黃昏」、「人語舳艫」。但是，其意識形象中卻有許多模糊不清的「未定點」。這樣的意識圖像若要描述出來，無論是通過繪畫、文字的方式表達出來，它都要融合主體閱歷經驗所獲得的素材，彌補出原本模糊的部份，最後形成圖像或語言文字的表述。譬如泗水城、淮水是何種模樣？霏色黃昏下，那條傳出人語的「舳艫」又是啥樣？

其縹緲虛無之處，有待讀者去想像、填補。由此讀者重構詩中形象時，便呈現出朦朧的美感。

誠然，人類美感獲取多源。然而，從感覺上說，「墨分五色」、「霧起多層」，以及玉石、琉璃的「似透非透」的朦朧，刺激著視紫紅質，持續給大腦發出信號，的確滿足了人類的視覺貪婪。因為「距離與朦朧」、「曲婉與多層」造成的審美變化，在客觀上既留住了眼睛的好奇，也延長了視覺神經品味對象的時間，讓人獲得舒爽、享受的感覺。「天青色等煙雨，而我在等你。炊煙嫋嫋升起，隔江千萬里。……天青色等煙雨，而我在等你。月色被打撈起，暈開了結局」。天青色瓷、嫋嫋炊煙、月色帶給人的，都有「暈染」的感覺。天青色的暈染，煙月的暈染，其實都如同美玉那種似透非透的「朦朧感」，朦朧就是拉了距離的審美。「滄江好煙月，門繫釣魚船」（杜牧《旅宿》），營造境界的也是那輪讓江船朦朧浮動的「煙月」。

人類「愛自己」，就特別在意自己的感覺。人類感覺喜歡尋求新奇，討厭單調重複，只因這樣才能給（視覺或聽覺）神經刺激，保持心理和生理上的愉悅與興奮。因為日常生活的重複單調，人們便會麻木，失去感覺。直至遇上新奇變化的對象，才會喚回感覺。當代以吳山明為代表的浙派意筆畫法，就是考慮到人的視覺審美心理需求，充分利用宿墨的豐富層次，從細微處呈現出對象的美感。因此，古人「詩中有畫，畫中有詩」的說法還是太過籠統。其實，詩畫的良好感受包括兩種：一是無論動靜，最重要的是景物的距離遠近、色澤的濃淡變化，以及凝成的境界能有效地留住人們的感受，使之流連忘返，不捨離去；二是某些詩句引人注目，是因為有詩人的感悟，這種感悟又引發了讀者的思考。因為思維感悟，可以刺激大腦思考，重新收穫感覺，其「費解—頓悟」過程與陌生化審美類似。孟郊那些寒冷詩句為人所不喜，在於詩歌太過晦澀、艱深或古淡無味，令人難有興趣，甚或有厭惡感，非特殊閱歷者不能理解。如曾季狸所說，需「五十以後，因暇日試取細讀，見其精深高妙，誠未易窺」（《艇齋詩話》）。總結而言，在詩歌、書畫、音樂之間，美感形成通常有以下共性特徵：

（1）美感需要一個適應人感覺的時間過程，不宜過快。若是過程太慢，則需要色彩、形象變化或陌生費解〔註60〕，足以維持、吸引人的感覺；

─────────────────

〔註60〕「費解」的思維，其實與視覺、聽覺、味覺、觸覺、嗅覺都有關聯，呈現為一個探究答案的過程。在這一過程中，探究性思維令視覺、聽覺、味覺、觸

（2）在審美過程中，需要呈現出某些令人感覺舒服的變化。語言能指在尋找意指過程的涵義漂浮，書畫的「墨分五色」、色彩濃淡與音樂韻調的婉轉變化同樣都有「拖弋印跡」的效果。只要這樣的過程吸引人的視覺並讓人心生感覺或趣味，美感同樣可以產生。

（3）視覺美感與聽覺美感的生成與一段時間內的心理感覺變化有關係，而這種感覺必須是正面的、爽快的、愉悅的，總之是令人舒服，樂於享受的心理感覺。

（4）通常味覺與觸覺直接與對象接觸，因為距離的原因而不被人們承認有美感的存在，而更多歸結為欲望。其實，欲望更多是指人類的生理反應。當味覺和觸覺昇華到精神層面，人們產生了所謂「回味」的感受時，脫離物質的「美感」顯然已經存在大腦的記憶裏了。而這樣的「回味」往往是綜合、概括的，並且與人類心理構建起了條件反射式的刺激關聯。

（5）味覺美感、觸覺美感、嗅覺美感是否與視覺、聽覺一致，還有待研究。然而，美豔的鮮花也會因惡臭的氣味而喪失美感，所以味覺、觸覺、嗅覺至少都不排斥正面、愉悅的感覺變化。鍾嶸認為，相較四言「苦文繁而意少」，「五言居文詞之要，是眾作之有滋味者也」（《詩品序》）。「滋味」也成為鍾嶸品評詩人創作成就的重要依據。《說文解字》有段玉裁注曰：「滋，言多也。」故「滋味」，本意指味覺上豐富多樣的舒爽感受。顯然，這裡的「滋味」就有詩歌「能指」在漂浮、拖弋過程中，其涵義產生模糊、多義狀態所給予人的審美感受。

除此以外，在「畫──詩──畫」的過程中，詩人與讀者腦中所構建的畫面，輪廓脈絡儘管類似，其具體細節卻大不相同。這是由於意象「能指」指涉的形象有未定點，致使讀者想像的「形象」有了多種鏡像的可能。雖然晏殊「春寒欲盡復未盡，二十四番花信風」、「遙想江南此時節，小梅黃熟子規啼」詩句，宋人稱之為「有思致，不減唐人」（《艇齋詩話》），然這在很大程度上取決於讀者「恢復感覺」與「審美增值」的想像。其「不減唐人」之處，

覺、嗅覺的「能指」處在漂浮狀態，人們努力理解詩歌，聽出某種聲音、嘗出味道、感覺事物、聞出某種氣味，由此「能指」隨著思維判斷先後指向不同的答案，這些答案在不斷變化中劃出不同的「意義印跡」，留住了當事人的興趣和感覺，直至最後得到「恍然大悟」的確認，基於自我實現的心理滿足或愉悅達到高潮。「費解」得以解釋，這樣的思維也就呈現為一種富含趣味、自我實現的審美過程。

我認爲是晏殊對於「花信風」、「梅子」、「子規」有自己的感覺記憶。如果沒有江南春寒的經歷，想像不出「梅子黃熟」、「子規啼叫」。那麼，這些詩句除了朗朗上口之外，品味起來也很一般。客觀上，時代環境、生活閱歷不同，每個讀者總是根據現成的表象經驗填充古詩的未定點，這就造成讀者想像的唐詩美女，有可能不是「方額廣頤」，而是「長臉細頸」，形成所謂的「一千個讀者就有一千個哈姆雷特」。杜夫海納所說的抑制想像，抑制哲理反思的作者和讀者幾乎是不可能存在的。所以，秦觀末兩句說遠處叢林的樹梢盡頭，層林之外有一抹淡淡的青色。因爲景物朦朧，秦觀才不確定地說，那或許「應該」是淮河轉彎處的山巒吧。

　　羅曼・英伽登認爲，任何作品只能用有限的字句表達呈現時空中的事物的某些方面，它只是圖式化的勾勒與呈現，並不能完全再現實在的客體，所謂的「再現客體」只是虛構的、具有不完備性的意向性關聯物。〔註61〕由此，人類一方面具有將具體映像昇華成恒常性圖式的能力，這種圖式又等同於圖形化的概念抽象。另一方面，與猿類不同，人類還具有將圖形化的抽象恢復爲具象感知，並轉化成語言的能力。由此，詩人從審美感知開始，在想像過程中增添了東西而總是大於藝術作品本身。根據柏拉圖認定理式精神高於物質萬象的觀點，主體意識構建起來的境象總會超越現實或文字描述。由於秦觀《泗州東城晚望》的詩中意象進入想像界後，有許多「未定點」和空白需要讀者的想像來填充或「具象化」〔註62〕。加上詩歌本身的凝煉性和跳躍性，決定了讀者可以通過虛擬而想象生成自己的「詩歌境界」。最好的東西不是現實，而是基於現實的審美構造，尤其是意識構造及根據意識加工（或稱「窺見理式」）的物化創造。然而對於江西派詩歌而言，除了構建詩歌本身的境象（鏡像）之外，因爲「點鐵成金」、「奪胎換骨」的詩學方法，尤其推崇引入他人的詩境佳句，故又有從屬附帶的境象（鏡像）相伴而來。這類附帶的境象（鏡像）活在自己獨特的語境裏，與詩歌主體境象（鏡像）相互掩映，影影綽綽，如影隨形，二者通常以內蘊勾連。這樣的勾連，通常是兩者在感覺（通感）、情感、形象等方面有所類似，或者可以形成對比、暗喻、象徵等多種關係。反過來，宋人也質疑「詩家病使事太

〔註61〕　參見《引論》相關解釋。詳見朱立元：《當代西方文學理論》，華東師大出版社2005年版，第137頁。
〔註62〕　朱立元：《當代西方文學理論》，華東師大出版社2005年版，第136頁。

多，蓋皆取其與題合者類之，如此乃是編事，雖工何益」(《對床夜語》卷4)。
對於這樣的詩歌，讀者需要更多的學問和人生閱歷輔助，才能構造主從境
象（鏡像），並且串連出符合內在邏輯的多層次境象（鏡像）組成。若二者不
能達到徐俯所說的典故與主境的「中的」，便會出現「喧賓奪主」或「客隨
主便」的情況，造成主從境象的游離。

　　英國學者貢布里希曾驚奇於中國的繪畫方式，認為「中國藝術家不到戶
外去面對母題坐下來畫速寫，他們竟用一種參悟和凝神的奇怪方式來學習藝
術，這樣，他們就不從研究大自然入手，而是從研究名家的作品入手，首先
學會『怎樣畫松』、『怎樣畫石』、『怎樣畫雲』。只是在全面掌握了這種技巧以
後，他們才去遊歷和凝視自然之美，以便體會山水的意境。當他們雲遊歸來，
就嘗試重新體會那些情調，把他們的松樹、山石和雲彩的意象組織起來，很
像一位詩人把他在散步時心中湧現的形象貫穿在一起。」〔註63〕對於宋詩創
作而言，將貢布里希所說的「中國藝術家」改為「宋代詩人」，「畫」改為「寫」，
這個說法依然成立。因為藝術創作加入了參悟或凝神，又伴以感覺記憶，故
古人詩畫通常「並不模仿任何一個具體的模特兒，只是遵循心中已有的『某
個理念』」〔註64〕。

　　這樣的詩畫創作「理念」，最初
只是某種「情緒」或一個「念頭」的
萌發，進而才會在腦中凝成「意識圖
像」。1930年，徐悲鴻創作《田橫五
百士》(圖31) 油畫之時，心中也只有
一個「中國人民抗日不屈」的理念。
惟有這中國繪畫的「理念」遇到了「田
橫五百士」的史實，其「主觀意識圖

圖31　徐悲鴻：田橫五百士（油畫：1928
　　　　～1930年）

像」才得以成形。此時，畫家只是知道大概要畫些什麼人物，人物大致是悲
憤或勇毅之類的表情。但是，人物的具體形象，形象的細節卻是模糊的。在
畫家具體要將「意識圖像」繪製出來時，他就需要以現實中曾經見到過的人，
師友、同事、親人等，模擬融合成畫中的人物。於是，畫面中間穿黃色衣服

〔註63〕〔英〕E.H.貢布里希：《藝術的故事》，范景中譯，廣西美術出版社2016年版，
　　　　第153頁。
〔註64〕同上，第221頁。

的人是以徐悲鴻自己爲模特，而旁邊母女兩人則是徐悲鴻的妻子蔣碧薇與女兒爲模特，中間的老人則是看門老頭爲模特，此前徐悲鴻曾給他畫過肖像。總結起來，徐悲鴻的繪畫技法雖然是西方的，但是其繪畫的「理念」卻是中國傳統的。恰如魯迅所說：「所寫的事蹟，大抵有一點見過或者聽過的緣由，但決不會用這事實，只是採取一端，加以改造，或者生發開去，到足以幾乎完全發表我的意見爲止。人物的模特兒也一樣，沒有專用一個人，往往嘴在浙江，臉在北京，衣服在山西，是一個拼湊起來的角色」（《我怎麼做起小說來》）。

第五節　江西詩學的傳承

　　歷史上，古羅馬的賀拉斯就曾主張詩歌要模仿過去優秀的詩人。而且他強調通過閱讀，將古希臘和羅馬的作家作爲倣仿的對象，用獨特的方式創作傳統題材的作品。賀拉斯認爲，詩人需要避免在題材、措辭（詞語選擇）、詞匯和風格上走極端。通過閱讀，通過以古希臘和羅馬作家作爲榜樣，一個好的作家需要以獨特的方式寫作傳統題材。〔註65〕將上述兩個觀點結合起來分析，賀拉斯其實是要求模仿得更有水平，不能依葫蘆畫瓢。這與推崇「無一字無來處」（模仿前人）的江西派詩學頗有異曲同工之處，即用所謂「點鐵成金」、「奪胎換骨」的獨特方式模仿過去的詩人。這樣的創作追求，詩歌更注重的是用獨特的方式模仿。

　　宋代書籍普及度高，文人讀書普遍較多，類似「鴉帶斜陽投古刹，草將野色入荒城」（賀鑄《病後登快哉亭》）這樣借鑒王昌齡、白居易等前人詩句，化用在詩中的情況比比皆是，由此宋詩的學問氣息也更加濃鬱。通常，史集、子集中的故事與文字借鑒源於抄本、印本的可能性較大，而較短詩句容易記誦，其借鑒化用更有可能源於口傳心誦。據《憂古堂詩話》記載，程大昌有《飲酒戴花》詩云：「衰顏紅易借，短髮白難遮。」因爲此詩觸動感覺，兼有人生領悟，朗朗上口，極易記誦，這才有陳師道化用爲「髮短愁催白，顏衰酒借紅」（《除夜對酒贈少章》）詩句。總之，宋人這樣的模仿借鑒，一方面向大眾普及並固化了「白鷗盟」、「黃葉樹」等象徵意義。另一方面也推高了原有作品，如韓愈、杜甫詩歌的知名度和美譽度。同時，也極大推動了宋詩的學問化傾向。

〔註65〕　〔美〕查爾斯・E・布萊斯勒：《文學批評：理論與實踐導論》，中國人民出版社 2015 年版，第 31 頁。

　　結合拉康的理論，象徵界都是能指漂浮、聯想的狀態。這些能指與傳統的象徵，譬如玫瑰、鴿子象徵愛情、和平，它們更需要時間普及、固定下來，才能具有相對穩定的象徵意義。因為詩歌的某種象徵需要得到社會大眾的認可，在象徵界獲得自己的位置秩序。而象徵秩序的獲得更需要通過傳播接受，經過時間的確認與鞏固。譬如「丁香」作為「愁」的意象，古已有之。楊萬里《誠齋詩話》載，李商隱有詩「芭蕉不解丁香結，同向春風各自愁」(《代贈》)〔註66〕。原詩是「芭蕉不展丁香結」，意思「芭蕉的蕉心尚未展開，丁香的花蕾叢生如結；同是春風吹拂，而二人異地同心，都在為不得與對方相會而愁苦。」然而，現在「丁香」象徵意象的現代流行，卻不是因為李商隱的詩歌，而是因為戴望舒《雨巷》在社會上的傳播普及，以及其他作家模仿創作，其象徵意義才得以穩定下來。當代詩歌中，「面朝大海，春暖花開」(海子《面朝大海，春暖花開》)，因其富有美感的平易韻致，已經成為大眾對於「美好生活」嚮往的象徵認可。而「大聖歸來」也正在成為社會的普遍象徵。當社會公平、正義被瘋狂踐踏，民眾對此又無可奈何，「大聖歸來」便如「超人歸來」一般，迅速成為社會大眾的象徵存在。與之相反，方文山「多嘴的麻雀」，「秋刀魚的滋味」，「鮮豔的草莓」(周傑倫《七里香》)要想成為夏天的象徵、初戀的象徵，則需要時間，在社會人群中得到認同，甚至是流行方能確立。最終，才能落實為「所指」的象徵秩序存在。以此類推，許多類型的創作，也和象徵一樣，需要社會共同體的承認，才獲得合法地位和秩序。

　　艾略特曾說：「在這一傳統的擁擠空間中，現存的經典作品客氣地改變它們的位置排列，從而為新來者讓出地方，並因此而顯出不同的面貌；但是，為了獲准進入此傳統，這一新來者原則上必定從一開始就已經被包括在此傳統之內了，因此新來者的進入就有助於肯定這一傳統的種種核心價值。換言之，此傳統永遠不會打盹兒：它總是已經神秘地預見到那些尚未創作出來的重要作品；而且，儘管這些作品一旦創作出來就會引起對於此傳統本身的重新評價，它們最終還是會被此傳統的胃輕而易舉地吸收。」〔註67〕艾略特的意思是，現有的優秀作品存在，形成了一個相對完美的體系。新的藝術品進入就會對已有的體系產生影響。新作品的加入會導致原有體系做出調整，以

〔註66〕丁福保：《歷代詩話續編》上冊，中華書局1983年版，第141頁。
〔註67〕〔英〕特雷‧伊格爾頓：《二十世紀西方文學理論》，伍曉明譯，北京大學出版社2007年版，第39頁。

便維持系統的完美。這有些像水泊梁山添交椅。新兄弟來了，就要添一把交椅，山寨也要做出相應的秩序調整，譬如住房、職事，以維持一個新的平衡。其實，這樣的調整很不容易。對於梁山好漢入夥而言，首先要入夥者眞的有一技之長，得到大多數山寨好漢的佩服。其次，坐第幾把交椅也要進行整體考量安排。最後，名聲的傳播以及與眾兄弟間的關係構建，進一步幫助入夥者穩固下自己已有的位置。晁蓋、宋江、盧俊義正是因爲符合這樣的傳統而被眾家兄弟奉爲領袖。這一道理與新的文學作品進入原有的體系幾乎是一致的——即首先新作品進入文學作品的系統，先要得到公認是優秀的作品。其次，要在體系中獲得自己相應的位置。最後，作品的位置還需要在今後的歷史考驗中得到驗證，才能得到相應穩固。這樣，作品就要面臨兩方面的問題：一是作品本身歷久之後的價值；二是不斷有新作品進入後，自身位置的變化，以及變化之後如何找到新的平衡點。

　　文學一旦進入社會，事實上便有了某種「社會身份」。因爲「某種文學如果僅屬於個體而與社會無緣，也就必然與『歷史』無緣」〔註68〕。文學這種社會身份需要匯聚大眾的價值判斷，迎合大眾化的傳統審美需求，也即是艾略特所說的「符合傳統的公認原則」。此原則既取決於創作者已有的社會影響和作品本身的優劣高低，也取決於出版作品的官府、民間組織或個人，鑒於至善、親情、審美以及讀者與市場需要，或者其他出版目的所做出的歷史選擇。文學身份不同，其在社會中的傳播方式和社會影響面也會不同。獲取文學身份，佔有傳播優勢的某些文學作品，其傳布流芳的結果甚至會成爲社會集體意識的一部份。

　　事實上，江西派詩歌所追求的「博學」、「忠信」，從創作上決定了此類詩人沒有打算將自己的情感與感受強烈地介入詩歌創作，他們只想依靠「學問」構建需由讀者想像介入的詩歌鏡像。猶如福柯所言，「作者只不過製造了一個開局」(《作者是什麼》)，剩下的事情需由讀者自己判斷、完成。詩人讀書愈多，其原發的情感就愈受到拷問 (沉潛阻滯)，進而養成仔細掂量的習慣，選擇更精準的辭彙，委婉地呈現到詩歌之中。如此一來，情感和思想的活力不免會受到限制，其創作理性愈發追求詩中語詞的準確生動。譬如韓駒「日暮擁階黃

〔註68〕李昌集：《文學的社會身份與文化功能》，《文學遺產》2006 年第 1 期，第 11 頁。

葉深」（《與李上舍多日書事》）〔註69〕詩句所呈現的落葉擁滿臺階，深厚卻無人打掃的景象。其生動精準的詩句，讓人聯想詩歌背後有詩人（或讀者認同的）老病衰颯之愁，於是才有「平生黃葉句，摸索便知價」（李彭《建除體贈韓子蒼》）的讚譽。然而，最好的詩歌卻不完全在於詩句的品味，還要有「詩已盡而味方永」（《誠齋詩話》）的審美回味。如「春雨斷橋人不度，小舟撐出柳陰來」（徐俯《春遊湖》）。雨後水漲，淹沒斷橋，也淹沒了遊興。詩人捨步登舟，明裏寫的是「柳陰裏撐出一葉小舟」，隱藏沒有寫出的卻是「換了另一種『柳暗花明』的興致和心情」。

英國學者瑞恰茲認爲，詩歌中詞的意義就是「它的語境中缺失的部份」，即用已有的語詞道出了語境中沒有寫出的意思。〔註70〕如「雲破月來花弄影」沒有直寫，讀者卻分明能品味到的「風」〔註71〕。由視覺鏡像、記憶境象延到心理感應，「桃李春風一杯酒，江湖夜雨十年燈」，沒有直接寫出的是桃李春風裏的「喝酒爽

圖 32

快」，以及江湖夜雨裏的「孤苦難捱」，所傳達的是「快樂易逝，孤寂漫長」的人生通感，與之傳遞相反的則是「親友閒坐，燈火可親」的暖意。兩句詩結合起來，就擺脫了黃庭堅、黃幾復等具體人和事的局限，跳出了具體感性，

〔註69〕　陸游說：「韓子蒼詩，喜用『擁』字，如『車騎擁西疇』、『船擁清溪尚一樽』之類，出於唐詩人錢起『城隅擁歸騎』也。」詳見《老學庵筆記》卷9。

〔註70〕　瑞恰茲說：「在這些語境中，一個項目——典型情況是一個詞——承擔了幾個角色的職責，因此這些角色就可以不必再出現。於是，就有了一種語境的節略形式。」「當發生節略時，這個符號或者這個詞——具有表示特性功能的項目——就表示了語境中沒有出現的那些部份……正是從這些沒有出現的部份，這個單詞得到了表示特性的功效」。〔英〕瑞查茲：《論述的目的和語境的種類》，趙毅衡編選，章祖德譯，《「新批評」文集》，百花文藝出版社2001年版，第334、335頁。

〔註71〕　「雲破月來」，這個形象描繪說明了當天晚上有「風」，否則「雲不太可能破」，而「月」也有可能看不見。這就爲後面的「花弄影」鋪墊了伏筆。因爲有「風吹」，所以雲破，所以月來，所以才有了花枝搖曳的「花弄影」。因爲風吹才會有花枝的恍動，所以才有了所謂的「花弄影」。「弄」的意義就是「風吹」。「風吹」並沒有出現在語境中。

給人以理性的感受，從而思考更深遠的人生。應該說，黃庭堅本人也沒料到他的這兩句詩具有抽象泛指，永恆的意味。他當初只是描述了與黃幾復京城相逢飲酒，以及後來江湖漂泊的心境。只是因爲選擇了「桃李春風一杯酒」、「江湖夜雨十年燈」，這些個他認爲具體，我們看起來卻可以泛指，可以抽象的意象。同樣的詩句，司空曙「雨中黃葉樹，燈下白頭人」(《喜外弟盧綸見宿》)也是一例。本來，「黃葉樹」是具體感性的，但是它與「白頭人」結合就給人以理性的感受，讓人跳出與司空曙與盧綸相關的具體感性，而思考更普遍、更深邃的人生。相比之下，馬戴的「他鄉樹」與「獨夜人」(《灞上秋居》)卻並不具有普遍意義，而盧綸「**兩行燈下淚，一紙嶺南書**」(《得嶺南故人書》)〔註72〕兩句詩，卻因爲「嶺南書」的具體意象，也部份限制了它的普遍抽象與超越。十年離亂後，李益與外弟終得相逢，本來談了許多與親人故舊相關的具體事情，然詩人卻以「別來滄海事」(《喜見外弟又言別》)一句詩概括，反而容納了更多令人浮想的內容。「滄海事」既借了「天上人間，滄海桑田」的典故，又造成了能指漂浮、喚起讀者更多的想像。

　　文學的魅力往往如此，不管前面構造的是安徒生式的童話，還是《千與千尋》(圖32)那樣的動漫故事，有魅力的文學作品最終浸潤的還是那麼一點人生的情懷與意義。〔註73〕當年柏拉圖的學生將哲學追問和抽象思考作爲發現真理的方法，假如詩歌創作僅停留在惟妙維肖的表象描述，沒有上升到抽象思考，詩歌便沒有發現真理的可能。即如亞里士多德的觀點，「詩人必須密切注意措辭或語言，尤其是在韻文、散文或歌謠中；但是最終，語言所表現的思想才是重中之重」〔註74〕。對於詩歌審美而言，借助語詞意象，詩歌通過隱喻、象徵，平仄對仗、音韻流轉等手段，形成讀者眼中鏡像構成的要素與組件。象徵狀態的詩歌轉入想像中的境象，除了品味審美的過程性享受，詩歌最後還要傳達出一定的意義。詩歌的哲理與形象結合，總是令讀者久久難忘，想起來就感動的真味永存——即歐陽修評價梅堯臣詩歌的感受是「如食橄欖，真味久愈在」(《六一詩話》)。由於詩歌語詞凝煉，詩人無法也不必充分展

〔註72〕何文煥：《歷代詩話》上冊《全唐詩話》，中華書局2004年版，第98頁。
〔註73〕關於《千與千尋》所傳達的人生意義，日本動畫大師宮崎駿說：「人生就是一列開往墳墓的列車，路途上會有很多站，很難有人可以自始至終陪著走完。當陪你的人要下車時，即使不捨也該心存感激，然後揮手告別。」
〔註74〕〔美〕查爾斯·E·布萊斯勒：《文學批評：理論與實踐導論》，中國人民出版社2015年版，第30頁。

示哲理，只須點到即止，深邃聯想的責任，全然落到讀者身上。至於讀者如何獲得鏡像，甚或獲得審美享受，江西派詩人最緊要的是明白如何用學問構建起艾略特稱之為「客觀對應物」的詩歌。

一、以「學問—聯想、閱歷—反思」創造的「客觀對應物」

關於詩歌創作，歐陽修、梅堯臣推崇「平淡」、「古硬」的詩風，至於如何實現這樣的創作則語焉不詳，或抽象空泛。惟有黃庭堅總結前人的創作，提出了明確的詩學主張，其周圍朋友、子侄輩也多受其影響。然而這種繼承而來的詩學一旦成為某種通行法則之後，法則本身需要「學問和經驗」的根本素質卻被大多數後學詩人忽略了，反而走向了對於他人「學問和經驗」的抄襲，而不是自己積累起這樣的質料。實際上，無論是讀書精博，或是為人忠信，這些主張與詩歌創作的關係，黃庭堅沒有說清的詩學道理，其邏輯延展呈現出如下內涵：首先，「無一字無來處」涉及的詩學隱秘是——學問儲備越多，詩歌創作過程中就有更多聯想的可能，而不至拘泥於有限的意象與情境；其次，「精博的學問」即等於專業性、學科化的閱讀，足以讓詩人的創作聯想更有方向和條理，而不會陷入毫無頭緒的胡思亂想——呈現陸機所謂「情瞳朧而彌鮮，物昭晰而互進」（《文賦》）的創作狀態。任何生活在俗世的人都可以看到並描述表象，但是他們並不能通過表象深入聯想其本質或規律。惟有閱歷與學問儲備到一定程度的人，才有可能聯想反思，觸類旁通，悟出某些哲理性認識。

關於人類的思維，英國學者約翰·洛克《論觀念》一文提供了數條線索：一、「按照對象影響感官的不同方式，把對於事物的一些清晰的知覺傳達到心靈裏面。這樣，我們就獲得了我們對於黃、白、熱、冷、軟、硬、苦、甜以及一切我們稱為可感性質的觀念。」〔註 75〕洛克肯定了「知覺」才是觀念，此外觀念或許還包括某些思想。因為洛克說「心靈在自身中知覺到的東西，或者知覺、思想、理智的直接對象我稱之為觀念。」二、經驗是那種脫離了感官，對於對象的綜合性感受，「儘管由於它和外物毫無關係，因而不是感官，但它卻很像它，因此可以很適當地稱之為『內感官』」〔註 76〕。三、簡單觀念

〔註 75〕〔英〕以賽亞·伯林：《啓蒙的時代：十八世紀哲學家》，譯林出版社 2012 年版，第 28 頁。
〔註 76〕同上。

是從各個感覺器官單純傳入心靈的感覺。四、因為心靈自身的某種「活躍的力量」，所以它可以憑藉自己的力量將從事物本身接受而來的簡單觀念結合在一起，構成新的，它從前未接受過的複雜觀念。〔註77〕

綜合以上線索，我們可以得到這樣的認識，即新觀念的形成既與自己已有的知覺感受有關，又與諸多簡單觀念融合聯接有關。所以，詩歌創作主要與「聯想」和「反思」這兩種人類思維能力有關。而「聯想」與「反思」能力的提升，又與「學問」和「閱歷經驗」相聯繫。同樣的景觀物象，四時變化、雲繚霧繞，不同的詩人聯想到的意象皆有不同，如杜甫有「江蓮搖白羽，天棘夢青絲」（《已上人茅齋》）。除了景物的客觀存在，更為重要的條件還在於詩人獨特的聯想能力。因為有《華嚴會玄記》「青松為麈尾，白蓮為羽扇」的閱讀，《本草圖經》又載：「天門冬生奉高山谷，今處處有之。春生藤蔓，大如釵股，高至丈餘，亦有澀而無刺者，其葉如絲而細散」。平常人寫詩，怎麼也不會將「蓮花」與「羽扇」聯繫起來。然而特別的學問閱歷，卻支撐杜甫聯想出的這樣意象組合。準確地說，一方面，閱讀更多的書籍，尤其是系統性（書籍間存在邏輯聯繫）的閱讀，使得詩人在創作過程中更容易聯想，選擇借鑒與情境主題相關的情景物事、歷史典故、神話傳說等等材料。「精深」就是要求系統性、深入性的書籍閱讀。這就是黃庭堅主張閱讀「精博」的意義所在。另一方面，閱歷廣博，尤其是情感參與其中的經歷，更容易獲得經驗。當我們需要這些「較不強烈、較不活躍的知覺，我們普通叫做思想或觀念」（休謨《人類理解研究》）的閱歷經驗進行創作時，「反思」就起到至關重要的作用。

以我個人理解，「反思」主要有以下類別：一是對過去曾經「感覺」的反省、內省，屬於恢復「感覺記憶」這一類；二是對於自己曾經思考的內容和過程，進行檢討式的二次體驗與思考，兼有「覺悟」的可能。「聯想」的基礎在於想像，想像貫穿於整個藝術構思的全過程。首先，詩人要有將外部景物再現的能力；其次，這種想像還體現為將抽象的東西賦予具象的能力。最後，想像還包括將「無物」憑空想像為「有物」，「甲物」想像成「乙物」的能力。這種思維方式與佛教所謂的禪悟極為相似，故吳可認為「凡作詩如參禪，須有悟門」（《藏海詩話》）。

〔註77〕　〔英〕以賽亞・伯林：《啟蒙的時代：十八世紀哲學家》，譯林出版社 2012 年版，第 42 頁。

　　想像是詩人主觀認識與客觀對象之間，區別於邏輯思維的另一種溝通方式。故所謂「聯想」與「反思」，對於詩歌創作而言，就是將閱讀或聽聞到的諸多信息知識聯繫起來思考的能力。而且詩人還要從眾多信息中，找出彼此具有邏輯關係的意象信息。南宋陳岩肖稱黃庭堅詩歌「清新奇崛」（《庚溪詩話》卷下）。所謂「清新奇崛」者，相比於韓愈的詩歌風格，自然是黃庭堅在「文從字順」方面做得更為妥帖，然「奇崛」卻不同於孟郊式的「奇怪」、「艱深」，這樣的詩歌之所以得到稱讚，本身就有詩人以自己「獨特的思維」創作傳達出眾人共同感受的意味。譬如黃庭堅將《莊子・山木》「螳螂捕蟬，異鵲（黃雀）在後」的故事與韓愈《送窮文》「驅我令去，小黠大癡」的閱讀聯繫起來，尋找到兩者之間的內在邏輯——即「小聰明」並非真的聰明，乃是因為自己為本能所束縛，局限在眼前狹隘利益考慮的緣故。故黃庭堅才有「小黠大癡螳捕蟬」（《寺齋睡起二首》）的詩句。因為過去的閱歷、學問中已有「夔憐一足」、「蚿有多足」、「蛇無足」等來自《呂氏春秋》的傳說，黃庭堅反思這樣的經驗認識，依次獲得「夔只用一足行走，反而可憐蚿多足而無用」、「多足的蚿認為自己不及蛇無足，蛇又認為自己不及風的無形」感悟，遂有「有餘不足夔憐蚿」（《寺齋睡起二首》）的詩句。這裡，人腦的聯想能力主要作用於「感覺與思想」，「思想與語詞」的連綴，在習慣和功能上聯結起來兩個以上的事物。而「反思」則表現在根據已有的感知經驗與基礎性思考，從回憶某個形象或意念開始，思考不受束縛地發散開來，脫離原有的形象或意念，進而領悟、凝煉出更具有普遍性、哲理性的詩句。如司馬光由生活感知、思考，得出「清茶淡話難逢友，濁酒狂歌易得朋」這樣將「世間往來道盡」的哲理詩句。反思或許還包括對比、區別不同物象在意識中的概念，以及找出這些概念的差別與邏輯聯繫，從而為進一步飛躍性的思考奠定基礎。詩歌創作經過這樣的聯想與形而上的反思，最終需要達到的是透過事物的種種表象，發現其內在的本質或規律，從而對人生產生更多的裨益。所以，黃庭堅借鑒杜詩，以「退食歸來北窗夢，一江風月趁魚船」（《寺齋睡起二首》）兩句詩來表達自己拋開世俗煩悶，追尋「趁著魚船，領略一江風月」夢境的超然。同樣，因為曾有「蝴蝶雙飛」、「蛛網捕蝶」、「螞蟻爭搶死蝶」的閱歷，加上閱讀過李公佐《南柯太守傳》的傳奇故事，黃庭堅聯想、沉思之後，因而產生「蝴蝶雙飛，偶觸蛛網而死，群蟻收其墜翼。這一切都是偶然，然而群蟻卻因收蝶翼有功，荒誕得以策勳封侯」的思考，於是寫下《蟻蝶圖》一詩。因為這樣的詩歌雖然

寫的是偶然的、個體的事件，卻寫出了某些人生共有的哲理，所以更接近了真理性的認識，即理式。

除此以外，此種創作聯想還與詩歌的形式有關，詩歌對仗、押韻引導了詩人的聯想方向。譬如「曉月過殘壘，繁星宿故關」（司空曙《賊平後送人北歸》），以及「無人收廢帳，歸馬識殘旗」（張借《沒蕃故人》）。由「月亮」聯想的自然是「星星」，「廢帳」對應的當然是「殘旗」，詩人只須順勢去聯想便可以了。所以，當我們歎服詩人生動、奇跳想像的時候，也要瞭解這是詩歌形式引導創作思維所導致的結果。總之，這樣的詩歌創作過程，將過去記憶積累的知識、感覺、經驗等，經由聯想與反思融合排列成詩歌意象，加上「英靈助於文字」（《碧溪詩話》卷8）構成一個「客觀對應物」。其中的邏輯關係如下所示：

（1）詩歌創作思維＝聯想力＋反思力＋言辭達意的構詞能力；

（2）系統、專業的學問（閱讀、採擷）＋生活閱歷→→沉思昇華（反思感知經驗或審視基礎性思考）＋意識符合邏輯地牽引創作聯想→→事物或人生的本質與規律。

詩歌的創作思維，除了「聯想」與「反思」，本來還應該包括「想像」的能力，但是這樣的能力在以學問「點鐵」、「奪胎」的江西派詩歌，則更多表現為「聯想」他人的詩境佳句，沉思操作出理想的「詩境佳句」。依靠「神經的暫時聯繫」（巴甫洛夫）〔註78〕在大腦皮層留下的痕跡，詩人將類似的事物影像聯繫起來，將閱讀過的詩句與自己的想像（基於經歷感受）結合起來。黃庭堅雨中登上岳陽樓，遠望君山，不免想起劉禹錫的詩句「湖光秋月兩相和，潭面無風鏡未磨。遙望洞庭山水翠，白銀盤裏一青螺」（《望洞庭》）。因為黃庭堅此時是雨中望洞庭，水波漾動，於是逆反其意，「奪胎換骨」之後，就成了「可惜不當湖水面，銀山堆裏看青山」（《雨中登岳陽樓望君山》）。對於江西派詩歌創作而言，「聯想」豐富需要詩人閱讀更多的書籍，直接感受之外，反而還要聯想他人詩文的予以思考、借鑒。即如錢鍾書評價陳師道作詩，習慣「一味把成語古句東拆西補或者過份把字句簡縮」〔註79〕。因為受到杜甫取人七言，簡

〔註78〕巴甫洛夫認為，聯想是由於兩個或幾個刺激物同時地或連續地發生作用而產生的暫時神經聯繫。聯想是在頭腦中從一事物想到另一事物的心理活動。詳見〔俄〕巴甫洛夫：《大腦兩半球機能講義》，上海文通書局1953年出版，第221頁。

〔註79〕錢鍾書：《宋詩選注》，生活·讀書·新知三聯書店2002年版，第164頁。

縮五言〔註80〕的啓示，其過份簡縮的「城與清江曲」（《登快哉亭》）、「歲晚身何託」（《除夜對酒贈少章》）、「誰初教鮮食」（《晚興》）這類詩句，本來用七言更好，卻刻意縮減成五言。最後，對於詩歌創新性的超越，無論是選擇新奇的情景，或是萌發陌生化的結構與詩句，都容易留下了「濃重守舊」的痕跡。由於江西派詩歌強調「無一字無來處」，其超越性大多只能體現在字句的「點鐵成金」，然而「奪胎換骨」的主題卻因言辭借鑒受到束縛，故其沉思昇華，呈現哲理深度或者「詩已盡味方永」（《誠齋詩話》）的詩句也較爲少見。即便是黃庭堅的許多詩句，仔細品讀，或與理不通，或又無甚意思。如王若虛笑山谷《閔雨》詩句「東海得無冤死婦，南陽應有臥雲龍」，所謂「臥雲龍，眞龍邪？則豈必南陽，指孔明邪？則何關雨事。若曰遺賢所以致旱，則迂闊甚矣」。其他又如「山谷《牧牛圖》詩，自謂平生極至語……謂之奇峭，而畏人說破，元無一事」（《滹南詩話》卷3）。

　　詩歌作爲「客觀對應物」的說法來自艾略特。艾略特生活在「現代社會的非人性化的商品世界」〔註81〕，其所推崇的「非個人化」、「客觀對應物」的說法，僅是品評已然存在的詩歌作品有效，而對於古典詩歌創作而言，傳統詩人不可能秉持著「非個人化」的信念，有意識地去創造與自己無關的所謂「客觀對應物」。從理論上講，詩人只能負責自己的情懷感受，無法顧及，也不能完全預期讀者的反應。無論客觀與否，從詩歌離開詩人，誦讀傳播而成爲眾人的品評對象之時，它便成了容人品評的「客觀對應物」。只是，對於江西派詩人而言，其詩歌之所以能成爲「客觀對應物」，並呈現出某些「非個人性」的效果。除了詩歌傳達出某些共性的感受之外，乃是因爲他們並不把情感過於直露地在詩歌中表達。即使有某些獨特、具象的感覺（包括情緒、情感），也刻意將之納入理性思考中，委婉理致地表達。他們那些源於「無一字無來處」的閱讀助力，又使得其詩歌更加執著於創作過程的艱深斟酌，而對詩人具體、獨特的「感覺」有所忘卻或忽略，或只有較少的部份源於自己的感受。

　　由於書籍閱讀的幫助，以黃庭堅爲代表的詩歌借鑒，不再遵循傳統「情景轉化爲文字」的創作常規，而是聯想、借鑒旁人詩文，經由創作主體想像

〔註80〕　《後山詩話》載：「王摩詰云：『九天閶闔開宮殿，萬國衣冠拜冕旒。』子美取作五字云：『閶闔開黃道，衣冠拜紫宸』，而語益工。」
〔註81〕　〔英〕特雷・伊格爾頓：《二十世紀西方文學理論》，伍曉明譯，北京大學出版社2007年版，第37頁。

加工，改造成為自己的詩句。如「桃李春風」、「江湖夜雨」，就與韋應物《淮川喜會梁川故人》「江漢曾為客，相逢每醉還。浮雲一別後，流水十年間」的詩意極為近似。採用江西詩法創作的詩歌，以閱讀結合體驗，以借鑒代替創造，博學足以將眼前情景的某一類似點與曾經讀過的詩文聯繫起來。據吳聿《觀林詩話》記載，黃庭堅的洪家外甥作詩，「有外家法律」。洪龜父《遊烏遮塔示師川》詩云：「華鯨喚起曲肱夢，行徑幽尋小雨乾。風吹龍沙江流斷，日下烏塔松陰寒。冰雪照人徐孺子，手提玉麈對西山。安得鴻崖入瓊藥，令我輩出六合間。」烏遮塔是南昌永和門外一座高塔，詩人從寺鐘喚夢醒，小雨初晴尋幽開始，以烏遮塔為中心環顧四周，先後描寫了南昌城的龍沙（亭）、徐孺子祠、西山、鴻崖丹井等勝景，最終給徐師川傳達「探藥尋仙」的企圖。其間融入歷史典故，神仙傳說，給人「弔書袋」或憑學問炫技的印象，卻沒有看到真情實感，更沒見到建構在真情實感基礎上的奇瑰思維，唯一可取的是因「龍江」、「烏塔」、「西山」等實景名稱引發的多義想像。同樣的情況，也出現在徐師川身上。王安石晚年有《閒居》詩云：「細數落花因坐久，緩尋芳草得歸遲。」蓋本於王維「興闌啼鳥換，坐久落花多」（《從岐王過楊氏別業應教》）。徐師川自謂「荊公暮年，金陵絕句之妙傳天下，其兩句與渠所作云『細落李花那可數，偶行芳草步因遲』，偶似之邪？竊取之邪？喜作詩者，不可不辨」。然而，熟味之，可見王安石詩中「閒適優游之意」（《憂古堂詩話》），而徐師川的詩句只見模仿痕跡，卻沒有自己細微的感覺。因此，典型的江西詩歌往往弱化或隱藏感情和感覺，「奪胎換骨」、「點鐵成金」的技法運用將宋詩的「理致思考」從「平淡」帶入到一個新境界，這對於南宋楊萬里的「理趣」詩歌有示範意義。

二、江西詩學的傳承局限

　　關於江西詩學的形成與傳布，劉克莊《江西詩派小序》曰：「豫章稍後出，會粹百家句律之長，究極歷代體制之變，搜獵奇書，穿穴異聞，作為古律，自成一家，雖隻字半句不輕出，遂為本朝詩家宗祖。」〔註82〕對此，學者繆越《論宋詩》評價說：「其後學之者眾，衍為江西詩派。南渡詩人，多受沾漑。雖以陸游之傑出，仍與江西詩派有相當之淵源。至於南宋末年所謂江湖派，

〔註82〕丁福保：《歷代詩話續編》上冊，中華書局 1983 年版，第 478 頁。

所謂永嘉四靈，皆爝火微光，無足輕重。故論宋詩者，不得不以江西派爲主流，而以黃庭堅爲宗匠矣。」

呂本中《江西詩社宗派圖》將黃庭堅以外，陳師道、潘大臨等二十五人列入其間，由此惹出的是非，諸如韓駒因「呂公強之入派，子蒼殊不樂」（《江西詩派小序》），並非本書關注的重點。但是，列入詩派的二十多位詩人受到黃庭堅詩法的影響卻是需要肯定和關注的。錢鍾書認爲，黃庭堅詩法對於這些人的影響，「只是有暫有久，有深有淺，淺的像比較有才情的韓駒，深的像平庸拘謹的李彭」〔註83〕。經歷兩宋的變故，江西詩人遭遇曲折，詩學流轉，已有許多反思。然而，自從呂本中之後，江西詩派對於南宋詩壇的影響已然蓋棺定論。

南宋詩人中，呂本中、曾幾、楊萬里等人少年都曾以江西派詩歌爲學習典範，中年以後幡然領悟，意識到江西詩法的問題所在。呂本中說：「《楚辭》，杜、黃固法度所在，然不若遍考精覈，悉爲吾用，則姿態橫出，不窘一律矣」（魏慶之《詩人玉屑》卷5）；楊萬里《誠齋荊溪集序》也說：「予之詩始學江西諸君子，既又學後山五字律，……學之愈力，作之愈寡。……戊戌（淳熙五年，1178）三朝，時節賜告，少公事。是日即作詩，忽若有悟，於是辭謝唐人及王、陳、江西諸君子皆不敢學，而後欣如也」（《誠齋集》卷81）。因爲「近世江西之學者，雖左規右矩，不遺餘力，而往往不知出此，故百尺竿頭，不能更進一步，亦失山谷之旨也」（《苕溪漁隱叢話》前集卷49），他們先後提出「活法」、「理趣」等詩學主張。不僅南宋詩人如此，徐俯自中年富積閱歷和學問之後，也開始對黃庭堅的詩法提出異議，意識到融會貫通的重要性，提出所謂「中的」的詩學主張。同時，他對於自己被列入江西詩派也深感不滿。拋開以上這些可見的表象，其中明顯的規律總結是：這些南宋詩人對於江西詩學的繼承，通常都是早年的經歷，而他們在詩學上的覺醒和領悟則與中年閱歷後的沉思有關。

（一）江西詩法導致詩歌創作過份限定在「閱讀—聯想」階段

因爲受到杜甫、蘇軾、黃庭堅「以學問作詩」的影響，江西詩人後學一旦將目光更多放到他人的詩句佳境，眼前之情景就僅是聯想勾出他人詩句的契機。因爲「閉門吟榻覓句」，「刻意求工」的緣故，類似陳師道這樣的詩人，

〔註83〕錢鍾書：《宋詩選注》，生活・讀書・新知三聯書店2002年版，第170頁。

「往往因爲用意過於曲折，造語過於生澀，而損害了藝術的完整性」〔註84〕。
由於內心想的是如何「點鐵成金」、「奪胎換骨」，創作出超越他人的詩句佳境。
客觀上，反而抑制了原發情感，導致詩人極易忘卻原先具體、敏銳的感覺。
陳師道有「誰初教鮮食，竭澤未能休」〔註85〕詩句，乃「點鐵」縮減於錢昭
度「伯禹無端教鮮食，水中魚盡不知休」詩句（吳聿《觀林詩話》）。「伯禹鮮食」
的典故來自《尙書・益稷》或《史記・夏本紀》。據史載，大禹治水時，教會
了民衆食用生魚、獸肉，所以才度過了洪荒。錢昭度原來的意思是「夏禹無
端卻教會民衆吃生魚肉食，所以導致水中的魚被民衆捕盡仍不知收手」。陳師
道「點鐵」後的詩句，卻是說「當初是誰教會民衆吃生鮮的魚蝦，以致於竭
澤而漁的情況未能遏止」。陳師道「語勝」之處，乃是錢昭度只是描述了「已
然存在的遠古歷史事實」，而陳師道卻故意用「誰（x）」來模糊「教會民衆吃
生魚」的人物指稱，使之更具普遍意義。在這首詩的語境下，詩人卻不是要
責怪民衆「吃魚蝦」的事，而是借助「去國離愁，近鄉情怯」的情感，「奪胎
換骨」地表達自己因爲喜歡家鄉的生鮮魚蝦，以致於產生即使「澤竭」亦不
願放棄「懷鄉戀土」的心思。在詩歌的創作過程中，陳師道是將自己對於「生
魚鮮蝦」的感受與錢昭度的詩句做了應證，進而將心思全部放置於如何規避
模仿，超越原詩的字斟句酌。這一過程對於陳師道來說，極其煎熬，所以「揭
之壁間，坐臥哦詠，有竄易至月十日乃定，有終不如意者，則棄去之」（徐度《卻
掃編》卷中）。

　　「度鳥欲何爲？奔雲亦自閒」（《登快哉亭》），是陳師道頗爲得意的佳句。原
因是詩人認爲這兩句詩「點鐵成金」，超過了杜詩「仰看一鳥過，虛負百年身」、
「水流心不競，雲在意俱遲」（《江亭》）。然而，人們看到「鳥飛雲逝」，通常不
會有這樣的直覺感受。這兩句詩的形成，更多是超越前人企圖的「費盡心思」
——即賦予「飛鳥」、「奔雲」以人的生命感受，似乎看透了「飛鳥」與「奔
雲」的「自在閒逸」。譬如蘇軾所謂「百年同過鳥」，又如山谷「百年青天過
鳥翼」，除了描摹之景語，更有深邃的意興感慨。這些或許不是睹物初興的感
覺以及當時泛起的情感，但是詩人生活在宋代「意度閒雅」（《杜工部草堂詩話》
卷 1）的文化氛圍裏，兼有了杜詩的聯想與反思。特別是，一旦有了呂本中所

〔註84〕　程千帆、吳新雷：《兩宋文學史》，上海古籍出版社 1991 年版，第 215 頁。
〔註85〕　陳師道《晚興》詩云：「去國猶能別，逢人始欲愁。不干遮極目，自是怯回頭。
　　　　　布網收漁槮，連筒下釣鉤。誰初教鮮食，澤竭未能休。」

謂超越規矩的「悟入」〔註86〕，詩歌才有可能呈現「始乎摘用，久而自出肺腑」（《誠齋詩話》）的水平，進而將詩歌調整改造爲「含蓄蘊藉」的成熟形態。故《艇齋詩話》總結道：「後山論詩說化骨，東湖論詩說中的，東萊論詩說活法，子蒼論詩說飽參，入處雖不同，然其實皆一關捩，要知非悟入不可。」曾季貍認爲陳師道、徐俯、呂本中、韓駒等人雖然所提詩學方法的稱謂不同，但其中原理關鍵都在於「悟入」。

實際上，「悟入」乃是呂本中對於詩人的某種創作過程或狀態的描述。閱讀思維也是一種富含趣味的審美過程。它伴隨費解的過程，追尋答案或涵義的思維，令「能指」在漂浮過程中劃出不同的「意義印跡」，最後才得以確認。這樣的過程自然就拉長了感覺關注的時間，閱讀思維由模糊到清晰，進而豁然開朗，最終也會令「愛自己感覺」的人們因爲感覺豐富而獲得精神上的愉悅與滿足。故所謂「悟入」，就是意識對於無意識的控制所形成的創作引導。它大概可以分爲兩部份：一是詩人思維對於感覺聯結成知覺，包括將當下直覺與間接閱歷經驗進行聯想、想像等融合的機制；二是在感覺、想像等材料融合的基礎上，對詩人提出智慧思維參與詩歌構思的創造性要求。其突出表現是「自鑄偉辭」或「含不盡之意，見於詩外」。然而，更多初學者只是「學古人好語，或兩字，或三字……入口便成詩句」，通常難以做到「用古人語，而不用其意」（《誠齋詩話》）〔註87〕。當然也更談不上創作主腦哲理性的「妙悟」。王若虛《滹南詩話》（卷3）曾專門評點江西詩法，以爲「魯直論詩，有奪胎換骨、點鐵成金之喻，世以爲名言，以予觀之，特剽竊之黠者耳。魯直好勝，而恥其出於前人，故爲此強辭，而私立名字。夫既已出於前人，縱復加工，要不足貴。雖然，物有同然之理，人有同然之見，語意之間豈容全不見犯哉？蓋昔之作者，初不校此，同者不以爲嫌，異者不以爲誇，隨其所自得而盡其所當然而已。至於妙處，不專在於是也，故皆不害爲名家，而各傳後世，何必如魯直之措意邪？」

由於江西詩法過於強調學習他人，強調以學問作詩，更方便那些稟賦平常或半路出家的詩歌後學模仿學習。因爲此種方法對於黃庭堅這樣的閱歷老人是有效的，但是對於人生既缺閱歷體驗，又缺書籍學問的菜鳥詩人，無論

〔註86〕 呂本中說：「此事須令有所悟入，則自然越度諸子。悟入之理，正在工夫勤惰間耳。」詳見胡仔《苕溪漁隱叢話》前集卷49《呂居仁與曾吉甫論詩》。

〔註87〕 丁福保：《歷代詩話續編》上冊，中華書局1983年版，第141頁。

怎樣,「循法創作」的他們只能走向「依葫蘆畫瓢」地模仿或抄襲。故南宋張戒評價說:「子瞻以議論作詩,魯直又專以補綴奇字,學者未得其所長,而先得其所短,詩人之意掃地矣」(《歲寒堂詩話》卷上)。因爲,「世界上的物體個個都有明確不變的形式和色彩」〔註88〕的信條並不可靠。「當浮雲掠過太陽,或者陣風吹亂水中的倒影,『自然』或『母題』時時刻刻都在變化」〔註89〕。同樣的景物,不同時間,以不同的心情觀看,得到的感覺並不相同。由此,落實到詩人筆下的映像理應有所區別。

　　事實上,先哲當初創作時也不清楚怎樣表現才完美,而模仿者卻明白自己在幹什麼。在「閱歷經驗——作詩」與「學問——作詩」之間徘徊,我們看不出年輕人擁有怎樣的優勢。閱歷完全需要具體的人生彌補,年輕詩人唯一可行的方法只有增加讀書數量。尊重具體的感覺,還是尊重抽象出來的知識,一直都是藝術創作無法迴避的問題。如果完全放棄自己的感受,卻不是良好的創作態度。在科舉至上的社會氛圍裏,黃庭堅詩法之所以能夠影響擴大的原因:一是因爲它能更便捷地寫出「像樣」的詩歌,以迎合仕途經濟、詩歌騁奇弄巧的風氣要求;二是宋代社會印本書籍流布廣泛,客觀上爲「學問——作詩」提供了足以依傍的條件,便於江西後學借鑒、模仿或抄襲。宋僧祖可能詩,因身染惡疾,人號「癩可」,詩列「江西派」。據說,祖可「初作詩,取前人詩得意者手寫之,目爲《顚倒篇》,自後其詩大進」(《艇齋詩話》)。江西詩法與前人詩篇的結合,的確得到些實際效果。然而,這種效果,主導權完全在於讀者聯結自我的想像。因此,劉克莊評價「祖可瞹讀書,詩料多無蔬筍氣」(《江西詩派小序》)。然而,所謂「顚倒篇」者,實爲癩可通過改變他人詩句語序,達到「陌生化」的創作目的,但是並不能保證喚回詩歌的感覺。

　　對於江西詩社成員而言,儘管某些經驗豐富的詩人捉住了感覺,然而他們借鑒書本學問的詩法卻極易淡化或隱藏自己的情緒與感覺。對於這類詩人,雖然罕有自鑄偉辭的能力,然而其聯想、模仿寫出某些惟妙惟肖的詩句,還是極易給人誤判,因爲江西詩歌的蘊含極爲依賴讀者的聯想和意象構建。即如一位無甚學問閱歷的年輕人,將他人的多首歌曲的歌詞成功串連起來,

〔註88〕　〔英〕E.H.貢布里希:《藝術的故事》,范景中譯,廣西美術出版社2016年版,第514頁。
〔註89〕　同上,第518頁。

也會給人留下「人生有悟、學問高深」的錯覺印象。宋代京口有多景樓，文人墨客多有登臨。陳師道「登多景樓，南望丹徒，有大白鳥飛近青林」，捕捉到剎那的感覺，而得「白鳥過林分外明」(《後山詩話》) 的詩句，意謂「鳥之白色」與「樹林的暗色」形成鮮明的對比，故顯出「白鳥分外明（亮）」。而這種由於景物在光線陰影變化中產生的「明亮」感覺，陳師道在杜甫「白鳥去邊明」(《雨四首》) 詩句的想像中也得到了同感共鳴。這裡需要說明的是，這種共鳴更多源於我們（讀者）增入的感覺。而吳可題王晉卿《春江圖》「寒煙烱白鷺」(《藏海詩話》) 詩句中，白鷺在寒煙中的亮色，以「烱（明亮）」字將鷺鳥明亮的感覺帶出，更有警醒驚人之妙。這與法國印象畫派莫奈提倡的「在現場」描繪，將親眼所見的實際感受傳達給受眾的繪畫表現方法類似。〔註90〕只是感官也會產生錯誤的印象，詩人必須在已有程序化常識與具體的感官印象中做出選擇。此處，白鷺在寒煙中呈現的「亮色」，顯然能夠契合詩人內心的情緒感受，所以他們選擇尊重自己的感官印象。陳師道與秦觀仕途不順，同病相憐，每有情感抒發，高格避俗的心思導致詩人往往迅速歸整於「理致」，最後只得到「淮海少年天下士，可能無地落烏紗」(《九日寄秦觀》)、「我歌君起舞，潦倒略相同」(《除夜對酒贈少章》) 這類情感抑制，觸不到淚點痛處的詩句。因此，感覺而非情感「帶入」也是某些江西詩歌剩下的亮點。因為借人詩語，本身就已將情感滑入了感覺，而這樣的「感覺」卻更依賴讀者的主動帶入。

實際上，胡適所謂的「有我」與「有人」需要尋求相對的平衡。自艾自憐，固然不好。完全模仿或借鑒他人詩句，一味迎合眾生，卻忘了自己的感受或悟入，當然也不是什麼好的詩學追求。由此反思，當我們重新反省詩歌的緣起，就能明白技法借鑒、書籍閱讀，只是通往找出並記錄感覺的輔助。陌生化手段也只是通過找回詩歌的質感，而喚回我們對於生活久違的感覺。畢竟，「藝術中的新方法和新發現本身從來不是最終目標，他們總是使用那些方法和發現，使題材的含義進一步貼近我們的心靈」〔註91〕。若喧賓奪主，不僅奢談超越唐詩，最終恐怕連作詩的意義也會迷失。《艇齋詩話》記載，王平甫（王安石之弟）見韓幹所畫馬，作《畫馬行》，又作《畫馬跋》云：「明皇召

〔註90〕〔英〕E.H.貢布里希：《藝術的故事》，范景中譯，廣西美術出版社 2016 年版，第 522 頁。
〔註91〕同上，第 230 頁。

干上南薰殿，問曰：『汝奚不師陳閎？』是時閎擅名天下。幹奏曰：『臣不願也。』明皇曰：『然則汝以何爲師？』幹曰：『飛龍廐數萬匹，皆臣師也。』」此事雖然言畫，其實亦可論詩。韓幹自言師之於馬，其實準確地說，應是在觀察中找到了屬於自己的感覺，進一步才能提升這種感覺，即所謂「蓋中心無蔽於外物，然後有見於理」(《艇齋詩話》)。當閱歷、學問足夠，亦有作詩技法，詩人就該返璞歸真，於生活中尋師，於感覺、情緒中覺悟並提升出形象的詩句描述。學問畢竟不等於詩歌，以學問做詩少了詩人對於對象的「質感」(情緒與感悟) 把握，物我無間的詩性交流也就無從談起。舍本求末，以流爲源，嚴羽只是指出了其中一味。而只顧一味模仿，無論是推崇盛唐，還是六朝、晚唐，雖然表面上符合「轉益多師」的杜詩原則，卻忘了自己的情緒感覺更需導引捕捉、禪悟反思、語辭昇華，這才是江西詩派，乃至宋詩迷失的病徵所在。

（二）江西詩法「點鐵成金」、「奪胎換骨」的簡單化理解

客觀上看，「點鐵成金」、「奪胎換骨」的詩法，早爲唐宋詩家使用，所謂「唐人絕句，有意相襲者，有句相襲者」(《對床夜語》卷4)。李白模仿南朝民歌，《靜夜思》係從《子夜秋歌》「仰頭看明月，寄情千里光」詩句化用而出；王維「漠漠水田飛白鷺，陰陰夏水囀黃鸝」，直接衍於李嘉祐「水田飛白鷺，夏水囀黃鸝」，而興益遠；杜甫刪王維「九天閶闔開宮殿，萬國衣冠拜冕旒」七言，爲「閶闔開黃道，衣冠拜紫宸」，而語益工 (《韻語陽秋》卷第1)。宋祁「將飛更作回風舞，已落猶成半面妝」詩句，與兄長宋庠「漢皋佩冷臨江失，金谷樓危到地香」警句在取意上有類似之處，均本於李賀《殘絲曲》「落花起作回風舞，榆莢相催不知數」(《憂古堂詩話》)。王禹偁「兩株桃杏映籬斜，妝點商州副使家。何事春風容不得？和鶯吹折數枝花」(《春居雜興》)，其實「點鐵」、「換骨」地化用了杜甫「手種桃李非無主，野老牆低還似家。恰似春風相欺得，夜來吹折數枝花」(《絕句漫興》)詩句。只是黃庭堅根據自己與韓愈、杜甫等人的創作經驗，特別進行了歸納總結。所以，這一詩法並非江西後學所理解的那麼狹窄，其中還有許多意涵豐富，不易說清的模糊。譬如黃庭堅「以水清石見爲音家秘藏，雖其宗派中人有不能喻」(李彌遜《筠溪集》卷21)，故錢鍾書說：「他有些論詩的話，玄虛神秘，據說連江西派裏的人都莫名其妙的。」〔註92〕譬如

〔註92〕錢鍾書：《宋詩選注》，生活・讀書・新知三聯書店 2002 年版，第 155 頁。

黃庭堅意會地說：「雖取古人之陳言入翰墨，如靈丹一粒，點鐵成金也」。這句話所傳達的意思，並非雕琢修改辭句那麼簡單。這些詩學體會，需要長期浸潤詩歌創作，人生閱歷豐富的人方能總結明白。故「陳言入翰墨」、「點鐵成金」可能有以下涵義：

一是類同於韓愈的「陳言務去，推陳出新」。

自梅堯臣以來，推陳出新〔註93〕就是宋詩革新的方向潮流。王安石暮年有「似聞青秧底，復作龜兆坼」、「扶輿度陽焰，窈窕一川花」詩句。黃庭堅坦承喜歡的原因，是這些詩句「乃前人所未道」（《後山詩話》）。故莫礪鋒認為「句法以一字之工」非黃庭堅「點鐵成金」的原意。我認為，此言更好的解釋是，若以「一字之工」限定「點鐵成金」，乃是狹隘或看小了黃庭堅的詩學體會。況且，所謂「點鐵成金」、「奪胎換骨」並不能局限那些生活情趣濃鬱的詩歌。這些詩歌往往由實感而發，信手拈來。據《後山詩話》記載，黃庭堅《乞貓詩》云：「秋來鼠輩欺貓死，窺甕翻盤攪夜眠。聞道狸奴將數子，買魚穿柳聘銜蟬。」雖然「『狸奴』二字出釋書」（《藏海詩話》），陳師道依然稱讚這首詩滑稽可喜，「千載而下，讀者如新」。原因是這類詩歌由生活而來，直感而發，暫時不用去想別人曾寫了什麼詩句。生活情趣自然萌發出創作的興味，對於貓的喜愛也完全應驗在「狸奴」、「銜蟬」（如「貓咪」之謂）這樣的愛稱裏。因為是當下聞見感受，詩人更不須回憶便能留住具體鮮活的感覺，其成熟思維直接對這樣屬於自己的鮮活感受進行加工，故而能創造出獨特的詩意辭句，對於佛書的借鑒也服務於此。這樣的「活點」讓讀者的生活直感更容易切入詩歌，這也點醒了呂本中、楊萬里等人，更加關注「生活實感——沉思悟入——詩歌創作」之間的關係。和黃庭堅一樣，呂本中也曾「有《貓》甚佳」，且「曲盡貓之情態」，沒有生活觀察與實感的人很難有這樣「鮮活」的創作。其詩云：「伴我閒中氣味長，竹輿遊歷遍諸方。火邊每與人爭席，睡起偏嫌犬近床。能與兒童較幾許，賢於臧獲便相忘。他生尚肯相從否，要奉香爐混水囊」（《艇齋詩話》）。

事實上，無論是嚴羽鼓吹盛唐詩，還是徐俯倡導詩學六朝及《文選》（《艇齋詩話》），他們都沒有明確問題的核心在於「活點」。楊萬里年輕時曾學江西

〔註93〕《後山詩話》載：「閩士有好詩者，不用陳語常談。寫投梅聖俞，答書曰：『子詩誠工，但未能以故為新，以俗為雅爾。』」

－544－

詩體，隨後又學王安石、唐詩絕句，直至五十二歲才明白「悟入」的道理，從此擺脫傳統束縛而自成一格。以致於劉克莊評價說：「後來誠齋出，真得所謂活法，所謂流轉圓美如彈丸者，恨紫微公不及見耳」（《江西詩派小序‧總序》）。關於「活法」，按呂本中本人的解釋是「規矩備具而能出於規矩之外，變化不測而亦不背於規矩也。是道也，蓋有定法而無定法，無定法而有定法，知是者則可以與語活法矣」。所謂「活法」的核心意思是突破成法，卻又不背規矩。呂本中以「好詩流轉圓美如彈丸」設喻，然「近世學者，往往誤認彈丸之喻而趨於易」，其反而是「窮巧極妙，然後能流轉圓美」（《江西詩派小序》）。若想得詩之巧妙，除了積極活躍思維，「悟入」之外，別無他法。

據周裕鍇撰文，徐俯所謂「中的」，其實是指活用典故。「若拘泥於典故的本義，而不顧及作品本身的用意，反顯得『率爾用事』，不能『中的』」。韓駒的「飽參」是宋代禪宗用語，其意是「遍參」，即「飽覽前人的詩歌作品，從而獲得詩性智慧」〔註94〕。故無論是陳師道的「化骨」、呂本中的「活法」、徐俯的「中的」、韓駒的「飽參」，其核心表達都是要求詩人內心早有主旨創意，並且在捕捉住鮮活感覺的基礎上，兼收並蓄地將典故、經典詩句等為自己融匯運用。其中，詩人擁有感覺及言辭捕捉住感覺，本身就已開啟了創意主旨的過程，也即是「悟入」的開始。

蘇軾當年一貶再貶儋州。至元符三年，哲宗病死，徽宗即位，才遇赦返回。六月二十日，蘇軾由海南渡海回到大陸，寫下《六月二十日夜渡海》一詩。詩曰：「參橫斗轉欲三更，苦雨終風也解晴。雲散月明誰點綴，天容海色本澄清。空餘魯叟乘桴意，粗識軒轅奏樂聲。九死南荒吾不恨，茲遊奇絕冠平生。」此詩前面兩句是實景描繪，中間四句則借用了《晉書‧謝重傳》、《論語》、《莊子‧天運》的典故。

《晉書‧謝重傳》載，謝重與會稽王司馬道子夜坐，當時月夜明淨，司馬道子歎月夜佳好（圖33）。謝重說：「不如有些微雲點綴，就更好了。」司馬道子戲謔說：「你自己心裏不乾淨，還想以此污穢太清天空嗎？」詩中藉此典故，意思是你們蔡京這些小人掌權，想污穢朝廷。現在，終於雲散月明，還原本色澄清了。

〔註94〕周裕鍇：《宋代詩學術語的禪學語源》，《文藝理論研究》1998 年第 6 期，第 75 頁。

《論語・公冶長篇》載：「子曰：『道不行，乘桴浮於海。從我者，其由與？』」。蘇軾藉此故事，乃是說自己本來打算到乘桴到海外弘道的，現在也去不成了，所以只好空將傚仿孔子乘桴海外傳道的想法留在心裏了。

《莊子・天運篇》記載，北門成向黃帝問道：「你在洞庭的荒野上演奏《咸池》樂曲，我起初聽起來感到驚懼，再聽下去就逐步鬆緩下來，聽到最後又感到迷惑不解，神情恍惚無知無識，竟而不知所措。」《咸池》之樂是黃帝模仿天地自然的陰陽變化來演奏的，蘇軾化用這一典故，詼諧地說自己「粗識軒轅奏樂聲」，乃是說自己略微明白人生都會有曲折坎坷，學會了順應自然，感受人生。

圖33

蘇軾之所以能夠活用典故，「飽參」、「活法」、「中的」皆不足以說明，關鍵是蘇軾將生活感受與書籍意象結合，合成腦中的意念形象，最終構成心中最想表達的主題是「九死南荒吾不恨，茲遊奇絕冠平生」。憑藉強大的中心意念，加上東坡本人的豐富閱歷及才力，才能嫁接、串起這諸多的典故，呈現出所謂「中的」、「活法」的效果。

二是巧妙利用陳言重組搭配，構成意想不到的表達效果。

韓愈「陳言務去」的方法，是以新奇怪異，自創語辭實現。而黃庭堅既要「字字有來處」，又要「陳言務去」，這就需要在繼承與創新之間尋求某種妥協。所以，「隔岸水牛浮鼻過，傍溪沙鳥點頭行」改成「近人積水無鷗鷺，惟見歸牛浮鼻過」（《病起荊江亭即事》），陳詠只是單純寫景，黃庭堅在繼承寫景之外，又以景語隱約映襯出當時的處境與心情，故宋代任淵注曰：「一經山谷妙手，神采頓異」（《山谷內集詩注》）。無論怎麼顛倒搭配，黃庭堅始終是以「意」（主旨或中心意念）來引導自己的「陳言務去」。宋人崇古，認爲杜詩、韓文早有來處，忘了自己的改造提升，更有賦予詩歌活力的可能。《後山詩話》記載，

陳師道「每還里，而每覺老，復得句云『坐下漸人多』」。待閱讀杜甫「坐深鄉里敬」詩句，頓覺「語益工。乃知杜詩無不有也。」其實，未必是杜詩真的「無不有」，更有可能是陳師道替杜詩領悟出了「無不有」，設想出豐富的詩歌語意。而詩歌的真正創新，就在於詩人能夠廣泛聯繫象徵網絡裏的諸多意象，出人意料地構成合理的語詞搭配與構成。在這樣的創作過程中，由於宋人過於滯固於前人的詩句成果，卻沒有對於自己的感覺、想像所形成的諸多意象，意外地構成象徵的網絡——能指與所指之間，聯結的效果愈是新奇有感，就愈能證明詩歌的出類拔萃。

　　三是「點鐵成金」與「奪胎換骨」是同一（超越）效果的不同描述，而不僅是技巧。

　　《誠齋詩話》載：「詩家用古人語，而不用其意，最為妙法」，並以黃庭堅「落日映江波，依稀比顏色」（《簟詩》）沿用杜甫「落月滿屋樑，猶疑照顏色」（《夢李白》）句律，而不用其句意，稱讚這就是「以故為新，奪胎換骨」（《誠齋詩話》）。這似乎特別強調了自家詩意創新的重要性，即「奪胎」才是要緊處，借用古人語句則是「點鐵」、「換骨」之謂。同樣，類似這種互文借用的情況，在宋代吏民社會中盛行，時日非短。楊萬里說「本朝制誥、表啓用四六，自熙豐至今，此文愈甚。有一聯用兩處古人全語，而雅馴妥帖，如己出者」，譬如「《書》曰：『人惟求舊。』而介甫《謝上表》云：『仁惟求舊，義不遐遺。』」之類（《誠齋詩話》）。這類方法，「因為有許許多多步驟大家早已熟知，也就大大失去了對它的興味」〔註95〕。

　　在實際創作中，「點鐵成金」往往既有點化陳言，推陳出新的情形，又有更新舊題，呈現新意的情形。如黃庭堅點化《楚詞》「使凍雨兮灑途」，更新為「凍雨為灑前朝碑」（《讀中興碑》）。既改了辭句，也將「凍雨灑路途」改為「凍雨洗舊碑」的新意。只是黃庭堅貶謫到湖南祁陽浯溪時已是四月下旬，此時惟有春夏之雨，降下的不可能是凍雨。〔註96〕況且，還有「凍雨」或是「凍

〔註95〕〔英〕E.H.貢布里希：《藝術的故事》，范景中譯，廣西美術出版社2016年版，第155頁。

〔註96〕《中興頌詩引並行記》云：「崇寧三年己卯，風雨中來泊浯溪，進士陶豫、李格、僧伯新、道遵同至《中興頌》崖下。明日，居士蔣大年、石君豫、太醫成權及其任逸、僧守能、志觀、德清、義明、崇廣俱來。又明日，蕭褒及其弟衰來。三日徘徊崖次，請予賦詩。老矣，豈復能文？強作數語。惜秦少游下世，不得此妙墨劖之崖石耳。修水黃某字魯直，諸子從行相、悅、栯、楛，

雨」的疑問。而黃庭堅觀中興碑時，的確是頂風冒雨。〔註97〕即便是楊萬里所舉「用古人語，不用其意」的黃庭堅《和答錢穆父詠猩猩毛筆》詩句，「愛酒醉魂在」、「平生幾兩屐」早已不是古人語，而其意更是詩人的新意。其附帶沿用的只是「猩猩喜著屐」的故事而已。其「用事」的結果，僅是我們所提及的「有從屬附帶的境象（鏡像）相伴而來，與主體境象（鏡像）相互掩映」。相比之下，「奪胎」距離「點鐵成金」較遠，而「換骨」卻與「點鐵成金」更為接近。譬如，蘇東坡認為「醉眼炫紅綠」，就是「看朱成碧顏始紅」的換骨句（《觀林詩話》）。同樣，我們在一定程度也可以認為這是「點鐵成金」。然而，最終要達到黃庭堅等人所提倡的詩歌境界，則需要學問與閱歷的雙重積累，假以時日才有成就的可能——即如陳師道對秦觀所言，「學詩如學仙，時至骨自換」（《憂古堂詩話》）也。

除了「點鐵」、「換骨」，江西詩法尋求超越的初衷，隱含的還包括詩人要有自己的主張。蔡絛《西清詩話》云：「黃魯直貶宜州，謂其兄元明曰：『庭堅筆老矣，始悟抉章摘句為難，要當於古人不到處留意，乃能聲出其上』」（《憂古堂詩話》）。這段記載若屬實，黃庭堅此言真可謂直指超越前人的要害，乃是要求詩人創作思維「取意要高」，又「當於古人不到處留意」。黃庭堅認為自己所寫六言詩句「醉鄉閒處日月，鳥語花中管絃」（《再用前韻贈子勉四首》），可以「優入詩家藩闑」（《憂古堂詩話》）。原因在於，六言絕句音韻重複板滯，本身就很難寫好，如「天涯芳草盡綠，路旁柳絮爭飛。啼鳥一聲春晚，落花滿地人歸」（《娛書堂詩話》卷上），重複的節奏與音韻，極容易讓人厭倦。故詩人往往更願意在畫面境界上彌補其劣勢。黃庭堅這兩句詩，優在「閒處日月」與「花中管絃」的創意思維，而這樣的思維也在一定程度上傳達出了詩人的感覺。一方面，以「處」字可讀「去聲（chù）」，又可「上聲（chǔ）」，「中」字既可「平聲（zhōng）」，又可「去聲（zhòng）」的多重讀音，至少可以形成「仄平平仄仄仄」與「仄仄平平仄平」或「仄平平仄仄仄」與「仄仄平仄仄平」組合，克

春陵尼悟超。」據陳垣《二十四史朔閏表》，崇寧三年四月「己卯」，係四月十二日。詳見《黃庭堅全集輯校編年》下冊，江西人民出版社 2008 年版，第1259 頁。

〔註97〕《艇齋詩話》載：「山谷《浯溪碑》詩：『凍雨為洗前朝悲。』凍雨，暴雨也，出《楚詞》。」按：曾季貍認為，此詩應為「凍雨為洗前朝悲」，意思是暴雨澆淋，似乎要洗去人們對於前朝的悲惜之情。這與「凍雨為灑前朝碑」的意思完全不一樣。吳垌《觀林詩話》則無「凍」、「涷」區分，認為「巴郡暴雨為凍雨」。

服了音韻上的單調呆板；另一方面，境界畫面上也可呈現多重構建與描繪。「醉鄉閒處日月」的意思既可以簡潔解讀爲「在醉鄉里悠閒地度過歲月」，已實現了情景交融，又涵蓋了「醉鄉日月」的視覺感受與「鳥語中管絃」的聽覺美感，其涵義還可以擴展爲元好問所謂「命友邀賓玩賞，對芳樽淺酌低歌。且酩酊，任他兩輪日月，來往如梭」（《雙調·驟雨打新荷》）。而「鳥語花中管絃」則既有「在花香鳥語中擺弄管絃歌唱」的意思，又有「花叢鳥語叩中（應和）管絃的弦律與節奏」或「花不能言鳥代歌」的意思。

　　如果據此，我們就將黃庭堅「點鐵」、「奪胎」的詩法定格甚高，其實也不完全符合創作實情。因爲在黃庭堅本人的詩作中，某些由他人詩中點化而來的詩句，其效果並沒有獲得「超越」，反而因此墜入凡塵。譬如《憂古堂詩話》記載，：「《山谷集》中有絕句云：『草色青青柳色黃，桃花零落杏花香。春風不解吹愁卻，春日偏能惹恨長。』此唐人賈至詩也，山谷特改五字耳。」查考賈至原詩，實爲「草色青青柳色黃，桃花歷亂李花香。東風不爲吹愁去，春日偏能惹恨長」（《春思二首》）〔註98〕。黃庭堅詩歌不僅看不到賈至詩中原有的貶謫怨恨，也無情境的改變，青草、桃花、春日依然，只是「東風」換成「春風」罷了。黃庭堅《題小景扇》這首詩，與賈至雷同的詩句甚多，很難稱得上是他自己的作品。倒像是黃庭堅用賈至的詩句給友人題扇，誤記了其中兩句，導致旁人誤認爲黃庭堅重新創作了一首新詩。如此類似情況甚多，《韻語陽秋》（卷1）、《容齋隨筆》（卷1）皆載有《謫居黔南十首》，七篇全用白居易《花下對酒》、《重到渭川舊居》、《東城尋春》、《寄行簡》等詩句。如白居易《寄行簡》：「相去六千里，地絕天邈然。十書九不達，何以開憂顏。渴人多夢飲，饑人多夢餐。春來夢何處，合眼到東川」。黃庭堅將之裁成兩首，略改數字而已。一日：「相望六千里，天地隔江山。十書九不到，何用一開顏」；二日：「病人多夢醫，囚人多夢赦。如何春來夢，合眼見鄉社」。

〔註98〕《憂古堂詩話》載，「此唐人賈至詩也，山谷特改五字耳。賈云：『桃花歷亂杏垂香。』又：『不爲吹愁惹夢長。』」

結　語

　　當今時代，不僅是古詩，連現代詩也少有撰寫者，但是「江西詩法」及其文學現象早已廣泛散布於文學的各個領域。要麼「忠信」、「精博」的讀書引導創作，要麼引用某些西學理論或先哲思想延入自己的詩文中，烘托、氤氳出「文化」的品味。若缺乏經典援引，沒有「人云亦云」，彷彿自己的詩文便站不住腳，難免會惹人詬病。反而，那些直抒胸臆，描述感覺的詞句，若無名家評點，並不一定獲得社會的認可。因為社會本身的等級構建，使得位於文化上層的審美感覺更具權威與傳播優勢，而下層個體即使有較好的詩文，也需要得到較高層級圈的認可，曲折地找到某個上層傳播的支點，才能惠及廣大受眾。

　　江西詩學將典籍崇拜衍生為對於前輩先賢的經典詩文崇拜，其「奪胎換骨」、「點鐵成金」的詩法，對於詩歌創作處於不同境界的人，意味著不同的意義。若「學詩如學仙」者，則有超越古人之意；若學詩僅為功名炫耀，並且需要效果立顯，江西詩法則有「投機取巧」之意。綜上所述，便有結語如下：

　　（1）繼承韓愈、歐、梅等人的詩學，總結「讀書」有助詩歌創作的要點，無一字無來處；而「點鐵成金」、「奪胎換骨」也並非黃庭堅首創。在他之前的詩人都不自覺地在運用這樣的方法創作，所謂「世間佳語，未有無來歷也」（《艇齋詩話》）。這種方法也可以稱之為「互文借用」，只不過惟有黃庭堅將之總結成了詩法。然讀書少固然不利於學問寫詩，看書多的作詩人也容易在學問書籍中迷失自己的本心感受。

　　（2）這種詩法若要落實，顯然就需要讀書閱讀，兼及個人具有相當的生活經驗與人生閱歷。這就對詩法本身的普及提出了更高的要求，即這種詩法

並非「急功近利」，短時間可以成就的詩法，反而它對詩人提出的是「夯實基礎，方能靈活運用」的基礎。這一點，從黃庭堅對於子姪的書信告誡中，可以看到他本人對於詩法本身需要注意的流弊是清楚的。所以，他才要求子姪輩要「精博」地讀書，要根植六經。但是，這種「工夫在詩外」的詩法只是塑造詩人的學問人品，卻並不一定絕對確保創作水平的提升。況且，「活點」與「悟入」的契機，雖然有可能源於某些閱讀，但是其根基卻是生活感覺的反思與提升。而這方面的意識，顯然黃庭堅並沒有納入自己的詩學方法之中。

（3）江西詩法一旦普及，則非黃庭堅本人所能控制。因爲印本流布所創作的優裕閱讀條件，宋人更有機會做到「字字有來處」的「點鐵」借鑒，其最終結果必然是大多數後學詩人「抄襲」、「剽竊」他人詩句輔助創作。然而，一旦詩人急於社會功用或隨性而爲，往往對於生活、學問用力不多，甚至僅僅關注某些改易得來的「妙句」，而不去檢討這些「妙句」如何得來，詰問它們是否眞正與自己「生活或閱讀」的感覺相關，是否屬於自己。譬如「蕭蕭」二字，自古就有「風蕭蕭兮易水寒」、「無邊落木蕭蕭下」，既寫出「天地愁慘之狀」，又「極壯士赴死如歸之情」（《歲寒堂詩話》卷上）。其實，不加辨別地套用，如「白楊多悲風，蕭蕭愁殺人」「蕭蕭斑馬鳴」，不僅常人以爲「語既不多，又無新巧」（《歲寒堂詩話》卷上），文人也要倚重上下語詞搭配，才有至切至奇的文學感覺。類似情形，《木蘭辭》有「磨刀霍霍向豬羊」詩句，蘇軾《送顧子敦》借用，詩云：「磨刀向豬羊，霍霍鬧鄰里」（《艇齋詩話》）。雖然坡公詩句亦有新意，然不免仍要問，難道磨刀總是發出「霍霍」之聲麼？刀具大小、重量不同、刀刃寬窄不同、情境不同，難道不能是「嗤嗤」或「唰唰」的聲音麼？吳可認爲《木蘭辭》「磨刀霍霍向豬羊」的「向」，即有「迴護（掩飾、袒護）屠殺」（《藏海詩話》）之意，還有「輕清」（柔和）的語氣，而坡公「磨刀向豬羊」的慣性使用卻忽略原有詩意和語氣，而我也不相信，東坡當時聽到的磨刀聲與木蘭姑娘從軍歸來聽到的磨刀聲，留在心底是同樣的感覺。

歸結起來，江西詩人最大的問題，表面上是嚴羽所謂的「源流不分」，其深層的原因是活世愈久，環境與傳統的成見，讓人們更多把眼光向外投向觸發詩歌的社會根源，卻是沒有回頭關注自己的感覺，更談不上想像匯入，以及理性反思「美感」的生成機理。或者，他們只顧借鑒化用別人詩句，忘了捕捉或沒有能力捕捉住自己的感覺。盛唐詩人之所以倍受嚴羽推崇，「興趣」、「妙悟」之說仍過於玄妙。「興趣」之說可以有多種解釋，但是最貼切的解讀

應該是盛唐詩人對於外物因趣有感，因感有悟。其「趣」得以「興」者，因其引起詩人的聯想，大腦形成超越現實的構建。其直白簡潔的說法，就是盛唐詩人將自己的感覺，準確形象地帶入了創作。讀了李白「人煙寒橘柚，秋色老梧桐」(《秋登宣城謝朓北樓》) 詩句，還有些情景的想像。然而，再讀陳師道「寒心生蟋蟀，秋色傍梧桐」(《秋懷四首》) 詩句，無論語音，還是文字，都很難撩撥我們的心理感覺與興趣情懷。唐人並沒有將意趣與妙悟寫盡，自然也不能將詩歌的變化終結，而是宋人只顧閱讀、參照、模仿，忘記了生活本有的意趣，偶有妙悟卻誤認爲是讀書得來，全然忘了對於生活敏銳的感官及聰明反思的大腦，才是詩人的「妙悟」之源。由此，劉克莊才說「唐文人皆能詩，……迨本朝，則文人多，詩人少」(《對床夜語》卷 2)。

　　無論是黃庭堅的博學，還是嚴羽「博取盛唐名家，醞釀胸中久久自然悟入」(《滄浪詩話》)，乃至徐俯、楊萬里等人都從各自視角看到了宋詩嬗變過程中出現的病症，並且提出了相應的解決方案。客觀上，從白體淺易走向蘊蓄，西崑曾有補益。晚唐體「失之太巧，只務外華，而氣弱格卑，流爲詞體」(《藏梅詩話》)，詩學平淡恰恰希望走向晚唐的反面，只是對於詩學後輩而言，平淡詩學缺少具體的創作指引。然而，這些方案只是針對部份症狀有效，在社會環境中的宋代詩人，只看到了世態紛呈的表象，關注到了以「忠信」爲核心的社會人倫關係，卻囫圇看待或未有勇氣直面自己內在的感覺與欲望。

　　黃山谷說：「詩者，人之性情也，非強諫爭於庭，怨詈於道，怒鄰罵坐之所爲也」(《苕溪詩話》卷 10)。這句話說明黃庭堅對於詩歌的認知，還停留在傳統儒家詩教中庸的範疇。其實，社會中人的性情不可能永遠「溫柔敦厚」，偶而「強諫怒罵」、「怨誹哀傷」也是常有的事。故南宋鄭厚以爲，「郊寒白俗」，「樂天如柳陰春鶯，東野如草根秋蟲，皆造化中一妙」，原因是其「哀樂之眞，發乎情性，此詩之正理也」(《漳南詩話》卷 1)。詩歌不能片面地認爲，雅正平和才是好詩，只要眞實傳達自我情性、感覺，皆不違背詩之正理。白居易詩歌「雖涉淺易，要是大才，殆與元氣相侔，而狂吠之徒，僅能動筆，類敢謗傷」(《漳南詩話》卷 3)。然而，詩歌既然傳達人的性情，就會傳達性情的全部，只是因爲要照顧社會、他人的和諧相處，所以才有所謂「怨而不怒、哀而不傷、樂而不淫」的要求。譬如，自然狀態下的詩歌，如打油詩、山歌，沒有太多的社會考慮，在「美善」方面當然就不太講究。然而，如果就此不允許人們寫打油詩，不允許唱山歌，這也不對。人人都有宣洩自己情性的權力，只是

在每個人的性情宣洩之間，也需要考慮眾人的感受，在社會現實的層面得到協調和妥協。

實際上，詩歌最初之源，乃是因為人類有感覺器官，能夠感受外物，從而引起各種情緒變化，然後才有所謂「詩詠性情」，「言志緣情」之爭。當然，宋代的科學認識與心理研究還不足以支撐詩人仔細思考自己的感覺之源。至於人類感覺的工作機理，視覺、聽覺、嗅覺、觸覺、味覺如何將外界的信息傳給大腦，乃至果香、花香、麝香如何區分鑒別，宋人更不可能深入研究思考。由於宋代詩人將過多的關注投射在「道德、倫理、娛樂與詩的功用」，「閱讀、生活經驗與詩的創作」等方面，反而忽略了自身的感覺，所謂學習六朝、杜甫、盛唐、晚唐詩歌，其實只是表面上的詩學總結，未能深入詩歌創作理論的根本。真實的詩歌創作過程本應如是：

> 人的感官與外界接觸（觸覺、味覺、聽覺、視覺、嗅覺）——生活感覺（五種感覺與情緒觸發）——眼目觀看及閱讀感覺（情緒觸發）——神經傳遞儲存——由感覺帶來情緒反饋、意識識別反饋——大腦中意識形象或概念的「意向性圖樣」意識重構（「意向性客體」〔註1〕構建）——記憶留存——思想反思（以閱歷經驗、學問儲備為基礎）——創作主旨意念生成——借助學問的語詞捕捉、選擇、提煉——詩歌審美（語詞、境界）呈現。

上述詩歌程序的所有環節，客觀上都會對詩歌創作產生重要影響。若只強調情緒反饋，忽略學問輔助，無疑就是打油詩式的白體盛行；若倚重學問書籍創作，則西崑、江西詩法流布。每一次單一、偏執地提倡詩學杜詩、盛唐、晚唐，只是解決詩歌創作的部份問題，卻無法診治所有病症。最終，詩學必然會陷入「顧此失彼」、「源流不分」的尷尬境地。故嚴羽也說「詩有別才，非關書也。詩有別趣，非關理也。……詩者，吟詠情性也。盛唐詩人，惟在興趣，羚羊掛角，無跡可求」（《滄浪詩話》）。此言最重要的意思，乃是針對江西詩學而言，即詩歌不是學問，詩歌只與感覺、情緒勾連，學問只是詩性思維的輔助，更重要的還有想像與理性思維的統攝。盛唐詩人的「興趣」，說

〔註1〕 英伽登認為文學是人們意識中的活動，文學作品是一種「意向性客體」，它存在於具體個人（作者和讀者）的意向性活動之中。所謂「意向性客體」，意識中構造對象的活動。在創作過程中，作者會在自己意識中構造對象，在閱讀過程中，讀者也會在自己的意識中構造對象。轉自朱立元：《當代西方文藝理論》，華東師範大學出版社2005年版，第134頁。

明詩歌除了亮物騁情之美感樂趣，還有邏輯理性參與所獲的思維樂趣——即經過艱難思索，最後豁然開朗的快樂。因爲欲望屬於生理上的反應，美感才是心理、精神層面的獲取，思維則屬於更高級的求知感悟過程。審美的愉悅與思想獲得的樂趣，是人生實現存在價值的兩翼。若不明就裏，宋詩超唐人永遠只是奢望。更何況，宋人樹了一個「超越唐詩」的標準在那裡，本身就已呈現「沒有自信，忽視自己感覺」的病症。即如貢布里希所言，「幾乎每一種都有傳統的根基和名目，而且前人的作品博得了無比巨大的普遍讚美，藝術家就越來越不敢依靠自己的靈感了。」〔註2〕

　　宋代印本流布，以及科舉推動下的閱讀普及，其實對於個體詩人的「形象或概念的意識構成」、「記憶留存」、「思想反思」、「創作主旨生成」，乃至於「詩歌語詞選擇、提煉」等過程都會產生影響。宋詩便是在這樣的影響下，經歷了宋初白體、晚唐體、西崑體，進而又有「平淡」、「江西詩法」、「永嘉四靈」、「江湖詩派」的嬗變過程。

　　關於這段詩學歷史，即所謂「寧宗之世，江西派詩風已成爲強弩之末。詩人們爲了矯正江西派末流之弊，多半掉轉頭來重新學習唐詩」，「楊萬里雖曾一度倡導於前，但正式打出旗號的卻是永嘉四靈，而繼四靈之後則是江湖詩人和《滄浪詩話》的作者嚴羽。雖然這些詩人的作風仍有異同，而其基本傾向大體是近似的」〔註3〕。他們對於江西詩派「資書以爲詩」的創作方法深惡痛絕，認爲只要如唐代詩人那般抓住「興趣」，就可以恢復詩歌的妙處。嚴羽雖然也說「古人未嘗不讀書，不窮理」（《滄浪詩話》），然卻沒有給讀書、窮理以準確的定位，貶抑學問的結果，其實反而又走向了另一種極端。江湖詩人是一些成分複雜，且構成鬆散的群體，很難給他們歸納出某種共同的詩學。如果硬要給江湖詩人總結共性的追求，那麼也應該說是那個時代共同的審美追求所致。那時代，江西派詩歌流行日廣，所招致的厭倦日漸形成風氣。所以，江湖詩人與永嘉四靈一樣，他們都「反對江西派而崇向晚唐詩，但格局較四靈稍爲開闊，取材也較廣泛，藝術手法也較爲靈活多樣」〔註4〕。因此，相比於構成鬆散，追求廣泛的江湖詩派，永嘉四靈反而更有南宋代表性的詩學氣質。

〔註2〕〔英〕E.H.貢布里希：《藝術的故事》，范景中譯，廣西美術出版社2016年版，第155頁。
〔註3〕程千帆、吳新雷：《兩宋文學史》，上海古籍出版社1991年版，第447頁。
〔註4〕同上，第452頁。

　　客觀上看，永嘉四靈雖「復爲九僧舊晚唐體」(《桐江續集》卷 32《送羅壽可詩序》)，但是卻與宋初晚唐體有所不同。他們更加狹窄了學習的範圍，專以賈島、姚合爲榜樣，亦用生造、苦吟的方法做詩，且「專以鍊句爲工，而句法又以鍊字爲要」(《四庫全書總目》卷 162《〈清苑齋集〉提要》)。由此，南宋范晞文評價，「四靈，倡唐詩者也，就而求其工者，趙紫芝也。然具眼猶以爲未盡者，蓋惜其立志未高而止於姚賈也」(《對床夜語》卷 2)。顯然，四靈的弊病乃在於其詩歌主旨立意狹小，又未能廣泛學習借鑒，始終在字句上錙銖較勁。如同守著自家一畝三分的薄田，每天盯著幾分清水映襯白雲藍天，無非多幾聲蛙叫蟲鳴。除此以外，便難見廣闊的天地時空。這樣的創作環境，「雖鏤心腎，刻意雕琢，而取徑太狹，終不免破碎尖酸之病」(《四庫全書總目》卷 162《〈芳蘭軒集〉提要》)。總結起來，「永嘉四靈」詩學最要緊的，還是反對江西詩派的「資書以爲詩」，極端地將之改爲「捐書以爲詩」(劉克莊《韓隱君詩序》)。然而，從晚唐體至永嘉與江湖，詩學看似變化，實質只是並沒有多少突破的循環，已然令人厭倦了。拼接抄襲雖然可以選擇各種材料，也可以生成新穎的詩歌，但是有一點卻是致命的缺陷——生命感覺的活力。

　　事實上，資書借鑒並非皆不可取，詩歌創作關鍵在於作者主腦如何運用來自各方面的材料。如蕭德藻所謂「詩不讀書不可爲，然以書爲詩，不可也。……讀書而至破萬卷，則抑揚上下，何施不可，非謂以萬卷之書爲詩也」(《對床夜語》卷 2)。在直白「直娘賊」、「恁廝」與「幽香如蘭」、「回味甘醇」的曲婉之間，借鑒學問固有擇言之雅，然過份借鑒則有失內心感覺之眞淳。詩歌之病根，乃是沒有感覺。故作詩即如砌樓結塔，需以感覺與學問、閱歷的牢固根基，作者添加興趣發現與妙悟捕捉，方有可能成就一二。至於詩學總結，楊萬里、嚴羽等人只是從病症表象，注意到詩歌創作的部份環節，其所謂的「悟入」也只是涉及詩歌創作中的回溯性思維 (陌生化構詞與哲理性詩意成形)，而沒有顧及到詩歌創作的全部，尤其是與人本身關係緊密的感覺、情緒等那部份內容。類似「一水護田將綠繞，兩山排闥送青來」(《書湖陰先生壁二首》)這樣的詩句，平易順暢地將自己的「審美感覺」帶出來並不容易。畢竟，即如休謨所言，「記憶和想像」雖可摹擬感官知覺，但是並不能還原感覺的活力。詩歌可以將自然物象描繪得輝煌壯觀，卻不能使我們將這種描寫當做眞實的景致。而最活躍的思想比起最鈍暗的感覺也是較爲遜弱的。〔註 5〕

〔註 5〕〔英〕休謨：《人類理解研究》，關文運譯，商務印書館 2011 年版，第 21 頁。

　　關於藝術呈現，法國十九世紀印象派畫家保羅·塞尚曾經提出「依據自然畫出普森」的口號。〔註6〕他認爲，普森等古典大師的作品已經達到奇妙的平衡和完美。自己只需要在描繪自然的同時，重現這種奇妙的和諧就可以收穫最好的作品。藉此觀點，在那個時代，或許學習、借鑒前輩詩歌的藝術法則，又不忘記描繪感受的自然，才是宋詩發展的正確途徑。

〔註 6〕〔英〕E.H.貢布里希：《藝術的故事》，范景中譯，廣西美術出版社 2016 年版，第 538 頁。

跋：文化是一種命

　　人類發源久遠，脈絡渺然難尋，遂冠以套語概言——所謂「天地玄黃，宇宙洪荒」、「龍師火帝，鳥官人皇」。大地涵養萬物，陰陽合氣，人類偶而自生。人類存在，便有人化之自然。自然融匯人類生活活動的審美智慧，文化遂隱其間，即如「文見於外，必動乎內，百變而百從」（李覯《上宋舍人書》）。看到自然山水的奇美，我們當然可以說「雲貴勝江南」，山寨村姑的素樸勝過了西子的濃豔。然而，從文化的視角看去，雲貴與江南最大的不同乃是「人化自然、文以化人」的遲緩，兩地人的不同便是文明進化的差異。在歷史眼中，文化行走總有先後遲疾，春秋中原嘲笑楚人淫祠，與我們今天忍俊、嗤笑貴州仡佬族「敬雀節」〔註1〕叩拜老鷹的虔誠，大體類似。

　　作為人類生存過程中的歷史選擇和精神凝聚，文化原是人類某一族群的智慧、精神凝固在某些物質（或文學藝術、技藝）後的歷史傳承。玉雕、絲綢、造紙、雕版印刷等這些我們稱之為「文化」的東西，均是華夏族人本質力量物化，意義原初發生的歷史性結果。這些物質、精神產品或技藝既統稱為文化者，其誕生時就與人之物質、精神相關。即使是進步的科技，工具理性的價值理性最終也需轉化、呈現為一種人類「真善美」的智慧存在。若人死魂散，相應的文化亦會隨之煙滅。故從歷史留存的角度看，文化也是一種「命」，它和生命一樣，有生老病死，也有後人的記憶與遺忘——諸如宋代融匯審美情趣的「分茶」技藝，一旦民間的煮茶變成了泡茶，汴京分茶店輔及

〔註1〕「敬雀節」是仡佬族世代流傳下來的一種綜合性的民俗活動，現僅幸存於貴州省石阡縣坪山鄉佛頂山下的堯上仡佬民族村寨。仡佬敬雀節也叫敬鷹節，古稱禁腳節，活動時間是古曆的二月初一。

其「點茶」技巧竟然斷代不存。〔註2〕

張衡詩云：「美人贈我金錯刀，何以報之英瓊瑤？」（《四愁詩》）。美人已死，誰知道「金錯刀」是什麼玩意兒？查尋古籍，陶宗儀《說郛》（卷二十四下）記載：「金錯刀，名一而義二。錢一也，刀一也。《漢書・食貨志》記載王莽更造大錢，又造錯刀，以金錯其文曰：『一刀值五千。』此錢也。《續漢書・輿服志》佩刀乘輿，黃金通身雕錯。諸侯黃公錯環。《東觀漢記》賜鄧通金錯刀，此刀也。」然吾疑美人所贈「金錯刀」，實乃秦漢簡牘（塗錯改字）所用之書刀。時蜀郡有「金馬書刀」者，刀身錯金作馬形花紋，漢人常隨身佩帶。漢畫像磚石中常有佩帶書刀的人物。〔註3〕因為書刀如同玉佩一樣懸掛在腰間，所以美人贈了金錯刀，自己當然要回贈腰間的玉佩。文化的涵蘊竟然可以賦予詩歌更長久、淳厚的審美品味。

古今之變，唏噓之餘，感慨歷史一直在做出看似「無釐頭」的選擇。祭祀失誠，璧琮圭璋褻成玩物。棚廄久寂，蹄鐵、馬鐙焉留？如不製墨，油煙又有何用？歷史複雜錯亂，有些文化夭折了，某些不被看好的卻頑強存活至今。更有一些保守、慢步的文明，被人為留在深山之中，等待考古者掘出所謂的「原生態」。當然，有時候文明不僅表現為掌握某種技藝的先後，還包括先進文明對待落後蠻族的態度。

暇日，翻閱范成大《桂海虞衡志》。其《序》曰：「始予自紫微垣，出帥廣右，姻親故人張飲松江，皆以炎荒風土為戚。予取唐人詩，考桂林之地，少陵謂之宜人，樂天謂之無瘴，退之至以湘南江山勝於驂鸞仙去，則宦遊之適，寧有逾於此者乎！既以解親友而遂行。」在江南人眼中，除了氣候溫潤，沒有瘴毒，宋代的桂林依然是文化荒蠻之地。故范成大說：「予既不鄙夷其民，而民亦矜予之拙而信其誠，相戒毋欺侮。……噫，錦城以名都樂國聞天下，予幸得至焉，然且惓惓於桂林，至為之綴緝瑣碎如此。蓋以信予之不鄙夷其民，雖去之遠，且在名都樂國，而猶勿忘之也。」言語中，范公雖有謙謙君子之風，江南文化的優越感依然表露無遺。然而，若能理解蠻族的落後，只是他們「採取他人的發明較少」的緣故，「因為他們無處可以借鑒，一大半非

〔註2〕西漢至六朝的「粥茶法」，晉唐以來漸轉為上層社會的「末茶法」，進而衍生為宋代頗為講究的分茶技藝。然吾疑「粥茶法」一直流傳民間，形成如今湖南常德地區的「擂茶」以及西南少數民族的「油茶」。

〔註3〕孫機：《中國古代物質文化》，中華書局2014年，第314頁。

憑自己的見識不可」，所以他們精華的文化只是在某些獨一無二的見識裏，而對於其他沒有想到涉及的事物，他們總是表現出「『萬物之靈』所共有的一點蠢氣」〔註4〕。這樣，文化雅人才會認真思考缺失的東西，而不是盲目欣喜自己所擁有的。世界上的文明總是交流、借鑒、改進，進而產生更好的發明。

當然，我們同樣也可以理解，凡是對文化有尊重，那它也必然擁有另一種優越感——即它可以鄙夷沒有文化的存在。假若你是苗族，卻不會說苗語，也不解苗族的習俗；假若自稱華裔，母語卻是英語，亦不知「四書五經」為何物。很難想像，我們給予這樣無根的人怎樣的尊重。因此，相比於江浙，嶺南文明進程緩慢的史實，使我們幾乎真的認可了范公源自東吳的文化優越。準確地說，范成大所鄙夷的應是桂林文明的進步緩慢。直至彝族「丫合」、蒙古「呼麥」穿越時空地呈現面前，那種「要死就死在你手裏」的情感直率攝魂，著實令聽者歡服。我們這才明白，站在第三者的立場，從相對主義的視角，文化從來沒有尊卑，也無所謂快慢。只要是某一族群真誠、善良和美好的生活表達，它就有理由獲得尊重。

事實上，與其「強慕華風，終不近似」（范成大《攬轡錄》），倒不如守住傳統，頑強續命，推陳出新。即如蚩尤遇上黃帝，夜郎問詢漢使，在沒有遭遇更好的文明之前，每個種族都曾是沒見過世面的「土包子」。既然文化是由人的精神輻射外化為物質的東西，如果不牽涉道德評價、種族歧視，其本質上是沒有等級的，只有特色和差異互補的問題。但是，因其涉及呈現方式，人類享用時的滿足感受，才有土俗與美雅的區別。某些我們看似簡陋的文化，只要有生命在繼承，凡一種東方文化，「如果不能成為世界文化則根本不能存在；若仍可以存在，當然不能僅使用於中國而須成為世界文化」〔註5〕的見識判斷，對於深藏高山深谷，桀驁的它們而言，則失卻了馴服的理由。身著民族服飾贏得的尊敬，與沐冠之猴模仿中原服飾、腔調招引的嗤笑，距離僅在咫尺之間。相較於先進文明的學習與膜拜，文化更需要彼此尊重，心悅誠服地接納，而非強權統一。文明人的「文明」和野蠻人的「野蠻」往往並無高下之分。若非某天，當你我冒然進了山谷，看到彼民捉蟲豸、鬥蛐蛐、提鳥籠，怡然自得地活著，我們或可稱之為「固步自封」，但是他們透出的文化氣質並

〔註4〕〔美〕羅伯特·路威：《文明與野蠻》，呂淑湘譯，生活·讀書·新知 三聯書店 2015 年版，第 96 頁。

〔註5〕梁漱溟：《東西文化及其哲學》，商務印書館 1999 年版，第 18 頁。

不曾在你我面前低矮半分。畢竟，人生就是按自己喜歡的方式生活。當年周邊民族接受「漢化」的原因，乃是因為人類追求美好的天性。然而，一旦中華文化的魅力丟失了，或有了更先進的文明吸引，周邊民族必然會接受「歐化」、「日化」、「韓流」那樣的文化影響。須知，中華文化並不是一開始就這樣精深璀璨的，而是因為傳承有序，緩慢累積而達精深。譬如「麵塑」、「米塑」，本來「米」、「麵」就是食用的，但是時間長了，中國人又那麼多，難免就會有發明，實用而至象徵賞鑒，後人慢慢繼承演變成了一門用米麵製作的藝術品。這是一種以時間換空間（深度）的艱難過程。別的民族文明斷裂了，或者說沒有那麼長的文明史。所以才無法達到中華文明曾有的高度。故中華文化最大的驕傲不是多麼先進，而是存活夠久。迄今為止，令人遺憾的是，某些達到精深的文化樣式被時代或人為地滅絕拋棄，從而失去了延續的可能。

通常，文化上的「崇洋媚外」與審其美態的社會屬性密切相關，因為崇尚單一的金錢名利，經濟發達的歐美、日本、港臺流行的快餐、服飾、hip-hop（嘻哈）等等便成為貧困落後地區人們「神往」的時髦。與當年日韓、越南尊奉漢文類似，只因心享美好的天性，當日劇、韓潮襲來之時，狂熱的人們已懵然忘了民族傳統文化中司空見慣的尊貴品格。然而外部世界神奇帶給封閉社會人們的誘惑已遠非葛蘭西簡單的「人民性」〔註6〕所能概括。由此可知，「劣勢文化」的續命品格，實與承繼此種文化的人的精神命運息息相關。

近代以來，文化常有倨傲之勢，尤溪（或婺源）朱熹、龍泉青瓷、貴州茅臺等等，或人或物，總被冠以「文化」之名。相形之下，桂林也曾有聞名天下的文化標誌。北宋時，桂林曾以儺具、儺戲聞名。「桂林儺隊，自承平時，名聞京師，曰靜江諸軍儺」〔註7〕。關於桂林的儺具，陸游《老學庵筆記》載曰：「政和中，大儺。下桂府進面具，比進到，稱一副，初訝甚少，乃是八百枚為一副，老少妍陋，無一相似者，乃大驚。……天下及外夷，皆不能及」。另據《桂海虞衡志》記載，時帥司公廚有酒名「瑞露」者，「飲瑞露，乃盡酒之妙，聲震湖廣，則雖金蘭之勝，未必能頡頏也」。范成大將之與契丹金蘭酒

〔註6〕 意大利學者葛蘭西認為，意大利社會大眾存在偏愛外國作家而毫不重視本國作家的現象。原因是很大一部份本國知識分子隸屬於「農村資產階級」，他們的經濟地位建築在對農民的剝削之上，因此就與人民大眾毫無聯繫，他們的作品也就缺乏人民性而為人民所不屑一顧。轉引自朱立元：《當代西方文藝理論》，華東師範大學2005年版，第184頁。

〔註7〕 （宋）周去非：《嶺外代答校注》卷7，楊武泉校注，中華書局1999年版，第256頁。

比較，以爲有過之無不及。古今思忖，何以瑞露、儺戲就不能如青瓷、儒學那樣以文化的名義留存呢？仔細思量，除了優越厚重的歷史炫耀，文化作爲過去經驗的留存，它也應具備某些對付現在和未來的功用。文化之所以能夠存活續命，實非「保護」、「搶救」、「挖掘」幾句標語口號所能左右。因爲文化是一種命，死了就不會復活，塵緣了卻，它只會以另一種怨毒的方式再生，文化復興的從來就不是清朝的辮子與鼻煙。文化的命運，除了社會歷史的選擇，物質（載體）與人類尤爲重要傳承者，必要以人傳播，或以人化之物質傳播，方有文化的延續。明朝番客駛離了泉州，留下一些摩尼草庵、清眞建築，斷簡殘碑。幾百年後，泉州雖然可以自詡「東亞文化之都」，但是這無人承襲的清眞廟宇其實早已沒了活態。寺廟雖在，和尚沒了，烽臺殘存，故國樓蘭，剩下的僅是羅布泊的遺址殘根。歷史因爲久遠而湮沒，昔日的人聲鼎沸、市井喧囂，遊僧穿越，總是令人懷疑那些古老文字所承載的一切是否曾經生龍活虎，眞的存在？總是希望有顆無比碩大的琥珀，可以凝固那些曾經的一切。

崇寧三年五月，黃庭堅貶謫宜州，途經桂林，舟繫南門。當時黨禍已熾，黃庭堅並沒有在桂林逗留太久，僅留《到桂州》詩一首離去。千年逝去，類似黃庭堅留詩而去的，歷代不乏其人。而歷史也總是以這樣的方式重複：許多文人到過桂林，然後又離開了，有些人留下了詩文，有些人什麼都沒有留下。其實，詩本身就是活的，「有它自己的生命」〔註8〕。有感覺的這種「生命」和其他生命一樣經歷生老貧病，然後消亡。其對於社會的影響，關鍵是詩歌的確被創造，並且自然理性的傳承。只不過有些詩活到今天，似乎永恆，它僅是以被人遺忘的方式暫時休眠，生途未卜。無論前瞻，或是回望，都伴隨著審美的幻想。置身於漫長的歷史中行走，拉開了距離的古人行止，無論忠孝姦邪，彷彿都有了異樣定型的美感。

如今，歷代文人留下的貶謫文字，最終成爲山水甲天下的桂林證明自己文脈留存的依據，讓人不免心生感慨——假若當初黃庭堅得以長駐桂林，徜徉多日，又會有多少讚賞桂林山水的詩句留存呢？換一種假設，假若元祐黨禍成爲歷史的常態，黃庭堅一干人成爲永世的奸黨；假若題字留詩的不是黃庭堅、范成大，而是秦檜、和珅，是否還會有後世官民集體鼓噪認可的所謂「文化價值」呢？

〔註8〕艾略特：《聖林集·序》，一九二八年版，第 x 頁。引自張隆溪《二十世紀西方文論述評》，三聯書店 1986 年版，第 39 頁。

惟極光乍現，才曉得宇宙還有許多玄妙未知。美國學者威廉‧詹姆士說：「我自己硬不相信我們的人世經驗就是宇宙裏最高的經驗了。我寧可相信我們人類對於全宇宙的關係就和我們的貓兒狗兒對於人世生活的關係一般。貓兒狗兒常在我們的客廳上書房裏玩，他們也加入我們的生活，但他們全不懂我們的生活的意義」(《信仰的意志》)。於是，看到某些人類習慣性地振臂高呼「萬歲」，歷史上憤青誓死效忠捍衛某朝某君，「視我們如同貓狗」的上帝或許立馬就笑了。因為在上帝眼中，再強壯偉岸的人類個體，也只是個倔強自負的玩偶。

公元一九五三年，感慨於「人們要用你結的果子來評判你」〔註9〕，胡適在臺灣省立師範學院演講時遺憾地說：「我的書現在大陸已買不到了，在自由中國流傳的也很少。」〔註10〕愚民社會，文化的果實難於流轉販賣，談何文化的保護與建設呢？文化之命附於人，翻雲覆手，幾番坎坷之後，又有多少留存後人不棄，傳承千載呢？文明不傳即等於不存在。金人佔了汴梁，「舊宮觀、寺宇，無不頹毀。東京虜改為南京，民亦久習胡俗，態度嗜好與之俱化」(《攬轡錄》)。

一個「弦斷」的時代，暴力過後，忠信殞命。文化幾經易手之後，城頭終於綴上了日星閃亮、王旗飄揚。文化是一種命，當海峽對岸的一群人在暢談古今的時候，彼岸的少年卻在東正教「主日課」裏正襟危坐、聆聽教誨，刻意遺忘自己祖先的序脈本源。異質的陌生令人恐懼，結果地主死絕，資本全無。鄉紳私塾沒了，親盡情失，統籌小學卻有了希望。租約的 S 會館拆了，魯家少爺無從寄寓，千年傳統的文脈終究還是斷了。齊州鳥瞰，大蠹節旄，整飭站著無知無畏的型男俑人，高呼改天換地的華族榮耀，壽與天齊的領袖精神。

人生半百，重回梁園，鄉紳絕戶，高樓撐天，參差全無。魂魄滇沛流離，卻尋不著回家的路。禮儀之邦，流行蠅營狗苟，令人感慨唏噓。天賦文化予人，一旦失卻了對人的起碼尊重，甚至自詡革新建設的偉大文化竟然是以消滅傳統為代價，我們民族的文化魂魄便也無處安身了。村舍古宅，沒了那塊「子子孫孫永保用　世世代代傳香火」的斑駁木牌。青磚拆了維新，換來異樣的光鮮，卻續不上世代傳承的豐富與親情。除了站名不同，長沙漢口沒什麼

〔註9〕 胡適：《胡適學術代表作》上卷，嚴雲受主編，安徽教育出版社 2007 年版，第 442 頁。
〔註10〕 同上，第 484 頁。

區別，神洲大地僅有一個名爲「舊改辦」的城市在持續擴展延伸。然而，世界上絕沒有任何民族自絕其歷史，自毀其文化，仍能翹首嗤鼻於天地之間。遺憾之餘，須知「如果把政治劃出文化之外，那就又成了躲懶的，出世的，非人生的文化了」(胡適《我的岐路》)。〔註11〕華族文化的堅韌生命力，源自人性倫理之優美。雖屢遭野蠻損毀，續命苟且，然而它必會在每一代中國人的精神深處存留生根麼？

　　百年以後，人群易代，不知道曾經的「惡」是否會被歷史清算？但是就目前所見，在貌似尊崇文化的時代，文化存活下去眞的不易。除了民眾的持續，如同一個新生嬰兒需要官府的戶籍承認，還需奶粉資金的注入。也不知從什麼時候開始，凡屬書香門第的孩童，都要由名爲「斯巴達」的官家機構統籌管控著——餘孽苟活。要麼帶著盾牌回來，要麼躺在盾牌上被抬回，出生的目的竟然就是冠冕堂皇地去死。一路走來，除了防止惡意灌輸刪改，還要與許多冒牌干兒爭回自己的臉面圖騰。明代名門淑媛潘金蓮明媒嫁了縣令武植(小名大郎)〔註12〕，幾世流傳，不知怎麼就成了與西門慶通姦的蕩婦？難道此事並無虛擬，北宋末年眞的還有個謀殺親夫的金蓮？由此推理，大郎多了個兄弟，武家以「植、松」排序，也算順理成章。

　　近來，古城西安又建起了一座唐代長安城才有的西市，名曰「絲綢之路的起點」。這類文化「復活」非止一例。西門慶在小說裏裸死了，陽谷縣搭臺唱戲，不屑與清河爭武松之名，遂立牌坊名曰「西門慶故里」。這就如同那位名叫傑克遜的孩子死了，老父母痛惜之餘，試管借精，憫而再生。爲免世人認知之繁瑣，方便來年種樹搖錢，遂給嬰兒取名傑克遜。你能想像，新生的傑克遜會有老邁克那般輝煌璀璨的音樂人生麼？然而，對於「文化」這條命，一旦失去，「巨額投入」或「平反昭雪」都無法挽回。若眞的尊崇文化，幾年前就不該把那條陽谷老街和西門宗祠都給拆了。城管起事之前，老街上的那座獅子樓似乎還在，裏邊有幾家老戶住著，一副殘破的景象。只是如今三千多萬翻修的獅子樓，忒不該如此金碧輝煌的。拆毀簡易，豐富則難。幾番顛覆性的除根變革，明知故問，究竟是誰破碎了我們的傳統與回憶，到底是誰

〔註11〕　胡適：《容忍與自由》，同心出版社 2012 年版，第 101 頁。
〔註12〕　1946 年武植墓發掘出來，墓碑銘文曰：「武公諱植，字田嶺，童時謂大郎，暮年尊曰四老，公之夫人潘氏，名門淑媛。公先祖居晉陽郡，係殷武丁後裔，後徙清河縣孔宋莊定居。公幼年殁父，與母相依，衣食難濟。少時聰敏，崇文尚武，尤喜詩書；中年舉進士，官拜七品…」。

背棄了自己的父母之邦？文化如人，不耐摧殘，亦不堪愛溺，更不能如貓狗寵物般戲弄把玩。文化是需要弘揚的，若沒有港片及其歌曲的傳播，天下又有幾人知道佛山武師黃飛鴻？惟有本土意識的覺醒，忠君的屈原才不至於成為端午節唯一的民間祭祀。與本土意識同步，文化其實是一種需要學會獨自生長的命，溺愛與藝玩雖然不至傷害，但卻使之失去吮吸營養、抵抗惡劣環境，以及病後痊癒的能力。

　　無可奈何花落去，落絮輕沾撲繡簾。冬去春回，軒窗遠眺，文化如一棵枝葉纖疏的樹，榮枯衰敗，惟根鬚髮達，才能頑強生命。文命傳承呵，既然文化的根須聯繫土壤環境，當然更需生活在這片土地上人們的呵護堅守。無論白馬或是嘉絨，流落海外的藏系族裔，若僅有血緣，失了母語，又忘了民俗宗教，被人視為長著熟悉面孔的異族，此間尷尬又有誰知。故文化如藏獒般也有野性，亦需根植，然環境改變終究難以避免雜交退化。哈薩克民族的訓鷹技藝，終會因牧民定居、草原禁獵而斷代失傳。小河、樓蘭墓地只是為了告訴後來者，這裡曾有某種神秘文化存在。人死了，文化的命運也便不能久長。合縱連橫，蘇秦死了，弟弟蘇代、蘇厲卻得以頤養天年。某些文化的強勢代序，從不問後人的意願與喜好，更勿庸管顧老輩人的哀怨歎息。當雕版印刷遇到激光排版，活字就徹底死掉了。而今，當傳統的紙媒遭遇先進的網絡，空間窘迫的紙媒文化是否也將失掉自己的存在意義呢？ㄅㄆㄇㄈ，ㄉㄊㄋㄌ〔註13〕，繁文簡字，拼音注音都可打出漢字，但是真正能夠基因續命，傳承中華文化的卻是延至民國的繁體漢字和注音字母。百年閱盡，不禁感歎——歷史從沒有假如，這一切都是「命」。誠然，世上所有種族與生命個體都有選擇自己生活方式的自由與權力。文化異彩繽紛，需要給予各民族、個體平等的權力和地位。當沒有智慧的民意佔據主流時，國家換了，文字換了。民族異化，個人的命運自然也換了。回想，異族帶給我們的浩劫，時代需要我們適應拋棄「佔有」、「歸屬」的大漢族思維，以懷柔征服人心，以文化劃分彼此心靈的邊界。儘管守住文化的同時，幾乎就意味著保守停滯。但是，在開放與守護之間，人們總需找到某種「度」的平衡。

　　對於那些逝去的曾經，雖然並非全是自己的懷念，然而二八自行車、黃軍裝、毛選、大字報依然存入了那個時代的記憶。公元二〇一四年十二月廿

〔註13〕 注音字母多與文字傳承相關。譬如：ㄅ，「包」之古字。說文解字：「ㄅ，裹也，象人曲行，有所包裹。」，讀「ㄅㄠ」取其「ㄅㄠ」聲。

四日，法國街頭藝術家 Julien Malland、本地藝術家施政在上海康定路一處拆遷的老宅牆上，用繪畫喚醒如今漸已陌生的文化記憶。那些衣著樸素，沒了臉面的紅領巾，顯然並不是今日孩童模樣。「將一點憂傷的鹽撒在寫實的傷口上」（施政語錄），其實道出了古今墨客對於記憶逝去的憂傷。一個月以後，十餘幅塗鴉作品終被塗抹、拆除。兩位藝術家對此早有心理準備，因為「塗鴉，就是為了不知去向。」戀舊、回憶，是人類善待自己的表現。因為愛自己，便與逝去的曾經有了感情，以致於可以原諒過去的一切人和事。如今，看到曾經喜歡或不喜歡的逝去，或許我們每個人都要轉變一下看待生活的方式，學會以異度、陌生的視角透視人間的冷暖溫度，升騰自己的靈魂。在時間眼中，未來或許是一個現實與理想完美結合的世界，分不清彼此的距離。人生就是這麼簡單，在化身逝去之前，少吐一口痰，少拆幾間載有家族記憶的老房子，留下一些好的影響在這個世界，這就是最簡單的行善積德。客觀地看，集體主義是人類社會發展抽象出來的概念，虛無總要落實到個體才有價值。既然人總歸要死去，那麼個人的快樂與幸福才是人生意義的最好詮釋。為了坐實人生行善的本意，文化、文明的內核總歸要表現為對於每個生命個體的尊重。

漢承秦楚，柔順利貞。對於新環境的適應與舊價值的斷裂，也讓原鄉老樹孳生了新芽，來年或有醜枝著花，吐露芳華。舜帝、禹爺，怎麼千年後留給我們的問題依舊是，如何在「同我們的固有文化大不相同的新世界裏感到泰然自若？」〔註14〕歷史綿延，文化是一條風雲際會、倔強生長的命，文化也是一條隨波逐流、無可奈何的命。物質幻滅，文化亦如你我精神亟待救贖的命。

文化山上，狼稀狗吠，花葉凋零。隔水問溪，惟有草色茂盛頤年。

蘇勇強

溫州大學印刷文化研究所

二〇一五年三月五日　溫州黃龍

〔註14〕嚴雲受主編：《胡適學術代表作》上卷，安徽教育出版社 2007 年版，第 6 頁。

參考文獻

（按引用先後順序）

引論　印本流布影響文學

1. 胡適：《胡適學術代表作》，嚴雲受編，安徽教育出版社 2007 年版。
2. 〔英〕愛德華・泰勒：《人類學——人及其文化研究》，連樹聲譯，廣西師範大學出版社 2004 年版。
3. 〔英〕伊安・摩里士：《西方憑什麼》，臺北雅言文化有限公司 2015 年版。
4. 張汝倫《現代西方哲學十五講》，北京大學出版社 2003 年版。
5. 〔英〕以賽亞・伯林：《啓蒙的時代：十八世紀哲學家》，孫尚揚、楊深譯，譯林出版社 2012 年版。
6. 〔德〕　J・G・赫爾德：《論語言的起源》，姚小平譯，商務印書館 2009 年版。
7. 〔德〕威廉.馮.洪堡特：《論人類語言結構的差異及其對人類精神發展的影響》，姚小平譯，商務印書館 1997 年版。
8. 〔德〕威廉.馮.洪堡特：《洪堡特語言哲學文集》，姚小平譯，商務印書館 2011 年版。
9. 〔英〕喬治・貝克萊：《人類知識原理》，關文運譯，商務印書館 2011 年版。
10. 張隆溪：《二十世紀西方文論述評》，生活・讀書・新知 三聯書店 1986 年版。
11. 〔意〕維柯：《新科學》，朱光潛譯，商務印書館 1989 年版。
12. 牟宗三：《中國哲學十九講》，臺灣學生書局 1983 年版。
13. 〔美〕查爾斯・E・布萊斯勒：《文學批評：理論與實踐導論》，趙勇、李莎等譯，中國人民大學出版社 2015 年版。
14. 〔英〕拉曼・塞爾登：《文學批評理論：從柏拉圖到現在》，劉象愚、陳永國譯，北京大學出版社 2000 年版。

15. 〔法〕弗郎索瓦‧多斯:《結構主義史》,季廣茂譯,金城出版社 2012 年版。

16. 王國維:《王國維全集》,浙江教育出版社 2010 年版。

17. 錢鍾書:《七綴集》,生活‧讀書‧新知 三聯書店 2007 年版。

18. 魯迅:《魯迅全集》,人民文學出版社 2005 年版。

19. 〔漢〕班固:《漢書》,中華書局 2007 年版。

20. 孫機:《中國古代物質文化》,中華書局 2014 年。

21. 葛兆光:《中國思想史》,復旦大學出版社 2001 年版。

22. 〔宋〕呂祖謙:《宋文鑒》,集部,第 1351 冊,上海古籍出版社 2003 年影印本。

23. 〔奧〕馬赫:《感覺的分析》,洪謙、唐鉞、梁志學譯,商務印書館 1986 年第 2 版。

24. 〔唐〕韓愈:《韓愈文集校注》,馬其昶校注,馬茂元整理,上海古籍出版社 1986 年版。

25. 〔清〕何文煥:《歷代詩話》,中華書局 1982 年版。

26. 〔宋〕黃庭堅:《黃庭堅全集編年輯校》,鄭永曉整理,江西人民出版社 2008 年版。

27. 〔德〕海德格爾:《在通向語言的途中》,孫周興譯,商務印書館 2011 年版。

28. 〔宋〕陸游:《渭南文集》,《文淵閣四庫全書》,集部,第 1163 冊,上海古籍出版社 2003 年影印本。

29. 〔宋〕陸游:《劍南詩稿》,《文淵閣四庫全書》,集部,第 1162 冊,上海古籍出版社 2003 年影印本。

30. 〔宋〕劉義慶:《世說新語箋疏》,劉孝標注,余嘉錫箋疏,中華書局 2007 年版。

31. 〔波〕羅曼‧英伽登:《對文學的藝術作品的認識》,陳燕谷譯,中國文聯出版公司 1988 年版。

32. 朱立元:《當代西方文學理論》,華東師大出版社 2005 年版。

33. 王先霈、王又平:《文學理論批評術語匯釋》,高等教育出版社 2006 年版。

34. 唐圭璋:《詞話叢編》,中華書局 1986 年版。

35. 〔宋〕陸游:《入蜀記》,柴舟校注,上海遠東出版社 1996 年版。

36. 〔宋〕蘇軾:《東坡志林》,王松齡點校,中華書局 1981 年版。

37. 周振甫:《文心雕龍今譯》,中華書局 1986 年版。

38. 〔英〕休謨:《人類理解研究》,關文運譯,商務印書館 2011 年版。

39. 〔宋〕朱熹:《朱子語類》,黎靖德編,中華書局 1986 年版。

40. 〔法〕柏格森:《時間與自由意志》,吳士楝譯,商務印書館 2007 年版。

41. 〔法〕列維‧布留爾:《原始思維》,丁由譯,商務印書館 1985 年版。

42. 〔英〕特雷‧伊格爾頓:《二十世紀西方文學理論》,伍曉明譯,北京大學出版社 1986 年版。

43. 〔德〕叔本華:《作爲意志和表象的世界》,石冲白譯,商務印書館 1982 年版。

44. 〔英〕約翰‧洛克:《人類理解論》上冊,關文運譯,商務印書館 1959 年版。

45. 朱光潛:《朱光潛講美學》,鳳凰出版社 2011 年版。

46. 〔瑞士〕榮格:《卡爾‧榮格主要著作選》,紐約 1959 年版。

47. 傅璇琮:《唐代詩人叢考》,中華書局 1980 年版。

48. 〔宋〕姚寬:《西溪叢語》,孔凡禮點校,中華書局 1993 年版。

49. 黎志敏:《詩學構建:形式與意象》,人民出版社 2008 年版。

50. 〔美〕希利斯‧米勒:《文學死了嗎》,秦立彥譯,廣西師範大學出版社 2007 年版。

51. 李民、王健:《尚書譯注》,上海古籍出版社 2004 年版。

52. 〔清〕沈德潛:《清詩別裁集》,上海古籍出版社 2008 年版。

53. 〔清〕錢謙益:《錢牧齋全集》,錢曾箋注、錢仲聯標校,上海古籍出版社 2003 年版。

54. 錢鍾書:《管錐篇》,生活‧讀書‧新知 三聯書店 2007 年版。

55. 錢鍾書:《宋詩選注》,生活‧讀書‧新知 三聯書店,2007 年第 2 版。

56. 〔唐〕白居易:《白居易集》,中華書局 1979 年版。

57. 徐俊:《敦煌詩集殘卷輯考》,中華書局 2000 年版。

58. 〔宋〕葉夢得:《石林燕語》,宇文紹奕、侯忠義校點,中華書局 1984 年版。

59. 〔美〕威爾伯‧施拉姆、威廉‧波特:《傳播學概論》,何道寬譯,北京大學出版社 2007 年版。

60. 劉海峰、李兵:《中國科舉史》,東方出版中心 2004 年版。

61. 〔美〕伊沛霞:《內闈——宋代的婚姻和婦女生活》,胡志宏譯,江蘇人民出版社 2004 年版。

62. 夏其峰:《宋版古籍佚存書錄》,三晉出版社 2010 年版。

63. 樂蘅軍:《宋代話本研究》,臺灣精華印書館 1969 年出版。

64. 王小盾:《揚州大學中國文化研究所集刊》(第一輯),江蘇古籍出版社 1998 年版。

65. 〔周〕左丘明撰，〔晉〕杜預注，〔唐〕孔穎達疏《春秋左傳注疏》，影印文淵閣《四庫全書》。

66. 〔清〕閻若璩：《尚書古文疏證》，《文淵閣四庫全書》，經部，第 66 冊，上海古籍出版社 2003 年影印本。

67. 〔古希臘〕柏拉圖：《文藝對話集》，朱光潛譯，人民文學出版社 1963 年版。

68. 〔法〕米歇爾·福柯：《福柯文選》，汪民安譯，北京大學出版社 2016 年版。

69. 楊伯峻：《孟子譯注》，中華書局 2010 年第 3 版。

70. 〔德〕文德爾班：《哲學史教程》，羅達仁譯，商務印書館 1987 年版。

71. 〔清〕阮元：《十三經注疏》，中華書局 1980 年版。

72. 金柏東：《溫州文獻叢書·溫州歷代碑刻集》，上海社會科學院出版社 2002 年版。

73. 〔漢〕班固《前漢書》，《文淵閣四庫全書》，史部，第 249 冊，上海古籍出版社 2003 年影印本。

74. 〔加〕哈羅德·伊尼斯《傳播的偏向》，何道寬譯，中國人民大學出版社 2003 年 6 月版。

75. 〔美〕宇文所安：《他山的石頭記》，田曉菲譯，江蘇人民出版社 2003 年版。

76. 〔宋〕蘇軾：《蘇軾文集》，孔凡禮點校，中華書局 1986 年版。

77. 〔清〕袁枚：《隨園詩話》，顧學頡校點，人民文學出版社 1960 年版。

78. 章培恒：《中國文學史》，復旦大學出版社 2006 年版。

79. 〔宋〕陳鵠：《西塘集耆舊續聞》，孔凡禮點校，中華書局 2002 年 8 月版。

80. 余嘉錫：《四庫提要辯證》，中華書局 2007 年版。

第一編　北宋印本傳播

1. 〔意〕克羅齊：《美學原理》，朱光潛譯，人民文學出版社 1983 年版。

2. 〔英〕E.H.貢布里希：《藝術與錯覺：圖畫再現的心理學研究》，楊成凱、李本正、范景中譯，廣西美術出版社 2012 年版。

3. 木心：《文學回憶錄》，陳丹青筆錄，廣西師範大學出版社 2012 年版。

4. 〔美〕羅伯特·路威：《文明與野蠻》，呂淑湘譯，生活·讀書·新知　三聯書店 2015 年版。

5. 〔瑞士〕費爾迪南·德·索緒爾：《普通語言學教程》，商務印書館 2011 年版。

6. 朱剛：《二十世紀西方文論》，北京大學出版社 2006 年版。

7. 〔明〕黃宗羲：《明文海》，《文淵閣四庫全書》，集部，第 1454 冊，上海古籍出版社 2003 年影印本。

8. 〔明〕施耐庵著，〔清〕金聖歎評：《金聖歎批評本〈水滸傳〉》，嶽麓書社 2006 年版。

9. 龍應台：《大江大海一九四九》，臺灣《天下雜誌》2009 年 8 月版。

10. 〔美〕史景遷：《王氏之死》，李孝愷譯，廣西師範大學出版社 2011 年版。

11. 楊向奎：《宗周社會與禮樂文明》，人民出版社 1992 年版。

12. 胡適：《容忍與自由》，同心出版社 2012 年版。

13. 〔英〕羅素：《西方哲學史》，何兆武、李約瑟譯，商務印書館 2003 年版。

14. 〔宋〕朱熹：《四書集注》，鳳凰出版社 2005 年版。

15. 〔清〕焦循：《雕菰集》，《叢書集成初編》，第 2194 冊，中華書局 1985 年新 1 版。

16. 〔挪〕G·希爾貝克 、N·伊耶：《西方哲學史》，童世駿等譯，上海譯文出版社 2004 年版。

17. 〔荷蘭〕許理和：《佛教征服中國》，李四龍、裴勇譯，江蘇人民出版社 2003 年版。

18. 方立天：《中國佛教哲學要義》，中國人民大學出版社 2002 年版。

19. 〔德〕馬克思·韋伯：《儒教與道教》，王容芬譯，商務印書館 1995 年版。

20. 〔意〕翁貝托·艾柯：《美的歷史》，彭淮棟譯，中央編譯出版社 2011 年版。

21. 〔美〕卡特：《中國印刷術的發明和它西傳》，吳澤炎譯，商務印書館 1957 年 12 月初版。

22. 〔加〕哈羅德·伊尼斯：《帝國與傳播》，何道寬譯，中國人民大學出版社 2003 年版。

23. 〔法〕馬賽爾·馬爾丹：《電影語言》，何振淦譯，中國電影出版社 1980 年版。

24. 錢穆：《中國史學名著》，生活·讀書·新知 三聯書店 2000 年版。

25. 李幼蒸：《仁學解釋學》，中國人民大學出版社 2004 年 7 月版。

26. 〔英〕達瑞安·里德爾：《拉康》，李新雨譯，當代中國出版社 2014 年版。

27. 〔美〕赫伯特·芬格萊特：《孔子——即凡而聖》，江蘇人民出版社 2002 年 9 月版。

28. 錢穆：《論語新解》，生活·讀書·新知 三聯書店 2005 年版。

29. 〔美〕N·維納：《人有人的用處》，陳步譯，商務印書館 2011 年版。

30. 〔宋〕蔡條：《鐵圍山叢談》，馮惠民校點，中華書局 1983 年版。

31. 《西方哲學原著選讀》上卷，商務印書館 1981 年版。

32. 蘇勇強：《北宋書籍刊刻與古文運動》，浙江大學出版社 2010 年版。

33. 〔宋〕魏泰：《東軒筆錄》，李裕民校點，中華書局 1983 年 10 月版。

34. 王仲犖：《金泥玉屑叢考》，鄭宜秀整理，中華書局 1998 年 8 月版。

35. 范鳳書：《中國私家藏書史》，大象出版社 2001 年 7 月版。

36. 〔明〕胡應麟：《少室山房筆叢》，中華書局 1958 年版。

37. 〔美〕錢存訓：《中國紙和印刷文化史》，廣西師範大學出版社 2004 年版。

38. 司義祖編纂：《宋大詔令集》，中華書局 1962 年版。

39. 〔英〕約翰·巴羅：《馬戛爾尼使團使華觀感》，何高濟、何毓寧譯，商務印書館 2013 年出版。

40. 周裕鍇：《中國古代闡釋學研究》，上海人民出版社 2003 年 11 月版。

41. 〔希〕柏拉圖：《柏拉圖全集》，王曉朝譯，人民出版社 2002 年版。

42. 〔英〕J・L・奧斯汀：《感覺與可感物》，商務印書館 2011 年版。

43. 趙益：《月沉西子湖——大宋帝國的衰亡》，江蘇人民出版社 1995 年版。

44. 〔宋〕歐陽修：《文忠集》，《文淵閣四庫全書》，集部，第 1102 冊，上海古籍出版社 2003 年影印本。

45. 〔宋〕陸游：《家世舊聞》，孔凡禮點校，中華書局 1993 年版。

46. 〔宋〕范仲淹：《范仲淹全集》，李勇先、王蓉貴校點，四川大學出版社 2007 年版。

47. 錢穆：《中國史學名著》，三聯書店 2000 年版。

48. 〔宋〕周煇：《清波雜志校注》，劉永翔校注，中華書局 1994 年版。

49. 〔宋〕邵博：《邵氏聞見後錄》，劉德權、李劍雄點校，中華書局 1983 年版。

50. 〔後晉〕劉昫：《舊唐書》，《文淵閣四庫全書》，史部，第 270 冊，上海古籍出版社 2003 年影印本。

51. 盧前：《書林別話》，《民國叢書》第二編，上海書店 1990 版。

52. 〔宋〕程俱：《麟臺故事校證》，張富祥校證，中華書局 2000 年版。

53. 〔元〕釋念常：《佛祖歷代通載》，《文淵閣四庫全書》，子部，第 1054 冊，上海古籍出版社 2003 年影印本。

54. 曹之：《中國古籍版本學》，武漢大學出版社 1992 年 5 月版。

55. 葉德輝：《書林清話》，中華書局 1957 年 1 月第 1 版。

56. 吳文治：《宋詩話全編》，鳳凰出版社 1998 年版。

57. 〔清〕徐松：《宋會要輯稿》，中華書局 1957 年第 1 版。

58. 張樹棟、龐多益、鄭如斯:《中華印刷通史》,印刷工業出版社 1999 年版。

59. 王澄:《揚州刻書考》,廣陵書社 2003 年版。

60. 劉尚恒:《徽州刻書與藏書》,廣陵書社 2003 年版。

61. 無名氏:《愛日齋叢鈔》,《文淵閣四庫全書》,子部,第 854 冊,上海古籍出版社 2003 年影印本。

62. 姚瀛艇:《宋代文化史》,河南大學出版社 1992 年 2 月第 1 版。

63. 許道和:《歷代刻書概況》,印刷工業出版社 1991 年版。

64. 〔唐〕柳宗元:《柳宗元集》,中華書局 1979 年版。

65. 〔宋〕朱弁:《曲洧舊聞》,孔凡禮點校,中華書局 2002 年版。

66. 〔宋〕蘇軾:《東坡志林》,王松齡點校,中華書局 1981 年 9 月版。

67. 黃鎮偉:《坊刻本》,江蘇古籍出版社 2002 年版。

68. 史金波、雅森·吾守爾:《中國活字印刷術的發明和早期傳播》,社會科學文獻出版社 2000 年版。

69. 〔元〕馬端臨:《文獻通考》,中華書局 1986 年版。

70. 〔清〕陳鱣:《簡莊隨筆》,民國九年版。

71. 錢穆:《中國學術通義》,臺灣蘭臺出版社 2000 年版。

72. 〔德〕黑格爾:《歷史哲學》,上海書店出版社 2001 版。

73. 張岱年、成中英:《中國思維偏向》,中國社會科學出版社 1991 年版。

74. 〔清〕章學誠:《文史通義校注》,中華書局 1985 版。

75. 〔宋〕李廌:《師友談記》,孔凡禮點校,中華書局 2002 年版。

76. 王小波:《王小波全集》,雲南人民出版社 2006 年版。

77. 馮友蘭:《新原道》,生活·讀書·新知 三聯書店 2007 年版。

78. 〔英〕馬戛爾尼:《乾隆英使觀見記》,劉半農譯述,中華書局 1917 年 5 月版。

79. 黃亞平:《典籍符號與權力話語》,中國社會科學出版社 2004 年 9 月版。

80. David Walton:《文化研究入門》,駱盈伶譯,韋伯文化國際出版有限公司 2010 年版。

81. 劉琳、沈治宏編著:《現存宋人著述總錄》,巴蜀書社 1995 年版。

82. 楊天宇:《禮記譯注》,上海古籍出版社 1997 年版。

83. 〔宋〕程顥、程頤:《二程集》,中華書局 2004 年版。

84. 章啓群:《新編西方美學史》,商務印書館 2004 年版。

85. 〔清〕皮錫瑞:《經學歷史》,周予同注釋,中華書局出版社 1959 版。

86. 劉子健：《中國轉向內在——兩宋之際的文化內向》，江蘇人民出版社 2002 年版。

87. 〔明〕朱載堉：《樂律全書律》，《文淵閣四庫全書》，經部，第 213 冊，上海古籍出版社 2003 年影印本。

88. 〔美〕衛三畏：《中國總論》，上海古籍出版社 2014 年版。

89. 〔元〕陶宗儀：《說郛》，《文淵閣四庫全書》，子部，第 877 冊，上海古籍出版社 2003 年影印本。

90. 王小波：《王小波全集》，譯林出版社 2012 年版。

91. 〔日〕西田幾多郎：《善的研究》，商務印書館 2011 年版。

92. 〔唐〕吳兢：《貞觀政要集校》，謝保成集校，中華書局 2003 年版。

93. 曾棗莊、劉琳：《全宋文》，巴蜀書社 1988 年版。

94. 范文瀾：《中國通史》，人民出版社 1994 年版。

95. 〔宋〕李燾：《續資治通鑑長編》，中華書局 2004 年版。

96. 宿白：《唐宋時期的雕版印刷》，文物出版社 1999 年版。

97. 〔宋〕張世南：《遊宦紀聞》，張茂鵬點校，中華書局 1981 年版。

98. 〔宋〕文瑩：《玉壺清話》卷五，鄭世剛、楊立揚點校，中華書局 1984 年版。

99. 王雲五編：《大宋宣和遺事》，臺灣商務印書館 1968 年九月版。

100. 錢鍾書：《談藝錄》，中華書局 1984 年 9 月版。

101. 朱自清：《經典常談》，上海古籍出版社 2004 年版。

102. 〔清〕王夫之：《讀通鑑論》下冊，中華書局 1975 年 7 月第 1 版。

103. 〔宋〕歐陽修：《歐陽修全集居士集》，《文淵閣四庫全書》，集部，第 1102 冊，上海古籍出版社 2003 年影印本。

104. 〔清〕趙翼：《廿二史札記校證》，王樹民校證，中華書局 1984 年版。

105. 〔美〕孔飛力：《叫魂：1768 年中國妖術大恐慌》，陳兼、劉昶譯，上海三聯書店 2014 年版。

106. 劉小楓：《接受美學譯文集》，三聯書店出版社 1989 年版。

107. 趙毅衡：《「新批評」文集》，百花文藝出版社 2001 年版。

108. 〔宋〕范成大：《范成大筆記六種》，孔凡禮點校，中華書局 2002 年版。

109. 童慶炳：《文學理論教程》，高等教育出版社 2004 年 3 月版。

110. 〔美〕馬文·哈里斯：《文化·人·自然——普通人類學導引》，顧建光、高雲霞譯，浙江人民出版社 1992 年版。

111. 陳寅恪：《金明館叢稿二編》，三聯書店出版社 2001 年版。

112. 〔五代〕孫光憲：《北夢瑣言》，賈二強點校，中華書局 2002 年版。

113. 李葆嘉：《中國語言文化史》，江蘇教育出版社 2003 年版。

114. 〔清〕袁枚：《隨園詩話》，王英志校點，江蘇古籍出版社 2000 年版。

115. 〔宋〕　張詠：《宋本乖崖先生文集》，商務印書館 1936 年版。

116. 陳植鍔：《北宋文化史述論》，中國社會科學出版社 1992 年版。

117. 〔宋〕王應麟：《玉海》，廣陵書社 2007 年版。

118. 姜錫東：《宋代商人和商業資本》，中華書局 2002 年 12 月版。

119. 〔清〕永瑢：《四庫全書總目》，中華書局 1965 年版。

120. 王嵐：《宋人文集編刻流傳叢考》，江蘇古籍出版社 2003 年 5 月版。

121. 〔宋〕魏野：《東觀集》，《文淵閣四庫全書》，集部，第 1087 冊，上海古籍出版社 2003 年影印本。

122. 李德輝：《唐代交通與文學》，湖南人民出版社 2003 年版。

123. 〔宋〕王讜：《唐語林》，上海古籍出版社 1978 年版。

124. 〔唐〕元稹：《元稹集》，中華書局 1982 年 8 月版。

125. 〔清〕李丕煜：《鳳山縣志》，詹雅能點校，《清代臺灣方志彙刊》第五冊，臺灣遠流出版事業股份有限公司 2005 年版。

126. 趙效宣：《宋代驛站制度》，臺灣聯經出版事業公司 1983 年版

127. 〔宋〕莊綽：《雞肋編》卷中，中華書局 1983 年版。

128. 〔宋〕王辟之：《澠水燕談錄》，呂友仁點校，中華書局 2006 年版。

129. 《宋版書目錄》，北京圖書館出版社 1994 年 6 月版。

130. 黃純艷：《宋代海外貿易》，社會科學文獻出版社 2003 年版。

131. 臺靜農：《中國文學史》下冊，臺灣大學出版中心 2004 年版。

第二編　印本流布與宋詩嬗變

1. 朱光潛：《西方美學史》，人民文學出版社 1979 年。

2. 〔英〕F・R・利維斯：《大眾文明與少數人文化》，劍橋 1930 年版。

3. 周寶珠：《宋代東京研究》，河南大學出版社 1992 年版。

4. 李春棠：《坊牆倒塌以後：宋代城市生活長卷》，湖南出版社 1993 年版。

5. 〔宋〕孟元老：《東京夢華錄箋注》，伊永文箋注，中華書局 2006 年版。

6. 〔日〕平田茂樹等編：《宋代社會的空間與交流》，河南大學出版社 2008 年版。

7. 〔日〕久保田和男：《宋代開封研究》，上海古籍出版社 2010 年版。

8. 周良霄、顧菊英：《元代史》，上海人民出版社 1993 年 10 月版。

9. 〔元〕陶宗儀：《說郛》，《文淵閣四庫全書》，子部，第 878 冊，上海古籍出版社 2003 年影印本。

10. 王逢振：《今日西方文學批評理論》，灕江出版社 1988 年版。

11. 錢穆：《中國學術通義》，臺北市素書樓文教基金會 2000 年版。

12. 汪正龍：《文學理論研究導引》，南京大學出版社 2006 年版。

13. 〔宋〕周必大：《文忠集》，《文淵閣四庫全書》，集部，第 1147 冊，上海古籍出版社 2003 年影印本。

14. 〔宋〕林逋：《林和靖詩集》，王雲五主編，臺灣商務印書館 1968 年版。

15. 〔宋〕王禹偁：《小畜集》，《文淵閣四庫全書》集部，第 1086 冊，上海古籍出版社 2003 年影印本。

16. 〔宋〕李覯：《盱江集》，《文淵閣四庫全書》，集部，第 1095 冊，上海古籍出版社 2003 年影印本。

17. 胡適：《國語文學史》，臺灣五南圖書出版股份有公司 2013 年版。

18. 徐鉉：《騎省集》，王雲五主編，臺灣商務印書館 1968 年版。

19. 〔宋〕唐庚：《眉山集》，《文淵閣四庫書》，集部，第 1124 冊，上海古籍出版社 2003 年影印本。

20. 蕭東發：《中國圖書出版印刷史論》，北京大學出版社 2001 年版。

21. 王雲海：《宋會要輯稿・崇儒四》，苗書梅等點校，河南大學出版社 2001 年版。

22. 郭英德等著《中國古典文學研究史》，中華書局 1995 年版。

23. 〔宋〕葉廷珪：《海錄碎事》，中華書局 2000 年版。

24. 錢穆：《國史新論》，臺灣東大圖書公司 1984 年版。

25. 〔清〕阮元：《十三經注疏》，浙江古籍出版社 1998 年版。

26. 〔明〕徐乾學：《資治通鑒後編》，《文淵閣四庫全書》史部，第 343 冊，上海古籍出版社 2003 年影印本。

27. 〔宋〕王霆震編：《古文集成》，《文淵閣四庫全書》，集部，第 1359 冊，上海古籍出版社 2003 年影印本。

28. 〔宋〕周紫芝：《太倉稊米集》，《文淵閣四庫全書》，集部，第 1141 冊，上海古籍出版社 2003 年影印本。

29. 程千帆、吳新雷：《兩宋文學史》，上海古籍出版社 1991 年版。

30. 〔宋〕楊億等著《西崑酬唱集注》，王仲犖注，上海書店出版社 2001 年版。

31. 〔宋〕梅堯臣：《宛陵集》，臺灣新文豐出版公司 1979 年版。

32. 莫礪鋒：《江西詩派研究》，齊魯書社 1986 年版。

33. 〔捷克〕瓦茨拉夫・哈維爾：《哈維爾文集》，崔衛平等譯，傾向出版社 2003 年版。

34. 〔英〕馬戛爾尼：《乾隆英使覲見記》，劉半農譯，百花文藝出版社 2010 年版。

35. 〔宋〕契嵩：《鐔津文集》，《文淵閣四庫全書》，子部，第 1091 冊，上海古籍出版社 2003 年影印本。

36. 〔宋〕梅堯臣：《梅堯臣集編年校注》，朱東潤校注，上海古籍出版社 2006 年第 1 版。

37. 〔清〕葉昌熾：《藏書紀事詩附補正》，上海古籍出版社 1989 年版。

38. 〔清〕阮元：《叢書集成初編·揅經室集》，鄧經元點校，中華書局 1985 年版。

39. 王運熙、顧易生：《中國文學批評史新編》上冊，復旦大學出版社 2006 年版。

40. 〔美〕宇文所安：《中國文論：英譯與評論》，上海社會科學院出版社 2003 年版。

41. 聞一多：《唐詩雜論》，中華書局 2003 年版。

42. 〔元〕劉祁：《歸潛志》，《文淵閣四庫全書》，子部，第 1040 冊，上海古籍出版社 2003 年影印本。

43. 〔德〕伽達默爾：《真理與方法》，上海譯文出版社 1992 年版。

44. 朱維之等主編：《外國文學史》（歐美卷第三版），南開大學出版社 2004 年版。

45. 〔古希臘〕柏拉圖：《柏拉圖全集》，王曉朝譯，人民出版社 2002 年版。

46. 朱自清：《朱自清說詩》，上海古籍出版社 1998 年版。

47. 〔英〕科林伍德《藝術原理》，中國社會科學出版社 1985 年版。

48. 林正範：《大學心理學》，浙江大學出版社 2000 年版。

49. 李春青：《在文本與歷史之間——中國古代詩學意義生成模式探微》，北京大學出版社 2005 年版。

50. 〔奧〕弗洛伊德：《精神分析引論新編》，高覺敷譯，商務印書館 2011 年版。

51. 馬克思、恩格斯：《神聖家族》，人民文學出版社 1982 年版。

52. 〔法〕羅蘭·巴爾特：《寫作的零度》，李幼蒸譯，中國人民大學出版社 2008 年版。

53. 〔英〕E.H.貢布里希：《藝術的故事》，范景中譯，廣西美術出版社 2016 年版。

54. 〔俄〕穆卡洛夫斯基：《標準語言和詩歌語言》，伽文編譯《布拉格學派美學、文學結構與文體論文選》，華盛頓 1964 年版。

55. 〔法〕呂西安·戈德曼：《文學社會學方法論》，工人出版社 1989 年版。

56. 〔清〕邵懿辰、邵章：《增訂四庫簡明目錄標注》，上海古籍出版社 1959 年版。

57. 〔美〕艾朗諾：《美的焦慮：北宋士大夫的審美思想與追求》，上海古籍出版社 2013 年版。

58. 郭紹虞：《宋詩話輯佚》，中華書局 1980 年版。

59. 丁福保：《歷代詩話續編》，中華書局 1983 年。

60. 劉眞倫：《韓愈集宋元傳本研究》，中國社會科學院出版社 2004 年版。

61. 周振甫：《周易譯注》，中華書局 2013 年版。

62. 許逸民、常振國編《中國歷代書目叢刊》第 1 輯，現代出版社 1987 年 11 月版。

63. 萬曼：《唐集敘錄》，河南大學出版社 2008 年版。

64. 〔宋〕黃希、黃鶴：《補注杜詩》，《文淵閣四庫全書》，集部，第 1069 冊，上海古籍出版社 2003 年影印本。

65. 陳尚君：《唐代文學叢考》，中國社會科學出版社 1997 年版。

66. 〔晉〕崔豹《古今注》，中華書局 1985 年版。

67. 〔英〕艾·阿·瑞恰慈：《文學批評原理》，百花洲文藝出版社 1997 年版。

68. 〔宋〕洪邁：《容齋隨筆》，中華書局 2008 年版。

69. 〔英〕肖恩·霍默：《導讀拉康》，李新雨譯，重慶大學出版社 2014 年。

70. 趙毅衡編選《「新批評」文集》，章祖德譯，百花文藝出版社 2001 年版。

71. 〔俄〕巴甫洛夫：《大腦兩半球機能講義》，上海文通書局 1953 年出版。

72. 陳垣：《二十四史朔閏表》，中華書局 1978 年版。

附錄一：《唐代印刷事例簡表》

時　間	年　號	印本名稱	來　源
不詳	唐代	《陀羅尼經咒》印本，一尺見方	1944 年成都望江樓唐墓出土
公元七世紀初(1)	初唐年間	《陀羅尼經咒》梵文本	1967 年陝西張家坡唐墓出土
公元七世紀初(2)	初唐年間	墨書「吳德□福」字《陀羅尼咒》單頁本	1974 年陝西西郊唐墓出土
公元 701～704 年(3)	長安年間	漢字《無垢淨光大陀羅尼經》印本	1966 年韓國慶州佛國寺發現
公元 684～705 年(4)	武周年間	《妙法蓮花經》卷五殘卷印本	1906 年在新疆吐魯番發現
公元 713～755 年(5)	盛唐年間	《陀羅尼神咒經》漢文單頁印本	1975 年西安冶金機械廠出土
公元 827～835 年(6)	大和年間	長安東市大刁家印本殘曆	《文物》81 年第 5 期
公元 828 年(7)	大和二年	長安李家《崔夫人訓女文》印本	陳祚龍發現，翁同文認定
公元 835 年	大和九年	曆書印本	《冊府元龜》卷 160
公元 847 年	大中元年	日僧惠運《降三世十八會》印本	《惠運律師書目錄》
公元 847～849 年	大中年間	紇干泉《劉弘傳》印本	《雲溪友議》卷下
公元 861 年前(8)	咸通二年	長安李家《新集備急灸經》印本	《文物》81 年第 5 期
公元 865 年(9)	咸通六年	宗叡西川印子《唐韻》、《玉篇》	宗叡《目錄》
公元 868 年	咸通九年	王玠《金剛經》印本	敦煌發現。現藏倫敦博物院
公元 869 年(10)	咸通十年	《律疏》印本八百紙	《司空表聖文集》卷 9

公元 877 年	乾符四年	敦煌出土丁酉年印本殘曆	英國大不列顛圖書館
公元 881 年	中和元年	曆書印本	《唐語林》卷 7
公元 882 年	中和二年	成都府樊賞家《中和二年具注曆》	倫敦博物院
公元 883 年	中和三年	陰陽雜記、字書、小學等雕板印紙	葉夢得《石林燕語》卷 8
公元 904 年⑾	天祐元年	陳詠於成都自刻其本人詩卷	翁同文發現
公元 757 年以後⑿	中晚唐	卞家刻印《陀羅尼經咒》	《文物參考資料》57年 5 期
晚唐⒀		王姓某人雕印《佛頂尊勝陀羅尼》	翁同文發現

附注：

(1) 宿白：《唐宋時期的雕版印刷》，文物出版社 1999 年版，第 7 頁。

(2)(5) 韓保全：《世界最早的印刷品——西安市唐墓出土的印本陀羅尼經咒》，載《中國考古學研究論集——紀念夏鼐先生考古 50 週年》，三秦出版社 1987 年版，404～410 頁。

(3) 李致忠：《〈無垢淨光大陀羅尼經〉譯刻考》，1996 年 12 月《新聞出版報》。

(4) 〔日〕長澤規矩也：《和汉书の印刷とその历史》，吉川弘文館 1992 年版，第 5、6頁。此經現藏東京書道博物館。

(6) 翁同文：《從史學考證論唐人「模勒」一詞絕不指印刷》，臺灣淡江大學中文系主編《晚唐的社會與文化》，臺灣學生書局印行，1990 年 9 月初版，355～380 頁。以下署翁同文發現者皆引自此書。又，1944 年，成都東門外一座晚唐墓葬中出土印本《陀羅尼咒》，上刊「成都府成都縣□龍池坊□□□近卞家□印賣咒本……」一行（《文物參考資料》1957 年第 5 期）。轉引自宿白：《唐五代時期雕版印刷手工業的發展》，《文物》1981 年第 5 期，65～68 頁。

(7)(8) 敦煌所出咸通二年（861 年）寫本《新集備急灸經》（P2675）末書有「京中李家於東市印」一行，説明此寫本係據李家印本轉錄者。……又，P2633 寫本《崔夫人要女文》末書：「上都李家印崔氏夫人坰本。」此上都李家疑即京中李家。轉引宿白：《唐宋時期的雕版印刷》，文物出版社 1999 年版，第 2 頁。

(9) 《禪林寺宗叡僧正目錄》（1 卷）收於《大正大藏經》第 55 冊（№.2174B），《大正新修大藏經》，日本大藏經出版株式會社©授權 CBETAJ 輸入及公開。

(10) 司空圖《一鳴集》卷 9《爲東都敬愛寺講律僧惠確化募雕刻律疏印本共八百紙》：「今者以《日光舊疏》……印本漸虞散失，欲更雕鎪……。」向達先生考證司空圖此文寫在他第一次來洛陽期間，即懿宗咸通末迄僖宗乾符六年之間（873～879）。轉引宿白：《唐宋時期的雕版印刷》，文物出版社 1999 年版，第 2 頁。

⑾ 陳詠，《北夢瑣言》（卷 7）載：「唐前朝進士陳詠，眉州青神人。有詩名，善弈棋。昭宗劫遷，駐蹕陝郊，是歲策名歸蜀，韋書記莊以詩賀之。又有鄉人拓善者屬和韋詩。……杜光庭先生謂曰：『先輩佳句甚多，何必以此爲卷首？』穎川曰：『曾爲朝貴見賞，所以刻於卷首。都是假譽求售使然也。』」又見鄭方坤《五代詩話》（卷 4）、曹學佺《蜀中廣記》（卷 102）、楊慎《丹鉛總錄》（卷 20）、《升菴集》（卷 48）皆記唐世蜀之詩人，有青神陳詠。徐松《登科記考》記陳詠爲後唐昭宗天復四年進士。

⑿ 1944 年四川成都四川大學南近府河（錦江）北岸發現唐墓出土，現藏四川省博物館。詳見宿白：《唐宋時期的雕版印刷》，文物出版社 1999 年版，第 192 頁。

⒀ 北京圖書館所藏敦煌寫經生字 7 號《佛頂尊勝陀羅尼經》末有「弟子王發願雕印」一行，知此唐人寫本也是據印本轉錄。參看許國霖《敦煌石室寫經題記與敦煌雜錄》上輯。引自宿白：《唐宋時期的雕版印刷》，文物出版社 1999 年版，第 4 頁。

附錄二：《北宋刊本查考書目編號表》

代號	書　　名	編著者	採用書目版本
〔1〕	文錄堂訪書記五卷	王文進	文錄堂 1942 年鉛印本
〔2〕	文求堂善本書目不分卷	文求堂書店	日本文求堂書店影印本
〔3〕	讀書敏求記校證四卷	清管庭芬	長洲章氏 1926 年刊本
〔4〕	五代兩宋監本考三卷	王國維	《王國維遺書》商務館 1940 年本
〔5〕	天祿琳琅書目十卷後編二十卷	清于敏中	長沙王氏光緒十年刊本
〔6〕	百宋一廛書錄一卷	清黃丕烈	《適園叢書》勞季言鈔本
〔7〕	皕宋樓藏書志一百二十卷	清陸心源	光緒八年十萬卷樓刊本
〔8〕	眷盦經眼錄不分卷	劉文興	稿本
〔9〕	郡齋讀書志五卷後志二卷	宋晁公武	商務館《萬有文庫》本
〔10〕	愛日精廬藏書志三十六卷	清張金吾	道光六年愛日精廬刊本
〔11〕	雙鑒樓善本書目四卷	傅增湘	1929 年藏園刊本
〔12〕	直齋書錄解題二十二卷	宋陳振孫	商務館 1935《叢書集成》初編本
〔13〕	經籍訪古志六卷附補遺	日本澀江全善、森立之	光緒十一年印本
〔14〕	經籍跋文不分卷	清陳鱣	光緒戊寅年（1878）刊本
〔15〕	郋園讀書志十六卷	葉德輝	上海澹園 1928 年刊本
〔16〕	絳雲樓題跋不分卷	清錢謙益	中華書局 1958 年鉛印本
〔17〕	儀顧堂題跋十六卷續跋十六卷	清陸心源	光緒二十四年刊本
〔18〕	滂喜齋藏書記三卷	清潘祖蔭	1928 年刊本
〔19〕	寒瘦山房鬻存善本書目七卷	清鄧邦述	《群碧樓叢書》1930 年刊本
〔20〕	寒雲手寫所藏宋本提要廿九種不分卷	袁克文	影印本
〔21〕	寶禮堂宋本書錄四卷	潘宗周	廣東潘氏刊本
〔22〕	宋元舊本書經眼錄三卷附錄二卷	清莫友芝	同治十二年莫氏金陵刊本
〔23〕	宋元本書目行格表二卷	江建霞	文瑞樓石印本

〔24〕	涉園序跋集錄不分卷	張元濟	古典文學出版社鉛印本
〔25〕	涉園所見宋版書影（一、二輯）	張元濟	1937 年影印本
〔26〕	涵芬樓燼餘書錄	張元濟	商務館印本
〔27〕	古書經眼錄一卷	清王頌蔚	王氏刊《寫禮遺著》1925 年本
〔28〕	校史隨筆不分卷	張元濟	商務館印本
〔29〕	蕘圃藏書題識十卷附補遺	清黃丕烈	江陰繆氏 1919 年刊本
〔30〕	藏園群書題記初集八卷	傅增湘	企驌軒刊本
〔31〕	藏園群書題記續集六卷	傅增湘	藏園刊本
〔32〕	藏園老人遺稿	傅增湘	油印本
〔33〕	著硯樓書跋不分卷	潘景鄭	古典文學出版社鉛印本
〔34〕	藝芸書舍宋元書目五卷	清汪士鍾	商務館 1935《叢書集成》初編本
〔35〕	劫中得書記不分卷	鄭振鐸	古典文學出版社鉛印本
〔36〕	楹書隅錄初編五卷續編四卷	清楊紹和	武進董氏 1912 年補刻本
〔37〕	中華文物集成（第五冊）	國立中央博物圖書院	影印本
〔38〕	中國版刻圖錄	北京圖書館	文物出版社印本
〔39〕	書舶庸譚九卷	清司德馨	誦芬室重校本
〔40〕	靜嘉堂文庫觀書記	傅增湘	日本大正十三年鉛印本
〔41〕	靜嘉堂宋本書影不分卷	日本諸橋轍次	日本昭和八年影印本
〔42〕	抱經樓藏書志六十四卷	清沈德壽	美大印局 1924 年鉛印本
〔43〕	日本訪書志十七卷	清楊守敬	遼寧教育出版社 2003 年版
〔44〕	四部總錄醫藥編	丁福保、周雲青	商務館鉛印本
〔45〕	思適齋集十八卷	清顧廣圻	民國王氏學禮齋刊《黃顧遺書》本
〔46〕	思適齋書跋四卷	清顧廣圻	民國刊《黃顧遺書》本
〔47〕	留真譜新編一集十二卷二集八卷	清楊守敬	光緒二十七年觀海堂刊本
〔48〕	善本影譜不分卷	日本書志學會	日本昭和十一年書志學會影印本
〔49〕	善本書室藏書志四十卷	清丁丙	光緒三十四年丁氏刊本
〔50〕	鐵琴銅劍樓藏書目錄二十四卷	清瞿鏞	光緒二十三年武進董氏誦芬室本
〔51〕	鐵琴銅劍樓宋元本書影識語四卷	瞿啓甲	1922 年印本
〔52〕	竹汀先生日記抄三卷	清錢大昕	商務館 1935《叢書集成》初編本
〔53〕	持靜齋藏書紀要二卷	清莫友芝	同治九年刊本
〔54〕	卷盦書跋不分卷	葉景葵	古典文學出版社鉛印本

出版鳴謝

當今時代，立言之易令人咋舌。隨便到網上查看，著作之繁，目不暇接。或言替唐人、宋人修史一部，或言瑜珈陶冶身心。在當當、亞馬遜、京東、孔夫子，甚或淘寶的網店裏，無論什麼內容、何種題目，各種出版單位，只有你想不到，沒有你找不到的。如此幾番查看，立言之繁，出版單位之多，讓人不免懷疑某些著作的品質，進而懷疑著述的人生意義。

在這個人文式微的時代，世俗頻繁遭遇的語錄就是——「你說的一套一套，挺有道理的，然而並沒什麼鳥用」。莊子多言，然濠上觀魚，臨淵羨魚，終不如退而結網，下水捕魚。語言飄渺易墜，物質才是最真實的存在。當年，魯迅也曾說：「講話和寫文章，似乎都是失敗者的徵象。正在和運命惡戰的人，顧不到這些；真有實力的勝利者也多不做聲。譬如鷹攫兔子，叫喊的是兔子不是鷹；貓捕老鼠，啼呼的是老鼠不是貓……又好像楚霸王……追奔逐北的時候，他並不說什麼；等到擺出詩人面孔，飲酒唱歌，那已經是兵敗勢窮，死日臨頭了。」（《魯迅全集》第3冊《後記》）讀到此段話語，心中不免感慨，原來歷史早有來由，而我這樣的眾生和項羽一樣，都是在人生的沙場上戰敗了，所以才靠著講話和寫文章虛度時日，等待死日臨頭。

事實上，回顧依靠講話、寫文章虛度的時日。說話的拘謹，立言的困難又再次動搖了自己存在的根基。魯迅當年可以靠著講話、寫文章度日，時至今日想要做到，已不容易。於是，只要尚能苟活，安全起見，就該自覺減少說話的機會和時間，或以連篇廢話遮羞包醜。名義上「專心治學」，實則企圖以「著書立說」，填充人生的虛無。俗語說「笨鳥先飛」，似乎「先飛」乃是笨鳥唯一可以贏的機會。其實，「漫無目的地飛」很有可能就是輸的原因。「龜兔賽跑」的經驗，教訓人們「執著」就能成功，其實方向對了，再慢也能成

功。方向錯誤，再快也注定不能成功。生活中常有這樣的廣告，「如果想『繼續參加藝術賽跑』，就要注意當前的一次個人畫展。其實，根本沒有這樣的賽跑」〔註1〕。再者說，同樣是在死亡的道上狂奔，怎樣才是贏，如何才算輸呢？沒有上帝、先知的告誡、指引，人生總是在不明目的，搞不清方向的情況下，忽快忽慢地流逝著。資源有限，彼此的擠壓，才有了競爭與輸贏的高下判決。

長期偏安於浙東南的角落，不明白似浙屬閩，聽不懂當地的語言，更沒有鴻儒交流，惟一的交流就是書籍。夕陽幾度，登高遠眺。本「欲乘風歸去，又恐瓊樓玉宇，高處不勝寒」。於是，滿足口腹才是當下人生可以把握的物質實在。在這種氛圍裏，言語退化了，思考及著述的時間卻延長了。於是，在漫無目的的人生裏，藉口爲了一本書，耗去了六七年的光陰，這是一個冠冕堂皇的理由。怎麼說呢？啥事不幹，光陰也就這麼過了。精神無著的時代，這本書好歹也可爲窮極無聊找到了藉口，爲無趣的人生尋來了一些意義。

英國學者貢布里希認爲，「書籍必須印刷出版，戲劇和樂曲必須演出；對設備有這種要求，就剎住了極端實驗」〔註2〕。藝術（尤其是繪畫）較少依賴中間的媒介物，反而更容易實現變革。這也提醒我們，相比於傳統木刻，如今的書籍印刷雖然高效，然而由多道程序構成的現代出版，依然需要某些部門的批准、允許，以及眾多人手的接力推動，否則就沒有書籍的最終面世。

眼看著這本質疑人生意義的書就要出版了。回想整個過程，特別要感謝我的博士導師李昌集先生、周群先生，是他們將我引到學術的路上。當然，若追溯更遠，還要感謝張生、張衛東兩位本科同窗，受他們鼓動，我才參與了「學問的遊戲」。雖然是失敗的徵象，也混不出世俗嚮往的輝煌，但是好歹能夠苟活。其次，要感謝溫州和臺北兩地師友、同仁的幫助，尤其感謝溫州大學的陳艾華書記、顏祥林教授，臺灣政治大學的劉祥光教授、陳德升教授。再就是要感謝幫助此書出版的各方人士，感謝花木蘭文化出版社的楊老師。另外，還要感謝我的侄女筱婷、女兒猶珂爲本書繪製的插圖，應和了文中的內容。當然，還有感謝丘慶桂先生的書名題字。或許，人生的許多事情，都在印證這樣一個道理：正確的時間，遇到對的人，事情就會容易一些。時間拖延，不僅折磨自己，也折磨著他人。

〔註1〕 〔英〕E.H.貢布里希：《藝術的故事》，范景中譯，廣西美術出版社2016年版，第617頁。
〔註2〕 同上，第614頁。

最後，衷心希望此書能有質量地出版，了卻一樁心事。若告知諸位，再過幾年，本人還有著作需要出版，折騰如故，反覆者三，你我人生的意義是不是就找到了呢？

蘇勇強

公元 2017 年 7 月 12 日　溫州黃龍